監査役監査のすすめ方

〔11訂版〕

Shigeizumi Yoshinori
重泉 良徳 著

税務経理協会

11訂版の出版にあたって

　月日の経つのは早いもので，初版から15年の時が流れ第11版をむかえることができたが，内容に時代の変化を感じて感慨深いものがある。

　この間の15年間，監査を取り巻く諸般の状況は大きく変化してきた。一言でいえば，会社法等の諸法制や会計諸規則等は極めて複雑化してきたといえる。別表現すれば，木や枝葉が生い茂って森が見えにくくなってきたように思える。これからの監査役としては非常に難しい時代に遭遇していると思われる。今回の改定は平成26年の会社法改正を中心としたものであるが，従来の路線と同様に可能な限り平易に説明するように心掛け，同時に重複は避けるように心掛けた。

　なおここで本著の幾つかの特徴を記しておきたい。
　① 監査役に関する基本事項はできる限り網羅するよう心掛けた。
　② 可視化を重視し可能な限り図表等を作成した。
　③ 定常的年間監査業務計画等のサンプルを用意し監査の全体像を例示した。
　④ 監査要領と監査調書を用意し監査証跡と監査報告書の基盤とした。
　⑤ 監査役の基本的疑問に応えるためにＱ＆Ａを設けた。
　⑥ 監査の流れを知るべく商法，会社法の近時の主な歴史を記載した。

　ともあれ往時と比べると監査役の守備範囲もその責任も一段と重くなってきた感がある。監査役の皆様にはそれぞれが努力され職責を全うされることを念じてやまない。拙著がその一助となれば望外の幸せです。

　結びに，購読者の皆様と出版社のご芳情に深謝し厚く御礼を申し上げます。

平成28年3月

著　者

はじめに

　平成5年に監査役に就任して以来子会社の監査役を含めて早や7年に垂(なんなん)としている。

　当初はあまりにも環境や業務が以前と比べて違いすぎとまどいがちであった。文字どおり独任制の渦中に入ったわけで，何もかも独りでやらなければならないことが多く，ちょっと淋しい感じもした。しかし気持の切換えは早い方だから1年も経つころは決して閑散役とのんびり構えられるはずもないが，結構居心地がよい気がして内心は楽しくさえ思えてきた。ところが若干心に余裕が持てるようになったころ，監査の核心に肉迫？　すればするほど分からなくなるケースに多くぶつかり，一転して「悩み多きかな」と思うようになってきた。同業の後輩達も同様の思いをしているのかと思うと，おこがましくも何かお役に立てばとの思いが頭の片隅に芽生え時とともに大きくなってきたように感じられた。そんな動機でスタートし左の心臓の弱さを右の心臓でカバーしながら何とか著作終了まで漕ぎ着けることができた。

　本書は実務を中心にしているが，とりわけ会計監査における相当性の意見形成の根拠には力を入れた。その上で万遍なく必要な監査事項を網羅するように努め，監査要領と監査調書の形で具体的に例示し，同時に監査の基本的な全体像を把握しやすいよう配慮した心算である。ここで監査要領，監査調書，定常的監査業務計画表の基本型は元監査役矢能東男氏の発案によるものであり，御本人の許諾を得て一部使用ないし応用をさせていただいた。

　なお，基本的には諸説のあるものは，通説を尊重したが，独断と偏見のうらみも承知の上で若干私見を述べた部分もある。

　しかし読み返すほどに赤面の思いがするが，お役に立ちたいという熱意に免じてご容赦のほどお願い致したい。

　とにかく悩める監査役の同志に少しでもお役に立てば無類の幸せである。

　最後に出版の橋渡しをしてくださった上内容に関して種々の御教示をいただ

いた名古屋経済大学副学長　酒巻俊雄教授に深甚の謝意を表する次第です。
　平成12年7月1日

著　者

―――――――――――【凡　　例】―――――――――――
1．会　　　　　　　　＝　会社法
1．商　　　　　　　　＝　旧商法
2．商　　　　特　　　＝　旧株式会社の監査等に関する商法の特例に関する法律
5．金　　商　　法　　＝　金融商品取引法（旧証券取引法）
6．独　　禁　　法　　＝　私的独占の禁止及び公正取引の確保に関する法律
　（または独占禁止法）
7．調　　　　書　　　＝　監査調書
8．施　　　　規　　　＝　会社法施行規則（法務省令）
9．計　　　　規　　　＝　会社計算規則（法務省令）
10．財　　　　規　　　＝　財務諸表規則
cf．会　50　②　3　＝　会社法第50条第2項第3号

【主な用語の定義】

Ⅰ 会社法第2条関係
1. 子　　会　　社＝会社が総株主の議決権の過半数を有する株式会社その他の当該会社がその経営を支配している法人として法務省令で定めるものをいう。
2. 親　　会　　社＝株式会社を子会社とする会社その他の当該株式会社の経営を支配している法人として法務省令で定めるものをいう。
3. 公　開　会　社＝その発行する全部又は一部の株式を内容として譲渡による当該株式の取得について株式会社の承認を要する旨の定款の定めを設けていない株式会社をいう。
4. 大　　会　　社＝次に掲げる要件のいずれかに該当する株式会社をいう。
　　　　　　　　　　イ．最終事業年度に係る貸借対照表に資本金として計上した額が5億円以上であること。
　　　　　　　　　　ロ．最終事業年度に係る貸借対照表の負債の部に計上した額の合計額が200億円以上であること。
5. 取締役会設置会社＝取締役会を置く株式会社又はこの法律の規定により取締役会を置かなければならない株式会社をいう。
6. 会計参与設置会社＝会計参与を置く株式会社をいう。
7. 監査役設置会社＝監査役を置く株式会社（その監査役の監査の範囲を会計に関するものに限定する旨の定款の定めがあるものを除く）又はこの法律の規定により監査役を置かなければならない株式会社をいう。
8. 監査役会設置会社＝監査役会を置く株式会社又はこの法律の規定により監査役会を置かなければならない株式会社をいう。
9. 会計監査人設置会社＝会計監査人を置く株式会社又はこの法律の規定により会計監査人を置かなければならない株式会社をいう。
10. 指名委員会等設置会社＝指名委員会，監査委員会及び報酬委員会を置く株式会社をいう。
11. 監査等委員会設置会社＝監査委員会を置く株式会社をいう。
12. 社　外　監　査　役＝次の要件をすべて満たす者
　　　　　　　　　　① 就任前の10年間，会社又は子会社の取締役，会計参与，執行役，支配人等でなかった者
　　　　　　　　　　② 就任前10年間に会社又は子会社の監査役であった場合，その就任前の10年間に会社又は子会社の取締役，会計参与，執行役，支配人等でなかった者
　　　　　　　　　　③ 親会社等（自然人）又は親会社等の取締役，監査役，

　　　　　　　執行役，支配人等でない者
　　　　　　④　親会社等の子会社等の業務執行取締役でない者
　　　　　　⑤　会社の取締役，支配人等，又は親会社等（自然人）
　　　　　　　の配偶者又は二親等内の親族でない者
13. 譲 渡 制 限 株 式＝株式会社がその発行する全部又は一部の株式の内容とし
　　　　　　　て譲渡による当該株式の取得について当該株式会社の承
　　　　　　　認を要する旨の定めを設けている場合における当該株式
　　　　　　　をいう。

Ⅱ　会社法施行規則第2条関係
14. 特 定 関 係 事 業 者＝イ．親会社等がある場合：親会社等の子会社等及び関連
　　　　　　　　　　　　　　　　会社
　　　　　　　　　　親会社等がない場合：会社の子会社及び関連会社
　　　　　　　　　　ロ．当該株式会社の主要な取引先である者（法人以外の
　　　　　　　　　　　団体含）
15. 連結配当規制適用会社＝連結した場合の株主資本等が単体のそれを下回る場合，
　　　　　　　その差額を分配可能額に反映させて配当を抑制し企業の
　　　　　　　健全性を維持させようとする措置で計算書類（注記表）に
　　　　　　　事業年度末日後，連結配当規制適用会社となる旨を注記
　　　　　　　すれば足りる（計規115）。cf,施規2③21，計規2②51，
　　　　　　　計規158①4，連結計算書類作成会社のみ適用

Ⅲ　会社計算規則第2条関係
16. 関　　連　　会　　社＝会社が他の会社等の財務及び事業の方針の決定に対して
　　　　　　　重要な影響を与える事ができる場合における当該他の会
　　　　　　　社等（子会社を除く）をいう。
17. 関　　係　　会　　社＝当該株式会社の親会社，子会社及び関連会社並びに当該
　　　　　　　株式会社が他の会社等の関連会社である場合における当
　　　　　　　該他の会社等をいう。
18. 計　　算　　書　　類＝貸借対照表，損益計算書，株主資本等変動計算書，個別
　　　　　　　注記表
19. 連　結　計　算　書　類＝連結貸借対照表，連結損益計算書，連結株主資本等変動
　　　　　　　計算書，連結個別注記表
20. 臨　時　計　算　書　類＝臨時決算日における貸借対照表，臨時決算日の属する事
　　　　　　　業年度の初日から臨時決算日までの期間に係る損益計算
　　　　　　　書
21. 持　　分　　会　　社＝合名会社，合資会社又は合同会社をいう。

目　　次

11訂版の出版にあたって
は じ め に
凡　　例
主な用語の定義

I　監査役の基盤構築

- 1　株式会社のトライアングル機能……………………………… 2
  ——株主総会・取締役会・監査役会——
  - (1) 株式会社のトライアングル機能……………………………… 2
  - (2) 株主総会の機能………………………………………………… 4
  - (3) 普通決議と特別決議…………………………………………… 4
  - (4) 取締役・取締役会の機能……………………………………… 5
  - (5) 会社法における取締役の責任………………………………… 6
  - (6) 取締役の過失責任化…………………………………………… 7
  - (7) 取締役の内部統制構築義務…………………………………… 8
  - (8) 監査役・監査役会の機能……………………………………… 9
  - (9) 会社法における監査役・監査役会の主な変化………………12
- 2　監査役の諸機能 ………………………………………………14
  - (1) 監査の意義と歴史………………………………………………14
  - (2) わが国の監査制度の歴史………………………………………15
  - (3) 会社法と監査役の地位等の変化………………………………17
  - (4) 監査役の守備範囲………………………………………………19
  - (5) 三様監査の連携…………………………………………………25
  - (6) 会社法と監査役への期待………………………………………26
- 3　監査役の基盤構築 ……………………………………………30

(1)　貸借対照表と損益計算書の理解……………………………30
　(2)　取締役の責任等に関する重要条文の理解………………40

II　監査役会運営と監査の全体像

1　監査役監査の全体の流れ ………………………………………50
2　会社法の要請する監査の概要 …………………………………53
　(1)　会社法435条の内容（計算書類等の作成・保存）…………53
　(2)　会社法436条の内容（計算書類等の監査等）………………53
　(3)　会社法437条の内容（計算書類等の株主への提供）………54
　(4)　会社法438条の内容（計算書類等の株主総会への提出等）…54
　(5)　会社法439条の内容（会計監査人設置会社の特則）………55
　(6)　会社法440条の内容（計算書類の公告）……………………55
3　監査役会と監査役会規則等 ……………………………………56
4　監査役会運営要領 ………………………………………………99
5　監査方針・計画・業務分担作成要領 …………………………103
6　期中監査（往査）実施要領の骨子 ……………………………108
7　期末監査の概観 …………………………………………………111

III　会計監査と相当性意見の形成

1　監査役の悩みである相当性意見 ………………………………114
2　監査役の主な定常的業務 ………………………………………116
3　期末における会計監査の概要 …………………………………119
　(1)　計算書類の承認から株主総会までのタイムスケジュール…119
　(2)　決算月から株主総会までの監査の骨格 ……………………123
　(3)　計算書類等に関する監査対象・内容 ………………………125
4　監査要領と監査調書 ……………………………………………128
　(1)　監査要領と監査調書 …………………………………………128

- (2) 貸借対照表・損益計算書監査実施要領 …………………………129
- (3) 貸借対照表・損益計算書監査調書 ………………………………134
- (4) 株主資本等変動計算書監査実施要領 ……………………………142
- (5) 株主資本等変動計算書監査調書 …………………………………144
- (6) 剰余金と分配可能額チェックリスト ……………………………148
- (7) 個別注記表監査実施要領 …………………………………………153
- (8) 個別注記表監査調書 ………………………………………………159
- (9) 継続企業の前提監査実施要領 ……………………………………160
- (10) 継続企業の前提監査調書 …………………………………………162
- (11) 附属明細書監査実施要領 …………………………………………163
- (12) 附属明細書監査調書 ………………………………………………165
- (13) 期中会計監査実施要領 ……………………………………………166
- (14) 期中会計監査調書 …………………………………………………169
- (15) 中間決算監査実施要領 ……………………………………………170
- (16) 中間決算監査調書 …………………………………………………172
- (17) 連結四半期報告書監査実施要領 …………………………………174
- (18) 連結四半期報告書監査調書 ………………………………………178
- (19) 連結キャッシュフロー計算書監査実施要領 ……………………179
- (20) 連結キャッシュフロー計算書監査調書 …………………………182
- (21) 連結貸借対照表・連結損益計算書監査実施要領 ………………185
- (22) 連結貸借対照表・連結損益計算書監査調書 ……………………189
- (23) 連結株主資本等変動計算書監査実施要領 ………………………192
- (24) 連結株主資本等変動計算書監査調書 ……………………………195
- (25) 連結注記表監査実施要領 …………………………………………200
- (26) 連結注記表監査調書 ………………………………………………204
- (27) 会計監査人監査報告監査実施要領 ………………………………205
- (28) 会計監査人監査報告監査調書 ……………………………………207
- 5 会計監査と相当性意見の形成 …………………………………………208

IV　期末の違法性監査

　1　期末違法性監査の概観 ……………………………………………212
　(1)　監査要領に定型化できるもの ……………………………………212
　(2)　監査要領に定型化できないもの …………………………………213
　2　事業報告監査実施要領 ……………………………………………215
　3　事業報告監査調書 …………………………………………………221
　4　内部統制構築・運用監査実施要領 ………………………………222
　5　内部統制構築・運用監査調書 ……………………………………227
　6　競業取引・無償利益供与等監査実施要領 ………………………228
　7　競業取引・無償利益供与等監査調書 ……………………………236
　8　期末業務日程監査実施要領 ………………………………………239
　9　期末業務日程監査調書 ……………………………………………242
　10　取締役忠実義務違反監査実施要領 ………………………………244
　11　取締役忠実義務違反監査調書 ……………………………………248
　12　定時総会議案・書類監査実施要領 ………………………………252
　13　定時総会議案・書類監査調書 ……………………………………257
　14　定時総会後法定事項監査実施要領 ………………………………259
　15　定時総会後法定事項監査調書 ……………………………………261
　16　有価証券報告書監査要領 …………………………………………263
　17　有価証券報告書監査調書 …………………………………………266
　18　その他法定備置書類 ………………………………………………269

V　監査報告の作成

　1　会社法の要請する監査報告 ………………………………………272
　(1)　監査報告作成の根拠条文 …………………………………………272
　(2)　事業報告における監査報告の定め ………………………………272
　(3)　計算書類における監査報告の定め ………………………………273

2　監査報告作成の留意事項 …………………………………275
　　(1)　監査報告の作成部数 …………………………………275
　　(2)　反対意見等の付記 ……………………………………275
　　(3)　事業報告と計算書類の監査報告 ……………………276
　　(4)　署名・押印 ……………………………………………276
　　(5)　常勤・社外の記載 ……………………………………276
　　(6)　増加した記載事項 ……………………………………276
　　(7)　追記事項としての継続企業の前提に係る事項 ……277
　　(8)　虚偽の監査報告と損害賠償 …………………………277
　3　監査報告と監査調書 …………………………………………278
　4　連結計算書類の監査報告作成と留意事項 …………………280
　　(1)　連結計算書類の作成 …………………………………280
　　(2)　連結計算書類の監査・承認等 ………………………280
　　(3)　監査報告作成の時期 …………………………………281
　　(4)　株主総会における報告 ………………………………281

Ⅵ　株主代表訴訟と日常の対応

　1　株主代表訴訟とは何か …………………………………………296
　　(1)　株主代表訴訟の概観 …………………………………296
　　(2)　遺族に及ぶ損害賠償 …………………………………298
　　(3)　その他取締役側の対応策 ……………………………298
　　(4)　会社法における主な変化 ……………………………299
　2　取締役の広範な第一次責任 …………………………………301
　　(1)　取締役の広範な守備範囲 ……………………………301
　　(2)　取締役の過失責任化 …………………………………302
　3　監査役の第二次責任 …………………………………………303
　　(1)　監査役の第二次責任とは何か ………………………303
　　(2)　監査役が監視監督責任を問われる時（その1）……303

(3) 監査役が監視監督責任を問われる時（その2）……………304
4　経営判断の原則と活用……………………………………306
　(1) 経営判断の原則とは何か ………………………………306
　(2) 経営判断の原則に関する事例 …………………………307
　(3) 経営判断の原則への対応 ………………………………308
5　代表訴訟を防ぐ日常の心掛け …………………………309
　(1) 遵法精神の徹底 …………………………………………309
　(2) 決議・承認案件等の徹底的検討 ………………………310
　(3) 問題点は初期に解決 ……………………………………310
　(4) 粉飾決算にはとくに注意 ………………………………311
　(5) オフバランス事項のチェック体制 ……………………312
6　株主代表訴訟マニュアルの作成 ………………………313

Ⅶ　内部統制構築の揺るがぬ基盤

1　内部統制が法制化された背景 …………………………320
2　わが国の近時における内部統制の動き ………………322
3　会社法改正等と内部統制のへの対応 …………………324
　(1) 背景の整理 ………………………………………………324
　(2) 監査役の取組み …………………………………………325

Ⅷ　監査役の基本問題研究

1　監査役はライン業務を行えるか ………………………328
2　監査役の監査は違法性監査に止まるのか ……………330
3　監査役の独任制とは何か ………………………………332
4　監査役会は全員でなくとも開催は可能か ……………334
5　協議事項と決議事項の差は何か ………………………336
6　監査報告の作成は1通でよいか ………………………338

7　旧小会社の監査役はそのまま会社法の会計監査のみ行う
　　監査役に移行できるか……………………………………………339
8　監査役の監査報告における相当の意見表明の根拠は何か……341
9　監査役は株主総会へ出席する義務があるか……………………343
10　監査役が総会日時が重なったため一方の総会を欠席するこ
　　とに問題はないか…………………………………………………345
11　監査役の任期途中での辞任は合法的か…………………………346
12　予備監査役の選任は定款で定めておく必要があるのか………348
13　交通事故で執行猶予付有罪となった監査役の地位は失われ
　　るか…………………………………………………………………349
14　社外監査役および社外取締役は登記事項か……………………351
15　非公開会社の監査役の選任議案を総会に提出するとき監査
　　役の同意は必要か…………………………………………………352
16　監査役は親会社または子会社の取締役を兼務できるか………353
17　監査役の退職慰労金は監査役会の多数決で決めてよいか……355
18　監査役を置かなくてよい場合とはどのようなケースか………357
19　株主代表訴訟の提起を受け他の監査役が反対のとき一人で
　　提訴することは可能か……………………………………………359
20　取締役の過失責任化とはどういうことか………………………360
21　特別取締役と特定取締役とはどのように異なるのか…………362
22　その他の利益剰余金を減少させて資本金増加の原資とする
　　ことができるか……………………………………………………363
23　剰余金の配当決議を取締役会で行うことができるのはどう
　　いう場合か…………………………………………………………364
24　株主代表訴訟の進行中，持株会社の株主になれば訴訟は継
　　続できないか………………………………………………………365
25　後発事象はどのように取り扱われるのか………………………366
26　三角合併を容易にする親会社の株式所有が許されるのはど
　　ういうときか………………………………………………………367

27	対価の柔軟化が認められたのはどういう理由によるのか	368
28	計算書類の公告の仕方はどう変わったか	370
29	国際会計基準（IFRS）はどう動いてきたか	372
30	包括利益とは何か，また会社法にどう反映されたか	374
31	社外取締役の要件はどう変わったか	376
32	社外監査役の要件は変わったか	377
33	多重代表訴訟とは何か	378
34	監査等委員会設置会社とはどのような制度か	379

IX 監査役の今後の課題

1 遵法はミニマムコストであるとの認識 …………………… 382
2 内部統制の充実とリスク管理体制 ……………………… 383
3 トップが不祥事を指示した時の対応 …………………… 384
4 海外からの批判にどう応えるか ………………………… 385

X 最近の商法・会社法改正の主な推移

1 金庫株解禁の商法改正の影響（平成13年10月1日施行） ………388
　(1) 額面株式の廃止と自己株式の取得自由 …………………… 388
　(2) 自己株式の処分と消却 …………………………………… 389
　(3) 利益準備金の積立方式の変更 …………………………… 390
　(4) 単元株制度の創設と単位株制度の廃止 ………………… 391
2 株式制度の見直し，ＩＴ化の商法改正の影響
　　（平成14年4月1日施行） ……………………………………… 393
　(1) 新株発行規制等の見直し ………………………………… 393
　(2) 種類株式の発行可能 ……………………………………… 393
　(3) 株式の転換 ………………………………………………… 394
　(4) 新株予約権 ………………………………………………… 395

- (5) 新株予約権付社債 …………………………………395
- (6) 株式交換と株式移転の新株予約権 ……………396
- (7) 会社関係書類の電子化等 ………………………396
- (8) 電磁的方法による議決権行使 …………………397
- (9) 電磁的方法による計算書類の公開 ……………397

3 企業統治関係の商法改正の影響（平成14年5月1日施行）………399
- (1) 監査役の権限強化 ………………………………399
- (2) 取締役等の損害賠償額の軽減措置 ……………400
- (3) 取締役等の損害賠償額の式 ……………………401
- (4) 株主代表訴訟制度の充実 ………………………402

4 株式制度・会社の機関等の商法改正の影響
  （平成15年4月1日施行） ……………………………404
- (1) 会社設立時の財産価格証明の合理化 …………404
- (2) 端株等の買増制度 ………………………………404
- (3) 種類株主等の取締役等の選任解任 ……………405
- (4) 所在不明株主の株式売却制度 …………………405
- (5) 株券失効制度 ……………………………………406
- (6) 株主総会招集手続の簡素化 ……………………407
- (7) 株主提案権の行使期限繰上 ……………………407
- (8) 取締役の報酬規制 ………………………………408
- (9) 株主総会等の特別決議内容の緩和 ……………408
- (10) 資本等減少手続の具体化 ………………………409
- (11) 計算規定の省令委任 ……………………………410

5 委員会等設置会社等の商法特例法改正の影響
  （平成15年4月1日施行） ……………………………411
- (1) 重要財産委員会制度 ……………………………411
- (2) 大会社の連結計算書類の作成 …………………412
- (3) 委員会等設置会社 ………………………………412

6 自己株式取得方法見直し等の商法および商法施行規則改正
　　の影響（平成15年9月25日施行）…………………………………415
　(1) 取締役会決議による自己株式取得 ……………………………415
　(2) 次期定時総会にて報告 …………………………………………415
　(3) 中間配当限度額の計算方法見直し ……………………………416
　(4) 新株予約権に関する営業報告書記載 …………………………417
7 電子公告制度の商法および商法特例法改正の影響
　　（平成16年6月9日公布，1年以内施行）……………………418
　(1) インターネットによる電子公告制度の導入 …………………418
　(2) 公告中断の場合の措置 …………………………………………419
　(3) 債権者保護手続の簡素化 ………………………………………419
　(4) 商法特例法の主な改正 …………………………………………419
8 株式不発行制度の商法改正の影響（平成16年10月1日施行）…421
　(1) 定款による株式不発行 …………………………………………421
　(2) 名義書換が第三者への対抗要件 ………………………………421
　(3) 譲渡制限会社の特例 ……………………………………………422
　(4) 種々の公告の要請 ………………………………………………422
　(5) 株主名簿閉鎖期間の廃止 ………………………………………422
　(6) 株主となる時期 …………………………………………………423
　(7) 公開会社の株券廃止会社への一斉移行 ………………………423
9 会社法のポイント25（平成18年5月1日施行）………………424
10 会社法施行規則，会社計算規則の主な改正
　　（平成21年4月1日施行）………………………………………426
　(1) 会社法施行規則 …………………………………………………426
　(2) 会社計算規則 ……………………………………………………428
11 会社法施行規則，会社計算規則の主な改正
　　（平成21年4月〜平成23年3月）………………………………432
　(1) 平成21年4月20日施行（会社計算規則）……………………432
　(2) 平成22年9月30日施行（会社計算規則）……………………432

⑶　平成23年3月31日施行（会社計算規則）……………………433
12　改正会社法・同施行規則のポイント
　　（平成27年5月1日施行）……………………………………435

索　　引 ……………………………………………………………437

I
監査役の基盤構築

株式会社のトライアングル機能
―― 株主総会・取締役会・監査役会 ――

(1) 株式会社のトライアングル機能

　監査役の本題に入る前に，まず株式会社におけるトライアングル機能につき概観しておきたい。商法は株式会社において国家の立法・行政・司法（三権分立）の考え方をとり入れ，明治32年当初から株主総会・取締役・監査役の三機関を設けた。

　第Ｉ－１図に示したように，取締役および監査役は株主総会において選任され，会社と取締役および会社と監査役は委任の規定に従うとされている。ここで委任の規定は民法643条および会社法330条に定められており，同時に受任者である取締役・監査役は「善良なる管理者の注意義務（善管注意義務）」（民法644）を負うべきものとされている。また会社法では「取締役の忠実義務」（会355）が規定されており，取締役は同規定に従わねばならない。なお監査役については業務の執行を行う立場ではないため，忠実義務の規定はない。しかし監査役本来の職務を遂行するに当たっては当然忠実義務を果たさねばならないことは論をまたない。

　なお民法上の「善管注意義務」と会社法上の「忠実義務」との具体的差異を求めることは難しいが，取締役の忠実義務の方が善管注意義務より重い規定と受けとめる人が多い。

| 第Ⅰ-1図 | 株式会社におけるトライアングル（株主・取締役・監査役）の機能

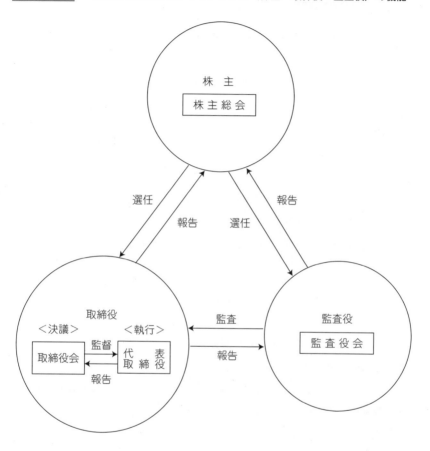

　さらに民法上の委任は無償と規定されている（民法648）が，取締役・監査役の場合は有償特約によって報酬等を得るものとされている（民法648）。
　したがって受任した取締役および監査役は，職務の忠実な遂行を約束することとなり，法令・定款および株主総会決議事項の遵守と効率的経営の実行ならびにその執行状況に関する監視等につき責任を負うことになるのである。次に上述三機関についてそれぞれやや詳しくみることとする。

(2) 株主総会の機能

　三権分立の思想に基づき，当初の株主総会はすべての事項を決定する唯一の決議機関であった。したがって取締役は決議の後をフォローする執行機関であった。しかし経済の拡大発展とともに大規模な株式会社が現れ，同時に複雑化してくる諸決議事項を株主総会では処理しきれなくなってきた。そこで昭和25年の商法改正となり，株主総会からかなり大きな部分を取締役会の決議へ移行した。改正後の株主総会の権限は縮小されたのであるが，株主総会に残されたものは基本的な事項が中心となっている。その主なものを挙げてみると，

① 計算書類（＊）の承認（会438，ただし会計監査人設置会社の場合は，計算書類については一定の条件の下で報告事項となっている＜会439＞）

　＊　従来の計算書類は貸借対照表，損益計算書，営業報告書及び利益処分案であったが，会社法では貸借対照表，損益計算書，株主資本等変動計算書及び注記表となった。

② 取締役・監査役・検査役の選任，会計監査人の選任および解任（会329，331，316，340）

③ 取締役・監査役の報酬，退職慰労金の決定（会361，387）

④ 定款の変更（会466，309）

⑤ 事業の譲渡（全部または重要なる一部），事業全部の譲受け（会467）

⑥ 取締役・監査役の解任（会339）

⑦ 資本の減少（会447）

⑧ 会社の合併（会748）

等々である。

(3) 普通決議と特別決議

　前掲①～③は普通決議で行われる。すなわち総株主の議決権の過半数に相当する株式を有する株主が出席し，その議決権の過半数をもって決議される（会309）。しかし会社法309条1項によって定款に定めれば普通決議に従わなくとも

よいので，多くの会社は定款で普通決議の方式を排除している。一般に出席した株主の議決権の過半数で決議するよう定款に定めている。ただし取締役・監査役等役員を選任するときは，定款の規定によっても，総会に出席する株主の議決権を総株主の議決権の3分の1未満にしてはならないと規定している（会341）。

次に④〜⑧は特別決議によって行われる。特別決議とは総株主の議決権の過半数に相当する株式を有する株主が出席して，その議決権の3分の2以上によって決議されることをいう。ただし会社法で累積投票により選任された取締役以外の取締役は普通決議で解任される（会309）。

その他特殊な決議としては，たとえば定款を変更して株式の譲渡に取締役会の承認を要するようにする場合には，議決権を行使できる株主の半数以上が出席し総株主の議決権の3分の2以上の多数決で決するなどがある（会309③）。

(4) 取締役・取締役会の機能

監査役は取締役の職務執行に関して監査することとなっているから取締役の機能を理解しておく必要がある。

前節で述べたように当初取締役は株主総会の決議に基づきもっぱら執行を分担しており，取締役全員が執行権限を有していた。ところが昭和25年の商法改正によって取締役の基本的機能は次の二つ（①および②）となった。

① 取締役は取締役会の構成メンバーであり取締役会は決議機関である。したがって取締役の権限の一つは取締役会において業務執行の内容を決定することである。
② 次に取締役の第二の権限は代表取締役の職務執行を監督することである。
③ さらに取締役の第三の権限は代表取締役の選定及び解職を行うことであり③の代表取締役の解職は新しく規定されたものである（会362）。

ところで昭和25年の商法改正前は代表取締役は選任することができるとされていたが，改正後は代表取締役の選任は取締役会の必須事項となった。代表取締役は業務執行を行い，取締役は決議・監督を行うこととなり機能が二分され

第Ⅰ−2図　　　　　執行権と議決権の分配

時期 摘要	昭25年改正前	昭25年改正後
決議機関	株主総会	株主総会（一部）取締役会（相当部分）
執行機関	取締役	代表取締役
任期	3年	2年

た（第Ⅰ−2図参照）。

　改正後ヒラの取締役にも執行権があるか否かをめぐって，「執行権ある」とする学説と「執行権なし」とする学説とに分かれたが，今日会社法上ではヒラの取締役には執行権はないとする考え方が通説である。ただ現実には「取締役××担当」などの肩書をつけることもよく見受けられるが，××担当という言葉は執行内容を示すので会社法とは矛盾する。一方株主代表訴訟等においてはヒラ取締役でも執行権があるように取り扱われていると考えられるケースがほとんどである。

　この事象を法的に分析してみると，一般に取締役は取締役総務部長のように兼務役員が多い。この場合総務部長は使用人であるから会社法上の執行責任を直接問われる立場にはない。一方ヒラの取締役に執行責任がないことは前述のとおりである。であるとすれば何故に取締役が罰せられるのか。それは前述した取締役の監督責任にほかならない。つまり総務部長としての執行を委任された職責の遂行にあたり一方で取締役の監督責任を果たさなければならず，この監督責任を果たしていないという理由に基づき罰せられるのである。

　　（注）　会社法における非公開会社で取締役会を設置しない会社ではヒラの取締役でも執行権がある（会348）。

(5)　会社法における取締役の責任

　取締役の基本的責任は旧商法と変わってはいないが，大きく変化した点は2つある。その一つは取締役の過失責任化であり，その二は内部統制の構築及び機能の監視責任である。これらの新しい責任を含めた取締役の責任をまとめる

| 第Ⅰ-3図 | 取締役の責任

(ⅰ) 決　議 ─┬ a．法令・定款遵守（<u>過失責任</u>，会423）
　　　　　　 └ b．経営判断の原則（特に＊③）

(ⅱ) 監　督 ─┬ a．監視義務（会362）
　　　　　　 └ b．<u>内部統制組織管理</u>（会362）

　　＊　経営判断の原則（306頁参照）
　　　　① 法令・定款を遵守しているか。
　　　　② 私利のための行為ではないか。
　　　　③ 合理的判断の基となる資料が整っているか。

と第Ⅰ-3図のようになる。

(6) 取締役の過失責任化

　従来，取締役の基本的責任は無過失責任といわれていた。旧商法266条につぎの行為をなした取締役は会社に連帯して損害賠償の責に任ずとあり，違法配当，利益供与，取締役への貸付未返済，利益相反取引，法令・定款違反がその対象として列挙されていた。一方で旧商法266条2項では決議に賛成した取締役は行為をなしたものと見做すと規定しており，この条文が無過失責任の根拠とされていた。上記の5項目のうち法令・定款違反の行為以外の4項目は総て無過失責任とされていた。例えば工場の取締役が総会決議事項決定の取締役会に出席して配当議案に賛成すれば内容が法令に違反していて裁判沙汰になったときには賛成しているので無条件に行為者と同罪にされたのである。

　これはおかしいとの議論は相当昔からあったところであるが，平成17年の改正でようやく過失責任になった。具体的には<u>会社法423条に「取締役，会計参与，監査役，執行役又は会計監査人は，その任務を怠ったときは，株式会社に対し，これによって生じた損害を賠償する責任を負う」</u>と規定されている。

　もう一つ旧商法に有名な条文があり266条3項で決議に参加し反対しても議事録に異議を記載してない場合には賛成（＝行為あり）と推定するとしていた。「見做す」という言葉は断定であり責任を免れる余地はないが，「推定す」という言葉は反証をあげて覆すことができるので，一応「行為あり」の嫌疑をか

けられている状態なのである。ところで会社法では上記266条2項の「見做す」規定は削除されたので，無過失責任の根拠はなくなり過失責任に変わったと解釈されている。しかし「推定」規定はそのまま残っており会社法369条5項に取締役会議事録に異議の記載がない場合は賛成したものと推定すると規定している。

　これらをまとめれば第一義的には違法等の行為をなした取締役に責任があることは明らかであるが（会423），反対しても異議を止めない限りは賛成（＝行為あり）と推定されるのであるから，もしも問題がおきた場合には行為ありとの嫌疑をかけられることになる。つまり過失なしとの立証責任は個々の取締役側に預けられることになるのであって，行為を直接なした取締役だけが罰せられて他の取締役はまったく関係なく無罪放免というわけにはいかないことに注意する必要がある。

　結果として過失責任といってもそう簡単ではないのである。

(7)　取締役の内部統制構築義務

　近時，企業不祥事が世界的に後を絶たず2001年から2002年にかけて米国のエンロンやワールドコムといった超大手企業の粉飾決算が発覚し，サーベンズ・オクスレー法（企業改革法）が成立する等あわただしい動きがあり日本もこうした例に倣って様々な動きが始まっている。

　わが国の旧商法ではすでに商法特例法21条の7，1項2号および商法施行規則193条1項6号において委員会等設置会社に対して内部統制の構築義務を課している。

　このような動きに呼応しまた委員会設置会社（平成26年会社法改正で指名委員会等設置会社に改称）に従来の商法からある内部統制構築義務と平仄をあわせて，会社法362条4項6号において内部統制構築が取締役会の専決事項と定められた。同時に同条5項において大会社である取締役会設置会社では内部統制構築が義務とされた。

　なお，平成26年の会社法改正により子会社を含む企業集団の内部統制の整備

を行うようつけ加えられた（28, 435ページ参照）。

またその内容については施行規則100条（非大会社は施規98）に委任されており次のような5項目が規定されている。

 1項1号 取締役の職務執行に係る情報の保管体制
   2号 危機管理に関する規程及び体制
   3号 職務執行の効率性確保の体制
   4号 法令・定款の遵守体制
   5号 企業集団の業務適正を確保する体制

なお，平成26年の会社法改正により子会社の取締役の業務の執行状況を親会社へ報告する体制等，子会社の内部統制の規定が加えられた（324, 435頁参照）。

したがって大会社（取締役会設置会社）においては会社法施行後，速やかにこれらの諸体制を構築していくことが要請されている。

(8)　監査役・監査役会の機能

監査役は取締役と同様に株主総会において選任され（会329），取締役の職務の執行を監査する（会381）ことが要請されている。また委任に関する民法・会社法の適用関係は取締役の規定が準用されることになっている（会330）。

なお監査役には独任制という機能があり，初期の取締役と同じように，それぞれの監査役が独自の考え方に基づき行動する権限が与えられている。ただ独任制を明定した条文はない。

監査役は本来少人数であるから，とくに各監査役の意見を尊重しなければ多角的で十分な監査を期待することが難しいところから独任制の考え方がとり入れられたものと思われる。

ただ非常に難しいことは，監査役の独任制と監査役会の多数決による決議との関係である。

監査役会における決議については原則として全監査役の過半数によることとし（会393），監査の方針や業務等の調査方法その他監査役の職務執行に関する事項の決議が可能である。ただし会計監査人の解任には監査役全員の同意が必

第Ⅰ-4図　取締役会と監査役会

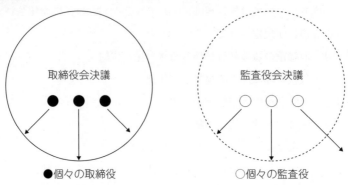

●個々の取締役　　　　　　○個々の監査役

──▶ 印は各取締役，監査役がそれぞれ取締役会，監査役会の枠内に拘束されるか否かを示す。

要とされる場合がある（会340②）。ここで注目すべきことは会社法390条2項の後段で監査役の権限の行使を妨げないいわゆる独任制を認めたくだりである。

たとえば株主から株主代表訴訟による訴えを起こすよう監査役に要請があった場合，これを監査役会において多数決でとり決めることはできないとされている。たとえば4名の監査役のうち3名が提訴しない意見であっても，1人の監査役は単独で提訴できるといわれている。このあたりが監査役が独任制の機関であるとされるゆえんでもある。

つまり監査役会は独任制を持った監査役の集合体であり，取締役会は多数決で規制される取締役の構成体といえよう。したがって同じ会の体制ではあるが，取締役会では多数決による決定事項に反する行動は取締役には認められない。たとえ議事録に反対意見を付記することとしても決議には従わざるを得ない。一方監査役会の方は前述した株主代表訴訟の例にみられるように，監査役の行動が必ずしも決議に拘束されるとは限らない。つまり独任制の権限によって会からの縛りが取締役の場合よりやや緩やかと考えられる。このことを第Ⅰ-4図に示してみた。

次に監査役の総会への出席義務について触れてみたい。

法文をみる限り監査役が株主総会に出席する義務ありとする明文は見当たら

ない。ただ総会において株主から説明を求められた場合には説明を行う義務がある（会314）。したがって当条項を根拠に監査役は出席義務ありと説く識者が多い。

なお常時発生することではないが，監査役が総会議案を監査して法令・定款に違反しているか，または著しく不当な事項があると認めたときは総会に報告しなければならないとされている（会384）。しかし当条文は実際には適用されることはまずないと考えられる。なぜならもし違反等の事項を監査役が発見すれば取締役に対して是正措置を講ずるよう進言するはずであり，もし技術的に間に合わないような場合でも，取締役自らが己れの立場を正しい位置に戻すなんらかの方策を講ずると思われるからである。およそ取締役に何の報告もなく監査役が突然に総会において報告を行うことはあり得ないことであろう。

いずれにせよ監査役は総会への出席義務ありとする通説に従うべきであろう。

次に監査報告については，監査役は監査報告を取締役に提出すればよい（会436，438，439）のであって総会において述べる必要ありとする規定はない。したがって法により強要されてではなく慣行的に大多数の企業が総会で監査の報告を行っているのが実情である。企業によっては議長が監査役から適正である旨の監査報告を受け取ったことを述べるだけで，監査役による監査報告を行わないところもあると聞いているが，もちろん違法ではない。

なお総会の議事録には従来議長および出席取締役の署名だけが要請されており，監査役は署名の必要がないことになっていたが（旧商法244②），会社法では署名はすべて不要となり，代わって出席した取締役等の氏名の記載が要請され，出席監査役も記載されることに改められた（会318，施規72③四）。

関連して総会議事録は10年間本店に，その謄本を5年間支店に備え置く必要がある（会318②，③）。ここで支店は登記要件になっている（会911）が，未登記ないしは登記を予定していない支店等にも議事録の謄本を置くべきであるとの考え方が一般的であり実務上も穏当と思われる。

Ⅰ　監査役の基盤構築

11

⑼　会社法における監査役・監査役会の主な変化

　基本的な内容には従来との比較で大きな変化はないが，それでも大きな変化と考えられるものを列挙すると次のようになる。

① 　監査役の権限は会社の規模を問わず原則として業務監査権と会計監査権の両方を有することとした（会381）。ただし監査役会設置会社と会計監査人設置会社を除く非公開会社の監査役は定款の定めにより会計監査に限定することができる（会389）。

② 　監査役の選任議案については従来は大会社に限り監査役会の同意を必要としたが，会社法では会社の規模に関わらず監査役または監査役会の同意が必要となった（会343）。

③ 　会計監査人の選任・解任等については従来は大会社に限り監査役会の同意を必要としたが，会社法では会社の規模に関わらず監査役または監査役会の同意が必要となった（会344）。しかし，平成26年の会社法改正で会計監査人の選任，解任，不再任に関する議案の内容は監査役（又は監査役会）の決定事項となった（会344①，③）。

④ 　監査役の任期は従来は会社の規模を問わず4年であったが，会社法では原則4年とし，非公開会社については定款によって10年まで伸長することができる（会336）。

⑤ 　非公開会社でかつ大会社でない場合において，取締役のみ設置するとき又は取締役会設置会社で会計参与を設置するときには監査役をまったく置かなくてもよい（会327）。

⑥ 　法律効果の及ぶ場合につき，社外監査役は登記事項となった（会911）。

⑦ 　監査役会は各監査役が招集でき，原則として1週間前までに各監査役に開催通知を発しなければならない（会391，392）。

⑧ 　取締役が会計監査人の報酬を定める場合には，監査役の過半数または監査役会の同意を得なければならない（会399）。なお，平成26年の会社法改正で，公開会社については監査役（又は監査役会）が会計監査人の報酬決定

に際して同意した（会399①）理由を事業報告に記載することとなった（施規126）。
⑨　平成26年の会社法改正で監査役の監査を会計に限定する場合には，定款の定めにより監査を会計に限定する旨の登記が必要となった（会911③17）。

監査役の諸機能

(1) 監査の意義と歴史

　古代より人々が共同生活を営み経済行為を遂行する場において，取引等内容の真偽を第三者の機能を活用して確かめる監査の原型に相当する行為があったであろうことは想像するに難くはない。

　ところで実際にもっとも古い記録は紀元前4000年ころのバビロニアにおける徴税時に行われた監査の記録だといわれている。

　さて今日一般に使用されている「監査」という言葉はどのような意味なのか探ってみることとしたい。

　「監査」の源流はラテン語の audire（聴く）を語源とする英語の audit，フランス語の audition と，ラテン語の revisere（再見する）を語源とするドイツ語，スペイン語の revision と二つの流れがあるといわれている。

　中世の欧州における主な監査の形態は都市の出納担当等財務責任者に対する市民の監査と荘園の財務責任者に対する監査で，監査人が財務責任者からの帳簿記録の口頭説明を聴取する方法で行っていた（『監査論の基礎知識』石田三郎編著，東京経済情報出版）。

　今日英語で「監査」を audit と言い「監査人」のことを auditor と呼ぶようになったのはこうした歴史的経過によることが分かるのである。

このように監査という言葉には長い歴史があり，その意味も時代により差異があったと推測されるが，今日監査役や会計監査人等を中心に使用されている「監査」の意味は「会社，株主，債権者，投資家等会社等をとりまく利害関係者に対し，第三者の立場から対象となる会社等の業務・会計等の経過および結果について，法令・定款，会計慣行等に照らし合法性，適正性（一部妥当性を含む）等を調査・検討し，その調査等の結果（経過・忠言等含む）について報告を行う一連の手続をいう」とまとめることができよう。

(2) わが国の監査制度の歴史

　わが国で「監査」という言葉がはじめて用いられたのは明治14年（1881年）に公布された会計検査院章程の中であるが，ここでは「監査」とは「監視検査」または「監督検査」の略語とされている。

　一般的には明治32年に施行された商法の中で「監査役」という言葉が用いられたことからスタートしている。

　明治32年当初の監査役は会計監査と業務監査を守備範囲とし，監査役の資格は株主に限定された。また取締役や支配人との兼務を禁止した。人数は1名以上，任期は1年とした。

　しかし昭和13年には監査役の資格を株主に限定する規定を削除した。

　昭和25年（1950年）の改正では，取締役の権限強化と取締役会制度の新設，これに伴う業務監督機能の付与により監査役の業務監査機能と重複するとの考えから，監査役の業務監査権を削り会計監査権のみを残した（第Ⅰ-5図）。ところが昭和40年には山陽特殊製鋼による大型の粉飾事件が発生し世間を震撼させた。

　このような大事件を背景に昭和49年の改正では再度業務監査権が復活され，任期も1年から2年へ伸長された（第Ⅰ-5図）。

　昭和49年の改正で際立った特徴は商法に会計監査人による会計監査を導入したことである。具体的には「株式会社の監査等に関する商法の特例に関する法律」（昭和49年10月施行，以下商法特例法という）が定められ，株式会社の大中小区

| 第Ⅰ－5図 | 商法・会社法における監査役の地位の変遷 |

ⅰ）	明治32年	会計監査と業務監査（任期1年）1名以上
ⅱ）	昭和25年	会計監査（任期1年）
ⅲ）	昭和49年	大　会　社──会計監査（ＣＰＡ）と業務監査 中　会　社──会計監査と業務監査 小　会　社──会計監査 　　　　　　　監査役任期伸長（1年→2年）
ⅳ）	昭和56年	大　会　社──複数監査役制（2名以上） 　　　　　　　常勤監査役制
ⅴ）	平成5年	大中小会社──監査役任期伸長（2年→3年） 大　会　社──社外監査役制（1名以上） 　　　　　　　監査役員数増（3名以上） 　　　　　　　監査役会制
ⅵ）	平成14年	大中小会社──監査役任期伸長（3年→4年） 大　会　社──社外監査役制（1名以上→全体の半数以上）
ⅶ）	平成18年	大・非大会社──会計監査と業務監査 　cf. 監査役設置会社と会計監査人設置会社を除く非公開会社→定款で会計監査のみに限定可 大・非大会社──監査役任期（原則4年） 　cf. 非公開会社→定款で10年まで伸長可 　　　　又監査役を置かないこともできる。

分（第Ⅰ－5図）がなされて監査役と会計監査人の監査業務の分担区分が行われた（第Ⅰ－7図）。大きな特徴としては大会社の監査には監査役による監査のほかに会計監査人による会計監査を導入し，また小会社の監査役による監査は会計監査に限定したこと等である。

　その他取締役会出席権，子会社調査権，取締役の違法行為差止請求権，監査役の選任・解任に対する総会での意見陳述権などが付与され，大幅な監査役の権限強化がはかられたのもこのときである。ここで注意すべきことは，大会社における会計監査は基本的には会計の専門家である会計監査人によって行われるが，同時に監査役の監査対象にも含まれていることである。

　昭和56年の改正では，監査役の報酬を取締役とは別に定款または株主総会で定めることとし，監査費用は理由なく会社は拒否できないこと，虚偽の監査報

告書に損害賠償責任のあることなどが定められた。また商法特例法で監査役は2名以上、そのうち1名以上は常勤監査役とすること等の改正が行われた。

さらに平成5年の商法改正では大会社については監査役の任期を3年に伸長し、商法特例法で、員数を3名以上、うち1名以上は「就任の前5年間会社又はその子会社の取締役又は支配人その他の使用人でなかった者でなければならない」(商特18)とする社外監査役の規定が設けられ、また監査役全員で構成する監査役会の規定も設けられた(商特18の2)。

さらに平成14年の改正商法により監査役の任期が4年に伸長となり、社外監査役を半数以上とする改正が行われた。また社外監査役は「就任前に会社又はその子会社の取締役又は支配人その他の使用人となったことがない者でなければならない」(商特18)となり一段と厳しく独立性を求められることとなった。

(3) 会社法と監査役の地位等の変化

旧商法では監査役は株式会社成立の絶対的要件の一つであったが会社法では、任意的要件となった。そこには有限会社が株式会社に吸収されるための配慮を伺うことができる。元来有限会社では監査役は任意に設置できることとされていたからである。

平成18年の商法改正は明治32年の制定以来の大改正といっても過言ではない。これまでの歴史的変遷の角度から主な改正点をピックアップしてみると次のようになる。

① 大中小会社の区分が変わった。

従来の大中小会社の区分は大会社とそれ以外の会社の2区分となった。したがって、中小会社の区分がなくなった。しかし大会社の定義は従来と変わってはいない。会社法2条によれば、大会社とは最終事業年度における貸借対照表の資本金が5億円以上か又は負債の部の計上額が200億円以上の株式会社をいうとしている。

第Ⅰ-6図　会社の規模と諸機関の関係

規模	機関	取締役	取締役会	監査役	監査役会	会計監査人
大会社	公開	◎	◎	◎	◎	◎
大会社	非公開	◎	◎	◎	○	◎
大会社	非公開	◎	○	◎	×	◎
大会社	非公開	◎	×	◎	×	◎
非大会社	公開	◎	◎	◎	○	○
非大会社	公開	◎	◎	◎	○	×
非大会社	公開	◎	◎	◎	×	○
非大会社	公開	◎	◎	◎	×	×
非大会社	非公開	◎	◎(注ⅱ)	◎	○	○
非大会社	非公開	◎	◎(注ⅱ)	◎	○	×
非大会社	非公開	◎	○(注ⅱ)	◎	×	○
非大会社	非公開	◎	○(注ⅱ)	◎	×	×
非大会社	非公開	◎	×	◎	×	○
非大会社	非公開	◎	×	○	×	×
非大会社	非公開	◎	×	×	×	×

（注ⅰ）　◎法定，○任意，×設置しない。
（注ⅱ）　取締役会に会計参与を置いた時は監査役は置かなくてよい。
（注ⅲ）　監査等委員会設置会社及び指名委員会等設置会社には監査役を置くことができないので上表から外した。
（注ⅳ）　会計参与は上表のいずれの場合にも任意に設置できる。

②　公開会社か非公開会社の区分

　もう一つの区分は公開会社か非公開会社かの区分である。ここで公開会社とは株式の譲渡・譲受に会社の承認を必要としない会社すなわち株式譲渡制限会社以外の株式会社を意味しているので，必ずしも上場会社を意味するものではなくもっと広い概念となっている（会2）。

③ 株式会社の諸機関設計は約40通り

会社法では有限会社の機関設計も取り入れた結果約40通りの機関設計が可能となった。その主なものをリストに掲げると第Ⅰ－6図のようになる。ここで非公開の非大会社の場合では，取締役のみで監査役のいない場合や取締役会まで設けたが会計参与を置くことで監査役を置かなくてよい場合などがあるので注意を要する。

④ 監査役の守備範囲

会社の規模に関係なく原則として会計監査権と業務監査権が付与された（会381）。しかし監査役会設置会社と会計監査人設置会社を除く非公開会社の監査役は定款に定めを置くことにより会計監査権のみに限定することも可能である（会389）。

⑤ 監査役の任期

監査役の任期は原則として4年とする。ただし非公開会社については定款によって10年まで任期を伸長することができる（会336）とし，非公開会社に対し柔軟に対応した。

(4) 監査役の守備範囲

① 適法性監査と妥当性監査

監査業務の守備範囲として妥当性監査か適法性監査かの問題があり，諸説がある。

その一は監査役の業務は適法性監査のみに限定すべきであるとの説である。

その二は適法性監査に限定することなく妥当性監査にも及ぶべきであるとする説である。

その三は原則として適法性監査を中心とするが，特別な場合は妥当性監査にも及ぶべきであるとする説である。

第一説はかなり多くの賛同者がいるといわれているが，第二説は少数派に属

第Ⅰ-7図　　　　**大会社における監査領域の概念図**

種類＼内容	適　法　性	妥　当　性
業　務　監　査	■■■■■	■■■■■
会　計　監　査	■■■■■	

するものと思われる。今日では第三説が通説であり，多数の支持があっても第一説にくみすることには無理があるように考えられる。なぜならば会社法の条文の中に妥当性監査に属すると考えられるものがいくつかみられるからである。

　たとえば会社法384条に，「監査役は，取締役が株主総会に提出しようとする議案，書類その他法務省令で定めるものを調査しなければならない。この場合において，法令若しくは定款に違反し，又は著しく不当な事項があると認めるときは，その調査の結果を株主総会に報告しなければならない。」とあり後段の「又は著しく不当な事項」とあるところはまさに妥当性監査を指すものと考えられる。

　また会社法385条の有名な違法行為差止請求権の条文中にある「会社に著しい損害が生ずるおそれがあるときは，」といっている個所も妥当性監査が要求されているといえる。これらの例にみられるように妥当性という場合でも，広くすべての妥当性を意味するのではなく，著しい場合に限り妥当性監査を行うよう会社法は要求しているのである。あるいは会計監査人の報酬を取締役が決定する場合には監査役の同意を要する（会399）なども妥当性監査に該当する。

　なお違法性監査という場合は一般的表現では法令・定款に対する違反とされているが，法令の意味する範囲はすべての法律であるといわれており，真剣に考えると監査役の責任の重大さに愕然とするのである。ましてや取締役の職務執行の違法性監査が中心であるから，その責任の重さに加えて監査実務の難しさにとまどうことが少なくない。

　一方妥当性監査の面では上述した具体的な会社法の条文の場合で考えてみて

も著しい不当性などの限界が非常に難しい。

このようにみると監査役の違法性監査および妥当性監査は困難と不安がつきまとうものでその克服には相当のエネルギーが必要となる（第Ⅰ－7図）。

② 会計監査と業務監査

監査業務には会計監査と業務監査という切り口がある。この度の改正で会社法381条に監査役は取締役（会計参与を含む）の職務の執行を監査すると定められ，会社の規模を問わずすべての監査役に会計監査権と業務監査権の両方が付与された。したがって非公開会社の監査役に会計監査権のみに限定することを例外的に認める（会389）場合があるものの，従来より監査役の権限は拡大されたといえるのである。

ただ大会社の場合は会計監査人による会計監査が義務づけられているために，監査役の会計監査との関係をよく整理しておくべきであろう。

大会社における監査役の立場は業務監査は別として，会計監査に関しては会計監査人の行った監査を包括的に「相当」である（または相当でない）と認める微妙な立場にある。したがって後述するところではあるが，監査報告に監査役が「会計監査人○○の監査の方法および結果は相当であると認めます」と記述することに対し，相当性の根拠を株主総会で総会屋に追及され，監査役がしばしば立往生するのである。

このように監査役の会計監査はとくに大会社の場合は難しいのである。会計監査人に全面的に任せておいて何も理解できていないとすれば，相当性の意見表明をすること自体が，相当厚かましいということになるのではないか。このあたりの筆者の見解は後述する。

次に業務監査であるが，取締役の職務執行内容のうち会計に関する部分を除いたものが業務の範囲だといえる。したがって内容は多岐にわたり正面から定義することは難しい。

業務を区分する切り口としては，意思決定過程と執行過程にそれぞれ生ずるもの，あるいは時間的立場から期中と期末にそれぞれ発生するもの，取締役

（取締役会も含む）とその使用人である従業員とにそれぞれ発生するもの等々種々の切り口がある。したがってこれらの切り口に特有の業務を取り出して監査対象を整理することも可能と考えられる。しかし実務的にはあまり有益ではなく、むしろ法令・定款に違反するおそれのある業務は何か、また著しく損害の発生する可能性の高い領域あるいは具体的業務は何か、あるいは著しく不当な結果の生じやすい業務は何か等の角度から効率よく業務をピックアップし体系づけるのもよい方法であろう。そして業務の分類等を考えることよりも、実際には各社各様であろうが、実務経験の中から必要な監査項目を取り上げ整理することになると思われる。大事なことは一般に監査役の数は限られているから、業務監査を推進する上で効率性を考え重点監査を行わざるを得ないということになろう。したがって監査計画を立てるときに重点項目を年度計画の柱として決めておくことがよいのではなかろうか。重点項目はもちろん会計監査にも共通することではあるが、とくに業務監査項目の方が多いように思われる。そして重点項目は原則として年度ごとに異なるものであるが、テーマの大きさによっては単年度で終了しない場合もあるから、継続テーマとすることはいっこうに差支えない。

③ 予防監査と摘発監査

監査の考え方に予防監査と摘発監査という二面がある。

監査を要請する立場からすれば予防監査も摘発監査も両方必要と考えるに違いない。

しかし監査を行うに際してどちらに重点を置くのかということをしっかりと考えておく必要があるのではなかろうか。というのは監査役は数の上で制限があるから両面を十分に行うわけにはいかない。したがって少人数で効率を上げるには両面のうちのいずれかに重点を置く方がよい。内部監査制度が充実していて十分な連携が行われ、両面を難なくこなせるといった場合は別であるが、一般には多くの手足や助力を期待することは無理だからである。

このように考えた上でいずれに重点を置くかということになるが、基本的に

は予防監査に重点を置くべきと考えられる。そのいくつかの理由は次のとおりである。
1） 摘発監査を心がけた場合，たとえ誤謬や不祥事が摘発できても予防の思想がなければ次の問題発生にはほとんど有効ではない。
2） 多くの摘発事項は事後であるため，重大な事件が発生した事実は多くの場合元へ戻すことができず，会社に対する損害や個人の人生に汚点を残す等不幸な結果をもたらす。したがって予防できればこれにこしたことはない。
3） 元来大きな不祥事は作為的に起こされたものが多く簡単には発見できない。つまり少数で対応しても容易に発見されるものではない。したがって不祥事や誤謬が発生し難いシステムにしておく方がはるかに効率性が高いというべきであろう。

このように予防監査の思想を持つことが，不祥事等を発生し難くする基本ではないかと考えられるのである。

予防監査の考え方が今日広く受け容れられている一例として棚卸の監査がある。米国の監査の歴史をみても，昔は悉皆（全部）調査によって不正や誤謬を発見したのであるが，時を経るに従い，企業規模が急速に拡大してとても悉皆調査など不可能になってきた。そこでサンプリング調査つまり部分調査（試査ともいう）が始まったわけである。今日棚卸監査で悉皆調査が可能なのはきわめて小規模なケースに限られよう。サンプリング手法が中心になってくると，そこに信頼性の高いシステムの存在が前提となってこざるを得なくなる。つまり会社の内部における生産や購買から商品が流れて売上や在庫となっていく内部牽制のシステムがどのようになっているのかが大事な前提なのである。

もしも内部牽制システムが全然できていなければ，サンプリングで在庫をチェックしても，チェックしてない在庫数に信頼を置くことができなくなる。

このように主として事故の未然防止と監査の効率性が密接に関連しあって今日では予防監査に重点を置く考え方が一般的であるといえよう。

会社法では内部統制構築を大会社の取締役会に義務付けており（会362，施規

98, 100），監査役は今後内部統制組織の監査を継続的に行っていく必要がある。

④　内部監査と外部監査

　内部監査とは企業の意思により，企業の経営管理のために内部統制の一環として，企業内部に監査組織を設け，その組織内の監査人により行われる監査のことをいう。この場合に監査人は一般に企業に所属している従業員である。

　他方，外部監査とは金融商品取引法（旧証券取引法）または会社法に基づき公認会計士や監査法人が行う監査，あるいは監督官庁や国税局等による監査など独立した第三者による監査をいう。ここで注意しなければならないのは監査役による監査である。監査役による監査は今日では外部監査に位置づけるべきものと考えられる。それにはいくつかの根拠がある。

　その一，監査役は会社法の要請ならびに株主の委任に基づき監査を行うものであり，企業の意思に基づくものではない。

　その二，監査役の報酬は基本的には定款または株主総会で決定するものであるが，個別監査役の報酬は監査役が自ら協議決定するものであり（会387），法律的には企業の意思により一方的に拘束決定されるものではない。

　その三，株主代表訴訟において，株主から提訴の請求がなされたとき，監査役は独自の判断において訴訟を起こすか否かを決定するものと解されている。

　以上がすべてではないが，代表的なこれらの例は，いずれも企業の意思に基づかない監査役の独立した立場を表している。ただ現実には法の要請とはやや異なった扱いとなっている場合も多く見られることも事実ではある。すなわち現実には内部監査と受け取られるような行動が見受けられるのであるが，少なくとも法の主旨からすれば監査役の監査は外部監査に位置づけられよう。

　したがって会社法における監査役は企業に対し第三者の立場に立つものであるから，すべて社外監査役というべきであり，社内監査役という言葉は出身母体が社内であるというだけのことであって社内監査を意味するものではない。よって社外監査役，社内監査役という言葉はやや本質的な解釈論においては誤解を招きやすいきらいがある。

第Ⅰ-8図　大会社の三様監査の守備範囲

担当＼種類	業務監査	会計監査	経営監査*
会計監査人		■	
監査役	■		■
内部監査	■	■	■

＊　業務監査のうち，特に取締役の業務執行にかかわる部分の監査を経営監査として一般の業務監査と分けてみた。

しかし監査役が自他ともに社外の監査役であると認められるためには，報酬等を含めて真に独立できる必要があり，法の整備や制度の改新も含めて，もう一皮も二皮も脱皮する必要があると考えられる。

(5) 三様監査の連携

監査役と会計監査人と内部監査部門による三つの様式の監査を一般に三様監査と呼んでいる。よく観察してみるとそれぞれの監査の方式には特徴があり，長所と短所がみられる。

監査役による監査は業務監査が中心であり，取締役の業務執行についての違法行為に対する牽制または阻止の期待に集約されよう。次に会計監査人の場合は会計処理等の中に隠蔽された，あるいは誤りによる違法処理を発見して修正・助言・阻止等をはかる機能をもっているといえよう。また内部監査部門はトップを含む取締役から依頼を受けて内部の不祥事を未然に防ぐか事後発見することに主眼が置かれているといえよう。ところで会計を通じて発見した会社の不祥事を会計監査人がトップに直接はいい難かったり，内部監査部門の発見した不祥事が取締役がらみでトップにいえない時，監査役から中止を申し入れてもらうとか，監査役が耳にした粉飾決算の噂を会計監査人に確認を依頼する等，三様監査が連携しあうことでそれぞれの短所を補うことができると考えら

れる。そこで毛利元就の三本の矢のたとえではないが，三者が連携を深め協力しあうことにより充実した監査の実現が可能となるに違いない。

(6) 会社法と監査役への期待

長い時間をかけて商法は監査役への期待をよせてきた。会社法においても同様に一層の期待がよせられているといえる。監査役への期待は同時に取締役への期待でもある。取締役が監査役の存在を無視したり疎んじたりしている限り会社の良好な発展は望めない。そこで大事なことは取締役と監査役双方のコミュニケーションを十分にはかることであろう。監査役もまた機会を捉えて取締役に自己の法的な立場を伝えていく必要がありまたその努力を惜しんではならない。お互いに相手の立場を理解することなく経営を推進していく先には，大きな不幸が待ち受けていると考えるべきであろう。

新しい会社法の制定で一段と権限が強化された監査役の主な特色を以下簡単にまとめてみよう。

① 監査役と会計監査人の人事権と報酬権は監査役に帰属

監査役の選任議案については監査役または監査役会の同意が必要となった。会社法（平成17年）では会社の規模を問わず監査役または監査役会の同意が必要となった。さらに選任議案を総会の目的事項とする請求権や選任議案を作成して総会に提出するよう求める請求権についても同様にあまねく監査役または監査役会に与えられることになった（会343）。

次に会計監査人の選任議案，解任議案，不再任議案についても監査役または監査役会の同意を必要とし，さらに会計監査人の選任議案を監査役が作成し株主総会へ提出するよう求め，会計監査人の解任または不再任を株主総会の目的とするよう求めることができるとしていたが，平成26年の会社法改正で会計監査人の選任，解任，不再任に関する議案の内容は監査役（又は監査役会）の決定事項となった（会344①，③）。また会計監査人の義務違反等特別な事由のある場合には監査役または監査役会で会計監査人を直接解任することができることに

なっている（会340）。

　報酬の決定については監査役はその額を定款または株主総会で決定するのであるが個別の報酬額が定められていないときは監査役の協議で決定することになっている（会387）。また会計監査人の報酬についても監査役または監査役会の同意（過半数の）が必要とされる（会399）。なお，平成26年の会社法改正で会計監査人の報酬の決定に際して，公開会社の場合には監査役（又は監査役会）が同意した理由を事業報告に記載することになったので注意を要する（施規126）。会計監査人は以前は大会社に特有の制度であったが，会社法（平成17年）では，大会社以外の会社にも任意に設置できることとなったので会社の規模に関係のない制度となった。ここで監査役の個別報酬における協議決定とは監査役全員の合意を必要とする意味なので注意を要する。

　このように監査役と会計監査人の人事と報酬に関しては完全に監査役または監査役会の最終権限に委ねられることになったので，取締役も監査役もこの事実をよく認識しておくことが大切である。

②　企業不祥事等の相互報告義務

　重大な企業不祥事の発生または発生のおそれがある場合には，監査役，取締役，会計監査人が相互に連絡しあうよう法は義務づけている。この点は旧商法とその本質については変わってはいないがこの際に再認識しておきたい。

①　取締役は会社に著しい損害を及ぼす事実を発見したときは直ちに株主，監査役（監査役設置会社）または監査役会に報告しなければならない（会357）。
②　監査役は取締役に法令定款に違反する事実または著しく不当な事実等を認めたときは遅滞なく取締役または取締役会に報告しなければならない（会382）。
③　会計監査人は取締役に法令定款に違反する重大な事実等のあることを発見したときは遅滞なく監査役に報告しなければならない（会397）。

　つまり企業不祥事を防止するためには取締役と監査役と会計監査人が相互に連係するよう法は期待している。取締役は監査役を味方につけて企業の不祥事

を未然に防ぐか，発生した場合に最小限にくいとどめるためには相互の連係を普段から心掛ける努力が必要なのである。取締役は監査役に対して秘密事項を原則として持ってはいけないのである。とくに取締役には相互監視義務があるので，法廷問題になったとき監査役の怠慢を責める前に監査役に不祥事を報告しているかを問われることになるので注意を要する。

③ 監査役の権限の拡大と会計事項の学習

　監査役の権限として会計監査権と業務監査権の両方が付与されたことは前述したが，これから特に子会社等の関係会社を指導していく上に会社法を前向きに利用しないで安易な方向に利用する向きが増加しないか心配するものである。たとえば監査役を廃止するとか，取締役会を廃止するとか，会計監査のみでよいとする特例措置を採用する等である。21世紀はコンプライアンス（遵法）の時代であるから，関係会社を安易な方向に導いてはならない。大変な現実を何とか受け止めることができる組織へ誘導すべきであろう。

　それに監査役は簿記会計や財務諸表の勉強をする必要がある。会計監査は一人会計監査人に丸投げするのではなく，監査役自身もその基本となる事項には理解を持つことが大切である。特に会計監査人を置かない場合には監査役が自ら会計事項を監査しなければならないので大変ではあるが貸借対照表の基本的理解等は持っておくべきである。

④ 内部統制組織の運用への関与

　会社法（平成17年）では内部統制組織の構築が取締役会の専決事項として規定され，また大会社ではその構築義務が課せられたのであるが，多発する企業不祥事にさらに対応するため，従来は会社法施行規則（施規98条，100条）に記されていた当該株式会社と子会社から成る企業集団の内部統制体制の整備が本法改正（平成26年）で明記された（会362④ 6）。同時に施行規則の中にも，子会社の取締役の職務執行の状況を親会社へ報告する体制や，子会社のリスク管理体制，遵法体制等の例示規定が追加された（施規98条，100条）。更に監査役はこれ

ら内部統制の運用状況を事業報告に記載することが義務付けられた（施規118①2）。従って監査役にとって内部統制は最大の関心事の一つとして位置付けておく必要があり，併せて事業報告は専ら監査役の監査における責任範囲の中にあるので（会436②2），普段から内部統制の監査には十分に意を用いてあたらなければならない。

⑤　過失責任化への対応

　取締役の過失責任化（会423）に伴い取締役は従来よりも損害賠償等の責を受ける度合いが軽くなると考えがちであるが，そんな簡単なことにはならないと考えられるのである。何となれば決議に賛成すれば行為ありと推定されるので一応は行為ありとの嫌疑をかけられるからである。したがって取締役の賛成決議に基づく行為の結果が会社に損害を与えることとなれば，時に取締役の側に無過失の立証責任があるので決して簡単なことではない。

⑥　賞与と配当の取扱いに注意

　会社法では利益処分案が廃止され，賞与は報酬の中に入れられた（会361）。したがって賞与の取扱いをどうするのか。報酬の枠内にあるので株主総会にはかけないのか。ディスクロージャーの観点から総会の議案に含めるのか監査役としても関心を持ちたい。また会計監査人設置会社でかつ監査役会設置会社の場合には，取締役の任期を1年に変えることを定款に定めることにより，剰余金の配当の決議は取締役会限りで決定することができる（会459）。

監査役の基盤構築

(1) 貸借対照表と損益計算書の理解

① 貸借対照表と損益計算書の理解の必要性

取締役と同様に監査役は貸借対照表・損益計算書を理解しておかなければならない。

監査役は大小の企業規模の区分に関係なく，すべて会計監査を必要としている。いうまでもなく決算の期を通して集約された業績の結果が貸借対照表でありまた損益計算書である。貸借対照表や損益計算書は企業の内容を総合的に知ることのできる唯一の書類であり，その理解なくして会計監査は成り立たないのである。したがって貸借対照表・損益計算書の理解なく経営を行うこともまた監査を行うことも無免許運転のようなもので，良き経営，良き監査を期待することは不可能と考えるべきであろう。

監査役になる前には，たとえ会計と無関係な営業等の部門に所属していた人でも，いったん監査役に任命されたならば，それからでも決して遅くないから貸借対照表・損益計算書の基本を勉強し理解しておきたい。

またどのような理由をつけようとも貸借対照表・損益計算書の基本が理解できていなければ監査役自身が自信を持ち納得できる監査を行うことは不可能であろう。日本監査役協会の調査によれば監査役の約7割は就任前に経理と無関

係な部署の所属であった。就任前には経理と無関係であった監査役はぜひ早急に勉強されることをお勧めしておきたい。

② 貸借対照表と損益計算書の構造

本書では詳述は避けることとしたいが，貸借対照表・損益計算書の構造について概観してみよう。

ご存知のように貸借対照表・損益計算書は複式簿記の原理に従って，一期間の日々発生する財産の変動を借方（左側）貸方（右側）に仕訳し，期末に集計する。その結果が試算表となり，その試算表から貸借対照表と損益計算書が同時にできる。

複式簿記で最初にとまどうのは借方と貸方の意味，資産と資本との差，貸方（右側）に負債も資本も仕訳されるなどいろいろある。

第Ⅰ－9図の試算表の中で資産（斜線）の部分だけが実体を表しており，他は抽象概念である。一般的には期末には第Ⅰ－9図になるのだが，ここでABの位置で切り取ったものが貸借対照表でありA′B′の位置で切り取ったものが損益計算書なのである。そして利益は各貸借対照表・損益計算書の左右の差であるA′Bが利益として最後に表示されることとなる。複式簿記では第Ⅰ－9図にみるように，利益の表示が貸借対照表では貸方（右側）に，損益計算書では借方（左側）に表示されることになる。ただ一般的に損益計算書は左右の表示ではなく，報告式といって上から順に，売上高，売上原価，売上総利益，販売費および一般管理費，営業利益などと分かりやすく並べ替えられたものが使用されている。

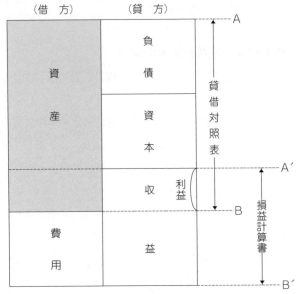

第Ⅰ-9図　試算表

③　会社法成り立ちの理解

　商法は幾多の変遷を経て平成18年5月1日に会社法と商法に分離された。その様子は第Ⅰ-10図のとおりである。正確には従来，商法と商法特例法をあわせたものが商法の全体であったが，それに有限会社法をとりいれて新しい会社法と会社法を除く部分の商法とに分離されたのである。

　会社法は口語化，平仮名化，平易化を掲げ一つの法典にまとめたので長い間の理想が実現したといえるのであるが，商法特例法のような大会社と小会社を切り分けるものがないため，あらゆる条文の中で大会社とそれ以外の株式会社の取扱に注意する必要がありまた取締役設置会社と取締役会設置会社との内容の取扱の差や監査役と監査役会設置会社との内容の取扱の差等にも注意する必要が生じている。さらには公開会社と非公開会社との取扱の差にも注意を向けなければならない。その他監査等委員会設置会社，指名委員会等設置会社（旧委員会設置会社）の他に会計監査人や会計参与にも注意をしなければならない。

第Ⅰ-10図　　会社法関連法規の新旧関係図

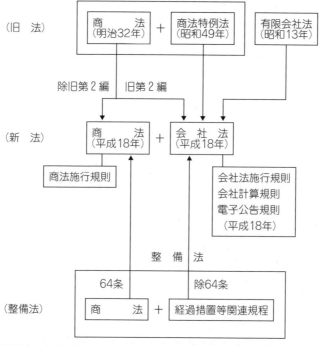

（注ｉ）　整備法＝会社法の施行に伴う関係法律の整備等に関する法律
（注ⅱ）　商法は整備法64条のとおり会社法施行と同時に施行される。

　なお法務省令が相当複雑な内容となっており，会社法施行規則，会社計算規則，電子公告規則に分割されている。親子会社の定義が金融商品取引法（旧証券取引法）で採用している支配力基準になったり，内部統制組織を構築する内容が規定されたり，株主資本等変動計算書や注記表といった全く新しい計算書類の一部が規定されたりとにかく大変なことこのうえない。
　おそらくは約1000条から成る会社法と，約500条から成る法務省令の両方を一通り理解するには2年ぐらいの年月が必要なことと思われる。そこで監査役としてはポイントを外さないようにすることを心掛け，後はぼつぼつと理解を進めていくようにすればよいと考えている。

④　会社法会計10のポイント

　監査役が会計監査を進めていくうえで，会社法会計の要求するポイントを理解しておくことは重要なことである。そこで会社法会計のうち重要なものを10項目ほど取り出して会計監査の基礎作りに役立てる一助としたい。

　イ　流動と固定の区分

　貸借対照表をみると流動資産，固定負債等の区分がなされているのが分かる。そこでまず流動と固定の区分を明確に理解しておく必要がある。まず流動か固定かの境界線はたとえば流動資産と固定資産について考えてみると，売掛金や受取手形などの資産で1年以内に現金化または費用化するものが流動資産であり，1年を超えて現金化または費用化するものが固定資産ということになる。機械装置などの固定資産については次のように考えられる。機械装置はたとえば12年などの法定耐用年数で減価償却を行う場合，12年間にわたって減価償却費という経費が毎期発生するわけであるが，この経費は出金を伴わない。したがって出金しないということは経費だからいったん出金したものが次の瞬間に戻ってきたと考えてもよいので，一種の現金回収と考えられている。しかも長期にわたるので固定に区分される。このように1年を区切りの基準とする考え方を会計学の方では**ワンイヤールール**（1年基準）と呼んでいる。

　それから一般には貸借対照表をみると，流動資産から始まり次に固定資産と並べていくのであるが，製鉄会社のように固定資産のウエイトが高い場合は，固定資産を最初に流動資産を次に並べる。前者を**流動性配列法**と呼び，後者を**固定性配列法**と呼ぶことを記憶にとどめておきたい。

　ロ　原価法，時価法と低価法

　最近国際会計基準導入が話題を呼び，2000年4月以降の会計年度から金融商品への**時価会計**が行われることとなった（後述）が現行の会社法は取得原価主義つまり原価法が基本となっている（計規5）。また会社法には保守主義の原則がとり入れられていて，流動資産の評価については時価が取得価額または製作価額より著しく低くなったときは，元の価額まで戻るとの説明ができない限り時価に評価換えすることを要求している。この場合著しい低下とは元の価額か

ら50％以上低下した場合を指すといわれており，一般に**強制低価法**と呼ばれている（計規5③）。なお同条6項では著しい（50％以上の）低下でなくとも，元の取得価額（簿価含む）に比べて時価の方が少しでも低いときには時価に修正評価換えすることが可能である。この方式は**任意低価法**と呼ばれており企業のオプションとなっているが，企業会計基準第9号（平成18年7月5日）により棚卸資産については平成20年4月1日以降開始事業年度より総て任意低価法の方式が適用されている。

ハ　貸倒引当金と控除方式

取立不能のおそれがある債権等については，取立不能見込額を控除しなければならないが，流動資産や固定資産等の区分に応じて控除項目として一括表示してもよい（計規5，78）。したがって貸借対照表における貸倒引当金については△（引き算の意）で表示されているのである。なお各資産の額から引当金を直接控除して残高を表示することもできるが（計規78②），この場合には引当金の額を注記することになる（計規103）。

法人税法では実質的債権（取引先ごとに債権から債務を控除した額の合計額）に一定の法定割合を乗じて得られた額を損金として処理すれば，これを認めることとしている。

もちろん本当の不良債権と企業が認めるものを控除することは当然のことであり，実質的不良債権を控除すべきことはいうまでもない。ただ税務上損失と認められるか否かは別問題である。

ニ　繰延資産

繰延資産は実体のある資産（**真性資産**）に対して経費を資産化したもので**擬制資産**ともいわれている。そもそもなぜ経費が資産なのかということになるのであるが，近代会計の理論の中では一期間の費用・収益を正しく把えようとする考え方が基本になっている。たとえば社債（5年）を発行した場合，当初支払われる社債発行費用は支払のあった最初の期に全額負担させることは正しくなく，社債の存在する5年間で均分に負担する方が理にかなっていると考える。この考え方からすれば社債発行費の5分の1は当初の期で負担するが残りの5

分の4は繰延資産として貸借対照表の資産の部へ残留させることになる。後は毎期5分の1を経費に振り替えることになる。旧商法は繰延資産を創立費等8種類に限定したが，会社法では計算規則74条3項5号に，繰延資産として計上することが適当であると認められるものとして具体的内容は示していない。

そこで計算規則3条によれば，用語の解釈および規定の適用に関しては一般に公正妥当と認められる企業会計の基準その他慣行をしん酌しなければならないとしているので，財務諸表規則を適用することが適当と考えられる。財務諸表規則36条では，繰延資産を，創立費，開業費，株式交付費，社債発行費，開発費としており，これに従うことになろう。注意すべきことは繰延資産が生じたときは流動資産の部，固定資産の部のほかに**繰延資産の部**を設けて残額を貸借対照表に記載しなければならないことである（計規74）。なお平成11年に金融商品取引法関連の「財務諸表等の用語，様式及び作成方法に関する規則」32条の繰延資産から研究開発費が削除され，一時費用の扱いとなった。

ホ　買掛金，未払金，未払費用

会社法上とくに定義されてはいないが，貸借対照表をみると買掛金，未払金，未払費用などが登場してくる。そしてその意味や区分がよく分からないといったことがよく聞かれる。したがってこれらの区分も監査役として知っておいた方がよい。

会計学的には未払金は未払税金のような確定債務を意味し，未払費用は用役等のすでに発生しているが金額が確定していない部分に対する見積り計上債務を意味する。しかし実務慣行としては多くは次のように区分されている。

① 買　掛　金：原材料，包材，商品の仕入など営業循環の中で発生する債務
② 未　払　金：固定資産購入などに伴う債務
③ 未払費用：①②以外のすべての債務

ヘ　会社計算規則6条の引当金（負債性引当金）

将来の損失等に備えて企業が引当金を設けることがあるが，今日では企業の恣意性を認めず，計算規則6条の引当金だけが唯一企業が計上できる引当金となっている。この引当金には次の特徴が挙げられる。

① 費用または損失が特定している。
② 費用または損失の発生する可能性が高い。
③ 費用または損失の原因が当期以前にある。
④ 費用または損失金額の合理的な見積りが可能である。

以上四つの条件に当てはまるときに引当金の計上が可能となるのである。また計算規則6条では，退職給付引当金と返品調整引当金が例示されているが（同条②），その他にたとえば3年ごとに行う工場の大修繕などに対し，修繕引当金を前もって見積り計上することができる。上記の4条件に当てはまることを確認していただきたい。なお旧商法施行規則43条の引当金を計上するときは，**引当金の部**を設けること，また設けないときには脚注することとなっていたがこれらはすべて不要となった。

ト 資本準備金と利益準備金

資本準備金と利益準備金は「準備金」と総称され（会445④）広い意味での資本金の一部であるが，会社法445条では次のものを準備金と規定している。

（ⅰ）資本金として払込または給付をした額のうち $\frac{1}{2}$ を超えない額を資本金として計上しない時，計上しない額を資本準備金とする。

（ⅱ）剰余金の配当額の $\frac{1}{10}$ を資本準備金または利益準備金として計上しなければならない（計規22参照）。

（ⅲ）合併，吸収分割，新設分割，株式交換，または株式移転に際して法務省令で定めた額（計規35～52）。

資本準備金と利益準備金は会社法で大きく衣替えして規制がゆるやかになったが以下主な注意点を挙げることとする。

（ⅰ）剰余金の配当はその $\frac{1}{10}$ を資本金の $\frac{1}{4}$ （基準資本金額と呼ぶ）に達するまで資本準備金または利益準備金として積立てなければならない。これは従来と基本的に変わってはいない。

（ⅱ）剰余金の配当原資が資本剰余金であるか利益剰余金であるかによって，それぞれ資本準備金または利益準備金として積立てられる。従来は原資としては未処分利益，積立は利益準備金と単純であったことに比べ複雑

化しているので注意を要する。
(ⅲ) 準備金の減少には旧商法289条2項にあった資本の $\frac{1}{4}$ 相当額を残して取崩せるとする制限がなくなった。したがってゼロまでの取崩しが可能となった。
(ⅳ) (ⅱ)で説明したように原則として資本取引と損益取引は区分されるが，資本金，資本準備金，その他資本剰余金の間の振替えは自由に行える（会447, 448, 450, 451, 計規25, 26, 27）。同様に利益準備金と，その他利益剰余金の間の振替えも自由に行うことができる（会448, 451, 計規28, 29）。
(ⅴ) 原則的には資本取引と損益取引は区分されるが，利益準備金やその他利益剰余金から資本金へ振替えることが可能となった（計規25①）。
(ⅵ) その他剰余金を用いて損失の処理や任意積立金への振替等も可能としている（会452）。

チ 特別損益

計算規則88条2項によれば，特別利益としては固定資産売却益，前期損益修正益等に細分しなければならないとし，同3項には特別損失としては固定資産売却損，減損損失，災害による損失，前期損益修正損等に細分しなければならないとしている。

しかし同4項で金額が重要でないものは細分しないことも可能とした。これは金融商品取引法，財務諸表規則の取扱いに歩み寄ったもので旧商法にはなかった取扱いである。

リ 固定資産の減価償却

計算規則5条1項2号によれば，固定資産については毎決算期に相当の償却を行うことを要すとしている。償却の考え方は近代会計における期間損益の考え方に基づいており，固定資産が何年も使用して廃棄処分の最終時期において全額を損失で処理することは不合理であると考えられた。そこで使用可能な期間に分割負担させることが徐々に劣化していくこととマッチして合理的と考えられるようになり，減価償却と呼ぶようになった。ここで使用可能期間は一般には大蔵省令「減価償却資産の耐用年数等に関する省令」の別表を利用するこ

とが多い。なお償却の方法には**定額法**と称する均等償却の方法と，**定率法**と称する当初償却負担の重い方法とがある。耐用年数の別表は償却し終わった最終年度末には残存価額が取得原価の10分の１になるように設定されている。しかし今日では同じ耐用年数表の率で法人税法上は取得価額の５％まで償却可能となっていた。しかし，平成19年度の税制改正により，平成19年４月１日以後取得した減価償却資産については簿価が１円になるまで償却可能となった。

なお平成19年３月31日以前に取得した減価償却資産についても，１円まで償却可能となっているので注意されたい。なお貸借対照表に残存価額が表示されている場合には，実施された減価償却累計額を脚注することとなっている（計規79, 103）。また定額法と定率法の相互間の変更は継続性の原則に従って最低２年は同一の方法によらなければならない。法人税法では３年間変更は認めないことになっている。

ヌ　税効果会計，時価会計，退職給付会計

国際会計基準の導入をはかった最近の比較的新しい取扱いに表記の項目があるので若干説明しておきたい。

まず**税効果会計**とは，実際の税負担とは別に税引前利益に見合った適正な税金を算出して適正な税引利益を導く会計手法であり，2000年３月期より株式公開企業とその連結子会社，持分法適用会社および商法上の大会社に義務づけられることとなった。

次に**時価会計**は，2000年４月以降開始の事業年度から金融商品（ただしその他有価証券は2001年４月以降開始事業年度より）に適用されることとなり，商法285条ノ４が平成11年に改正された。同条３項では「……時価ヲ付スルモノトスルコトヲ得」となっており任意規定の観があるが，大規模公開会社には強制適用（旬刊商事法務99.11.25 Ｎｏ.1543）と解されてきた。さらに平成15年の改正で商法285条にまとめられ商法施行規則へ委任された。今回の会社法では432条に移され法務省令委任となり施行規則116条，計算規則５条６項に引き継がれている。

最後に**退職給付会計**とは，従来の退職一時金として内部積立する退職給与引当金のほか企業年金として外部拠出（オフバランス）している退職年金を包括し

て将来支払うべき退職一時金や退職年金を一定の割引率で現在価値に改め**退職給付引当金**として計上するものである。この適用は2000年4月以降開始の事業年度からとなっている。したがって2000年4月以降は従来の退職給与引当金は使用されなくなり退職給付引当金が代わって登場することとなった。なお従来の積立額と新積立予定額との差額が大きい場合15年間で分割積立することが可能となった。この場合の費用は一般管理費や製造費になる。しかし5年以内に積立を行う場合には特別損失で取り扱うものとされている。

　以上，会社法会計における主なものを約10項目選んで若干の説明を加えたのであるが，まだほかにもたくさんあるので時間のある方は研究されたい。会社法会計のポイントは貸借対照表・損益計算書の本質論と並んで，貸借対照表および損益計算書をチェックする上で大切な事項なのである。これらを理解しておけば会計監査を行う上で大きな助けになると同時に会計監査に自信をつけることにもなる。あとで説明する会計監査のすすめ方のところで会社法会計のポイントは大いに役立つことになるはずである。

(2)　取締役の責任等に関する重要条文の理解

　監査役は取締役の執行を監査するのであるから，取締役の責任等に関する主な条文を理解しておく必要がある。そこで以下重要な条文を挙げることとする。

①　会社法362条（取締役の権限等）

第1項　「取締役会は，すべての取締役で組織する」とあり，従来取締役は取締役会の構成メンバーであったためとくにこのような規定はなかったが，会社法では取締役会を設置しない取締役が存在するのでこのような規定を設けたと思われる。従来から監査役にはこの種の規定が設けられていた。

第2項　「取締役会は，次に掲げる職務を行う。」

　　　　1号，取締役会設置会社の業務執行の決定

　　　　2号，取締役の職務の執行の監督

3号，代表取締役の選定及び解職
　　　従来と異なるのは3号の代表取締役の解職である。従来でも理論上はあり得たが会社法で明示された。
第3項 「取締役会は，取締役の中から代表取締役を選定しなければならない。」この規定は従来と同じ内容である。
第4項 「取締役会は，次に掲げる事項その他の重要な業務執行の決定を取締役に委任することができない。」とあり，この場合の取締役は代表取締役を指している。その内容は
　＊1号，重要な財産の処分及び譲受け
　＊2号，多額の借財（債務保証を含む）
　　3号，支配人その他の重要な使用人の選任及び解任
　　4号，支店その他の重要な組織の設置，変更及び廃止
　　5号，社債の募集に関する事項（法務省令委任）
　　6号，内部統制組織の整備（法務省令委任）
　　7号，定款に基づく取締役の責任免除
とりわけ内部統制組織の整備および省令による開示等はこれから益々重要性の度合を増してくるものと考えられ監査役としても関心をよせるだけではなく機能の状況を監査していくことになる。
　なお取締役の決議なしに行われたT社の債務保証事件に触れておこう。
　T社事件ではK銀行がT社の子会社に融資10億円を行うにつき，親会社の保証を得た。その債務保証にはT社の社長印が押されていた。ところで多額の債務保証は会社法362条4項2号の「多額の借財」に該当しT社の取締役会の決議を必要とする。子会社が債務履行が不可能となったとき，K銀行は親会社に保証の履行を迫ったが，T社側は取締役会の決議を経ていないから無効であると主張し裁判に持ち込まれた。東京地裁の判決は会社法上は無効であるとした。しかし一方で民法の不法行為責任が成り立つのでT社はK銀行に損害額を弁償しなければならない。その際K銀行に取締役会の決議を経たか否かの確認を怠った過失が認められ，過失相殺3割を減額するとの判決を下した。最初10億

円あった債務は一部返済されて問題の時点では8.5億となっていた。そこで過失3割は約2.5億円であり，これを差し引いて約6億円の弁済となった。その後東京高裁で争われ，約1億円に減額された。

この例で分かるように代表取締役の権限はオールマイティーではないことに注意したい。

* 会社法362条4項1，2号は会社法により重要財産委員会から特別取締役会への委任決議事項とすることが可能になった（会373参照）。

② 会社法356条，365条（競業取引・利益相反取引）

取締役は次の取引を行う場合には株主総会において重要な事実を開示し承認を受けなければならない（会356），但し取締役会設置会社では取締役会の承認でよい。同時に事後報告を取締役会で行うことを忘れないように注意したい（会365）。

1項　取締役が自己又は第三者のために会社の事業の部類に属する取引を行うとき（競業取引）。

2項　取締役が自己又は第三者のために会社と取引をするとき（利益相反取引）。

3項　株式会社が取締役の債務を保証することその他取締役以外の者との間において会社と取締役の利益が相反する取引をするとき（利益相反取引）。

ここで利益相反取引でしばしば問題とされるのは，取締役に代表権があるかないかで取締役会の決議の要不要が決まるとする一般的な考え方である。

第Ⅰ-11図で簡単に説明しよう。いま甲はA会社とB会社の取締役を兼務していると仮定する。ここで基本的な考え方は兼務取締役の場合は，相手会社において執行権がある場合には取締役の意思が働き得るから取締役会の決議が必要であるとする。

たとえばケース1では，いずれも相手会社の代表取締役で執行権があるからそれぞれの会社の取締役会の決議が必要となってくる。ケース2でみると，甲はA社においてはヒラ取締役であるがB社では代表取締役であり執行権がある

第Ⅰ-11図 　　取締役兼務における取締役会決議

ケース	甲がA会社の取締役	A社決議	甲がB会社の取締役（兼務）	B社決議
1	代表取締役	○	代表取締役	○
2	取締役	○	代表取締役	×
3	代表取締役	×	取締役	○
4	取締役	×	取締役	×

○＝取締役会の決議を要す，×＝同決議不要

からA社の取締役会の決議が必要となってくる。一方B社の方からみれば甲はA社ではヒラ取締役であり執行権はないからB社の方の取締役会決議は不要ということである。ケース4では双方ともヒラ取締役で執行権がないからA，B両社の取締役会の決議は要しないとしている。

しかしヒラ取締役といえども実はオーナーであるとか実質的に代表と同等の権限を有している場合もあり，また株主代表訴訟においてヒラ取締役の責任が追及されることになる等を考えると，甲がA社，B社の取締役を兼務する場合には双方の取締役会の決議を経ておくことが無難と思われる。それにどういう場合に取締役会の決議を必要とするか否かを検討し分類することは煩瑣であまり有益ではなかろう。裁判に持ち込まれたとき，必ずしも形式判定によるとは考え難くむしろ実質判定になるケースがかなりあるので，なおさら独りよがりの判断基準には危険がつきまとうものと考えるべきであろう。したがって実務上はあまり難しく考えないで兼務の場合は双方の会社のそれぞれの取締役会で決議を行うことにしておけば基準は簡単で安全でもあるといえよう。

③　会社法382条（報告義務）

取締役は会社に著しい損害を及ぼすおそれのある事実を発見したときは直ちに株主（監査役設置会社では監査役，監査役会設置会社では監査役会）に報告しなければならない（会357）。

次に取締役の不正行為または法令・定款に違反する事実または著しく不当な

事実を監査役が発見した時には，直ちに取締役（取締役会設置会社では取締役会）に報告しなければならない（会382）。

同様に会計監査人が発見した場合には監査役（監査役会設置会社では監査役会）に報告しなければならない（会397）とされている。

このように不祥事を発見した場合には取締役，監査役，会計監査人が相互に連絡することが会社法で義務づけられている。

特に取締役は相互の監視義務があり人数も監査役より多いのが一般的であるから，不祥事発見の確率は監査役より高いと考えられる。したがって取締役が不祥事を発見したときは監査役に必ず連絡する必要がある。このことを知らない取締役も多いと思われるので，監査役は機にふれて取締役に知らしめる努力をすることが必要であろう。

④　会社法383条（監査役の取締役会への出席）

旧商法260条ノ3の改正前は監査役は取締役会に出席することができ，また意見を述べることができるとなっており，出席できるとは権利か義務かといった議論が行われたが，取締役会は株式会社の最高機関であり情報の宝庫でもあるわけで，不毛の議論をするより出席することが重要と考えられ監査役は出席することが一般的姿勢であった。

しかし平成14年5月より「出席することを得」から「出席することを要す」と改められ同時に「必要があれば意見を述べることを要す」と改正された。本質的には従来と大きく変わらないと思われるが，精神的には監査役に相当なプレッシャーを与えたようである。改正の当初は出席回数が議論の対象となり，全体の7割以上出席すべきではないか等，まことしやかに議論された。

常勤監査役はとにかく万難を排して出席すべきであるが，大事なことは出席回数ではなく，どれだけ取締役会の内容を監査役全員が理解しているかであり，その場での決議内容がはっきりしなければ後に監査役会で十分検討し，法令等に違反する等の重大な問題があれば事後に決議の撤回を求めることも可能である。形式も大事であるが内容把握はもっと大事だと考えられる。今回の会社法

では383条にほぼ同一内容が引き継がれた。さらに施行規則124条4項によれば社外監査役が取締役会で行った発言の状況や社外監査役の意見により事業方針等の決定が変更となったときはその内容を事業報告に記載する等が要請されている。これらの開示要請は一向に後を絶たない企業不祥事に対する監査役等役員への期待とも強要ともとれるが，とにかく役員とりわけ社外役員には大変責任の重い時代になったといっても過言ではない。

⑤　会社法424条，425条（損害賠償責任の免除）

取締役の損害賠償責任は過失責任による（会423）ことが原則であることは前述したが，この場合損害賠償責任の免除は一部であれ全部であれ総株主の同意がなければできないとされている（会424）。しかし大きな上場会社では総株主の同意をとりつけることは物理的に不可能なことである。唯一の救いの道は訴訟側との和解で軽減をはかることであろう。この場合にも利益供与や違法配当の場合には和解はできないことになっているので注意を要する（会850）。

関連して善意軽過失の場合には株主総会の決議で一部免除の道が開かれている（会425）。この場合総会に議案を提出するには監査役全員（委員会設置会社では全監査委員）の同意が必要となる。その内容を簡単に公式化してみると

　　　　責任免除最高限度額＝本来の賠償総額－最低責任限度額（＊）
　　＊　代表取締役（代表執行役）　　法務省令所定の年収入額×6（年分）
　　　　業務執行取締役（執行役）　　同上×4（年分）
　　　　非業務執行取締役，会計参与，監査役，または会計監査人
　　　　　同上×2（年分）

ここで注意すべきことは，責任免除の限度額を下げていけば支払限度額は最低責任限度額を底に上がっていくことである。たとえば取締役は年収の4年分を最低としてそれ以上の賠償額を支払う可能性があるということであまり安心できない規定である。私見では今後の賠償問題はこの条文によらず，和解で多くは決着することになるであろうとみている。

⑥　会社法426条，427条（損害賠償責任免除の簡便化）

　会社法425条の内容は定款に定めを置くことによって取締役の過半数の同意または取締役会設置会社では取締役会の過半数の決議によって賠償額の一部を免除することが可能である。しかしここでも取締役の同意または取締役会への議案提出の際に監査役（または監査役会）の同意が必要となる。ただし総株主の議決権の3％以上所有の株主が異議を述べたときは取締役の同意または取締役会の決議はできない（会426）。

　次に非業務執行取締役，会計参与，社外監査役または会計監査人の賠償額の一部免除につき定款にあらかじめ免除額を定めておき，会社法425条の最低責任限度額と定款に定めた免除額のいずれか高い額を限度とする旨を定款に定めることができる。ただし非業務執行取締役等が会社または子会社の業務執行取締役，執行役または支配人等に就任したときは定款所定の該当項目は将来に向けて効力を失うこととなる。

　なお上記内容の議案を株主総会に提出する場合には監査役全員の同意が必要となるので注意を要する（会427）。

⑦　会社法429条（役員等の第三者に対する損害賠償責任）

　会社法429条によれば役員等（取締役，執行役，監査役，会計監査人）が悪意・重過失によって第三者に損害を与えれば損害賠償の責任を負うとされている。同2項では次のような場合を例示している。

　　1号　取締役・執行役
　　　　イ　株式，新株予約権，社債等の募集に際して虚偽の通知や資料に虚偽の記載または記録を行ったとき
　　　　ロ　計算書類，事業報告等に重要な虚偽の記載または記録を行ったとき
　　　　ハ　虚偽の登記を行ったとき
　　　　ニ　虚偽の公告を行ったとき
　　2号　会計参与
　　　　　　計算書類，事業報告等に重要な虚偽の記載または記録を行ったとき

3号　監査役・監査等委員・監査委員
　　　　監査報告の重要な事項に虚偽の記載または記録を行ったとき
4号　会計監査人
　　　　監査報告の重要な事項に虚偽の記載または記録を行ったとき
　株主代表訴訟の場合には訴訟の内容は会社に与えた損害であるが，この場合は第三者に対する損害賠償であり，取締役等の悩みはつきない。一方監査役等の場合にも監査報告の内容に重大な虚偽記載のある場合に同様の損害賠償請求がおこり得るので注意する必要がある。ここでいくつかの事例を挙げておく。
　　例1　経営難のために工事を引き受けても完成の見込みが当初からないのに請負契約を結んで前渡金を受け，工事を完成させなかった取締役が本条の責任を問われた。
　　例2　第三者が会社に預けた有価証券を監査役が担保に流用して自分のために融資を受け投資運用にあてた結果損失が発生した。結果として本条の適用になった。
　一般に会社のための行為が結果として第三者に損害を与えることが多く，会社の負担となる場合が多いがよく考えれば次の段階で株主代表訴訟に発展し結局は取締役個人の負担になる可能性があるので注意を要するのである。過去の事例ではライブドアが粉飾決算等で上場廃止に追いこまれ，株価低落が生じたことによる損害賠償責任の追及が話題となったが，広くいえば法令・定款違反による取締役等のマイナス効果にははかりしれないものがある。遵法にはよくよく取締役等は隅々まで神経を使わなければ職責の履行はおぼつかないのである。

II
監査役会運営と監査の全体像

監査役監査の全体の流れ

　監査役の業務を具体的にみていくと，多種多様の業務が目白押しにあってとくに新任の監査役にとってはなかなか分かり難い。そこでまず1サイクル（1期）を通じておおづかみに全体の業務とその流れを概観することとした。第Ⅱ－1図は3月決算の大会社を例に主な業務と流れを示しているが，とくに重要と考えられる業務は枠で囲った。

　ここで第Ⅱ－1図に若干のコメントを加えると，まず監査業務は年初の4月から6月までの間は旧年度業務と新年度業務が併行することになる。実務上は4～6月では株主総会へ向けての旧年度業務の方が圧倒的に多いのであるが，同時に新年度業務もスタートしていることを忘れてはならない。

　新旧併行業務のうち，旧年度業務では株主総会までのスケジュールを法務（ないし総務等）部門から入手して法定どおり立案されているか否かを監査し，そのスケジュールに従って監査業務を進めていくことになる。監査役としては期末棚卸や期中監査や計算書類等の期末監査結果をベースに分担に従って監査調書を作成し，監査役会で報告すると同時に承認を求め，監査調書を基に監査報告書を作成する。いわば監査報告書は一期間の監査業務の集大成といえる。さらに会計監査人については最初は総会で選任された任期は1年であるが，特別に解任等の議案が総会に上程されない限り再任されたものとみなされることになっている（会338）。しかし最近では監査役会において確認の意味で再任を

第Ⅱ-1図 監査役監査の全体概観図（3月決算の大会社のケース）

新年度業務	旧年度業務	摘　要
4月〜 新年度監査方針・計画・分担決議 ↓ （期中監査） ↓ 監査役会議長選定 常勤監査役選定 個別監査報酬協議	（期末監査） ↓ 総会までの法定スケジュール監査 ↓ 監査調書作成 ↓ 監査報告作成* ↓ 会計監査人再任決議 ↓ 総会報告者互選 ↓ （株主総会） ←株主総会直後	⎧ 期末棚卸実地監査 ⎪ 期中監査 ⎪ 計算書類監査 ⎨ 連結計算書類監査 ⎪ 事業報告監査 ⎪ 附属明細書監査 ⎪ 会計監査人監査報告監査 ⎩ 総会提出議案監査**　等
7月〜 新任監査役業務引継 新年度監査方針・計画・業務分担 追認ないし改定 ↓ （期中監査） ↓ 中間決算監査 ↓ （期中監査） ↓	総会後法定事項監査	＊　監査報告は単体の他に連結のものを作成することになる。連結は3月決算の時2005.6総会より適用 ＊＊　多くの場合監査報告提出後の監査となるので，総会議案の正しいことを株主総会において口頭で報告することになる。

Ⅱ　監査役会運営と監査の全体像

毎総会前に決議しておく企業が多くなった。根拠としては会計監査人の解任は監査役（又は監査役会）の決議を以て行うことができる監査役の権限下にあるからである（会344）。なお，特別な場合は監査役全員の同意が必要となる（会340）。次に総会報告者は一般には常勤監査役がこれに当たることが多く，常勤監査役が複数いるときは互選となろう。ここで注意しておくことは，第Ⅱ－1図の摘要欄に書いてあるように，総会提出議案の監査は監査報告作成のタイミングでは間に合わない場合が多く，したがって総会提出議案の監査結果の正当性については，株主総会における監査報告のときに一般報告に付け加える形で口頭によって報告することが多い。なお総会終了後は法定書類の備置義務などが守られているかどうかを監査しておく必要がある。このことは後に詳述する。

　次に新年度業務については3月ないし期初の4月に監査方針・計画・分担等を定め，6月総会後の早い時期に新人監査役を含めた監査役会で追認または改定を行う方式を推奨したい。また一般には周知のことであるが，株主総会直後間髪を入れずに，監査役会議長の選定，常勤監査役の選定，個別監査報酬（賞与がある場合は賞与を含む）の協議決定等が行われ，会社へ報告することになっている。

　以上，監査役業務の全貌を早く把握するために粗削りの骨格を示してみたが，さらに理解をもう一段深めるために，月別に業務を区分し一覧表にまとめた定常的監査業務計画表(1)，(2)（106，107頁）を御覧いただきたい。これらの表をよく理解し念頭に置いておけば監査業務の大枠を早く把握することができよう。

会社法の要請する監査の概要

　会社法では監査の手続きや内容が従来とは異なる点が多々あるので注意しなければならない。そこで会社法や法務省令がどのように変わったかについて概観しておきたい。

(1) 会社法435条の内容（計算書類等の作成・保存）

① 株式会社はその成立の日における貸借対照表を作成しなければならない。
② 株式会社は各事業年度における計算書類（貸借対照表，損益計算書，株主資本等変動計算書（計規59）及び個別注記表（計規59））及び事業報告並びにこれらの附属明細書を作成しなければならない。
③ 計算書類，事業報告及び附属明細書は電磁的記録により作成できる。
④ 計算書類及び附属明細書は10年間保存しなければならない。
　（注）　旧商法の計算書類から営業報告書は外され事業報告とその用語が変更された。また利益処分案は廃止され外された。代わって，株主資本等変動計算書及び個別注記表が加えられた。

(2) 会社法436条の内容（計算書類等の監査等）

① 監査役設置会社（会計限定の監査役を含み会計監査人設置会社を除く）
　　監査対象　　計算書類，事業報告及びその附属明細書（計規121）

　　　　監査者　　　監査役

②　会計監査人設置会社

　　監査対象　　計算書類及びその附属明細書

　　監査者　　　監査役（又は監査等委員会又は監査委員会）及び会計監査人

③　会計監査人設置会社

　　監査対象　　事業報告及びその附属明細書

　　監査者　　　監査役（又は監査等委員会又は監査委員会）

④　上記①，②，③の監査を受けた計算書類，事業報告及びその附属明細書は取締役会の承認を受けなければならない。

（注）事業報告は監査役のみの監査対象となった。また取締役会の承認の前に監査を受けておくことが従来とは異なっている。ただ実務的には承認後計算書類を会計監査人及び監査役が受領し監査報告作成までの間に修正事項が発生する可能性があるので，招集通知作成までの間に取締役会で最終の承認が行われることになると考えられる。

(3)　会社法437条の内容（計算書類等の株主への提供）

①　取締役会設置会社

　　株主に招集通知を提供する。

　　内容：監査済及び取締役会設置会社では取締役会の承認済の計算書類及び事業報告（計規133），監査報告又は会計監査報告

（注）取締役会非設置会社の場合は総会招集通知に計算書類等の添付は要しない。

(4)　会社法438条の内容（計算書類等の株主総会への提出等）

①　監査役設置会社（取締役会設置会社を除く）

　　計算書類及び事業報告（会436①監査済）を提供又は提出

②　会計監査人設置会社（取締役会設置会社を除く）

　　計算書類及び事業報告（会436②監査済）を提供又は提出

③　取締役会設置会社

　　計算書類及び事業報告（会436③承認済）を提供又は提出

④　上記①～③以外の株式会社

　　計算書類及び事業報告（会435②）を提供又は提出
⑤　上記①～④の計算書類は株主総会の承認を受けなければならない。
⑥　上記①～④の事業報告は株主総会に報告しなければならない。
　（注）　事業報告は総会の報告事項であり，計算書類は原則として総会の承認事項である（会439参照）。

(5)　会社法439条の内容（会計監査人設置会社の特則）

　会計監査人設置会社において，取締役会の承認を受けた計算書類が法令定款に従い会社の財産及び損益を適正に表示したものとして法務省令（計規135）のいずれの要件にも（下記）該当する場合には総会における報告事項となる。

計算規則135条
　ⅰ）　会計監査人の無限定適正意見が付いている。
　ⅱ）　会計監査人の監査報告につき監査役が相当でないとする意見が付されていない。
　ⅲ）　付記があるとき上のⅱ）に関係ない付記である。
　ⅳ）　計算規則132条3項の監査を受けたものと見做すものでない。
　ⅴ）　取締役会を設置している。

(6)　会社法440条の内容（計算書類の公告）

　監査役の基本問題研究Q28（370頁）参照

監査役会と監査役会規則等

　監査役は会社法390条により監査役会を組織するのであるが，監査役の活動の起点となるものが監査役会であり，監査役会の運営がまた監査役の活動そのものということもできよう。したがってまずどの会社でも監査役会規則を用意しているはずである。日本監査役協会では参考資料のように監査役監査基準および監査役会規則のひな型を作成した。個別企業はこのひな型を基に各社に特有の事情を考慮して若干の添削を加えながら作成し保有しているものと思われる。監査役会規則は監査活動全般を包括してはいるが実務面にまでブレークダウンするためにはもうひと工夫が必要となってくる。この章では監査役会の運営を中心に期を通して如何なる活動を行うのか，まずはその全貌を明らかにしてみたい。そこで以下順次全貌を示していくことにしよう。はじめに監査役会運営要領から入っていくことにしたい。

　また監査基準は監査役の精神的心構えから始まり，監査役は何を行うのかを定めたものである。したがって初心者は自社の監査基準を最初にみておく必要があると思われるが，本書では基準によらなくとも，監査の全貌や詳細につき種々の角度からみているので日本監査役協会のひな型を掲載するに止めた。

　なお，日本監査役協会のひな型（後掲平成27年7月改訂）にはかなり実行が難しい内容のものが織り込まれている。したがって協会の監査基準をそのまま自社の基準として採用した場合，時に当該自社基準を遵守しないかどで監査役が

責任を追及される可能性があるので注意を要する。十分に咀嚼した上，自社に適合した実行可能な基準にする必要があることに留意したい。

さらに自社の監査役規則には次の各項を入れておくことをおすすめしたい。

① 監査役会は，各監査役が招集する（会391）。ひな型通り招集権者を予め定めておく対応でよいが，不測の事態に備えてこの条文を入れておくことも考えられる。

② 監査役会日の一週間前までに招集通知を発する。ただし監査役全員の同意があれば招集手続は省略できる（会392）。この条文はひな型に存在している。

③ 監査役会の決議は監査役全員の過半数で行う。なお議事録の作成は書面又は電磁的方法で行い，施行規則78条に従い，開催日，場所，意見等を記録する。また議事録に異議を止めない場合には決議に賛成と推定される（会393）。

④ 内部統制の構築ないしその運営状況を監査していく主旨の規定を入れてもよいと考えられる（会362④六）。

⑤ 特別取締役（会373），特定取締役（施規101④，計規130④），特定監査役（施規101，計規130⑤，132）の関連事項については必要に応じて規定を入れるべきである。

⑥ 会計監査人の報酬等の決定には監査役（又は監査役会）の同意を必要とする条文（会399）に対応する規定は入れた方がよい。

⑦ 企業不祥事に関連した取締役と監査役の相互報告義務を忘れないように入れておきたい（会357，382）。

⑧ 平成26年の会社法改正に伴う部分は追加した方がよい。

（ⅰ）第13条3項：子会社の取締役等の親会社への報告体制等（会362④6，施規100）

（ⅱ）第19条：監査役会による会計監査人の選任等の決定（会344）

（ⅲ）第23条：新たな支配株主を生ずる第三者割当増資（会206の2）

<参　考>

監査役会規則（ひな型）

社団法人日本監査役協会　　平成 5 年 9 月29日制定
平成14年 6 月13日改正
平成16年 5 月25日改正
平成18年 6 月 6 日改正
平成21年 7 月 9 日改正
平成27年 4 月 9 日最終改正

（目的）
第 1 条　本規則は，法令及び定款に基づき，監査役会に関する事項を定める。
（組織）
第 2 条　①　監査役会は，すべての監査役で組織する。
②　監査役会は，常勤の監査役を置く。
③　前項のほか，監査役会は，監査役会の議長，第 7 条に定める特定監査役及び第 8 条に定める特別取締役による取締役会に出席する監査役を置く。(注 1)
（監査役会の目的）
第 3 条　監査役会は，監査に関する重要な事項について報告を受け，協議を行い，又は決議をする。ただし，各監査役の権限の行使を妨げることはできない。
（監査役会の職務）
第 4 条　監査役会は，次に掲げる職務を行う。ただし，第 3 号の決定は，各監査役の権限の行使を妨げることはできない。
一　監査報告の作成
二　常勤の監査役の選定及び解職
三　監査の方針，業務及び財産の状況の調査の方法その他の監査役の職務の執行に関する事項の決定
（常勤の選定及び解職）
第 5 条　監査役会は，その決議によって監査役の中から常勤の監査役を選定し又は解職する。
（議長）(注 2)
第 6 条　①　監査役会は，その決議によって監査役の中から議長を定める。
②　監査役会の議長は，第10条第 1 項に定める職務のほか，監査役会の委嘱を受けた職務を遂行する。ただし，各監査役の権限の行使を妨げることはできない。

(特定監査役)(注3)
第7条 ① 監査役会は,その決議によって次に掲げる職務を行う者(以下,特定監査役という)を定める。
一 各監査役が受領すべき事業報告及びその附属明細書並びに計算関係書類を取締役から受領し,それらを他の監査役に対し送付すること(注4)
二 事業報告及びその附属明細書に関する監査役会の監査報告の内容を,その通知を受ける者として定められた取締役(以下,特定取締役という)に対し通知すること
三 特定取締役との間で,前号の通知をすべき日について合意をすること
四 会計監査人から会計監査報告の内容の通知を受け,当該監査報告の内容を他の監査役に対し通知すること(注5)
五 特定取締役及び会計監査人との間で,前号の通知をすべき日について合意をすること
六 計算関係書類に関する監査役会の監査報告の内容を特定取締役及び会計監査人に対し通知すること
七 特定取締役との間で,前号の通知をすべき日について合意をすること
② 特定監査役は,常勤の監査役とする。(注6)

(特別取締役による取締役会に出席する監査役)(注7)
第8条 監査役会は,その決議によって特別取締役による取締役会に出席する監査役を定める。

(開催)
第9条 監査役会は,定期に(注8)開催する。ただし,必要あるときは随時開催することができる。

(招集権者)
第10条 ① 監査役会は,議長が招集し運営する。
② 各監査役は,議長に対し監査役会を招集するよう請求することができる。
③ 前項の請求にもかかわらず,議長が監査役会を招集しない場合は,その請求をした監査役は,自らこれを招集し運営することができる。

(招集手続)
第11条 ① 監査役会を招集するには,監査役会の日の1週間前(注9)までに,各監査役に対してその通知を発する。
② 監査役会は,監査役の全員の同意があるときは,招集の手続を経ることなく開催することができる。

（決議の方法）
第12条　①　監査役会の決議は，監査役の過半数をもって行う。
②　決議にあたっては，十分な資料に基づき審議しなければならない。
（監査の方針等の決議）
第13条　①　監査の方針，監査計画，監査の方法，監査業務の分担等は，監査役会において決議をもって策定する。
②　前項に定めるほか，監査役会は，監査費用の予算など監査役がその職務を遂行するうえで必要と認めた事項について決議する。
③　監査役会は，次に掲げる体制の内容について決議し，当該体制を整備するよう取締役に対して要請するものとする。
　一　監査役の職務を補助すべき使用人に関する事項
　二　前号の使用人の取締役からの独立性に関する事項
　三　第一号の使用人に対する指示の実効性の確保に関する事項
　四　次に掲げる体制その他の監査役への報告に関する体制
　　イ　取締役及び使用人が監査役に報告をするための体制
　　ロ　子会社の取締役，監査役及び使用人又はこれらの者から報告を受けた者が監査役に報告するための体制
　五　前号の報告をした者が報告をしたことを理由として不利な取扱いを受けないことを確保するための体制
　六　監査役の職務の執行について生ずる費用の前払又は償還の手続その他の当該職務執行について生ずる費用又は債務の処理に係る方針に関する事項
　七　その他監査役の監査が実効的に行われることを確保するための体制
（代表取締役との定期的会合等）
第14条　①　監査役会は，代表取締役と定期的に会合をもち，会社が対処すべき課題，監査役監査の環境整備の状況，監査上の重要課題等について意見を交換し，併せて必要と判断される要請を行うなど，代表取締役との相互認識を深めるよう努めるものとする。
②　監査役会は，代表取締役及び取締役会に対して，監査方針及び監査計画並びに監査の実施状況及び結果について適宜説明する。
③　監査役会は，法律に定める事項のほか，前条第3項第3号に定める体制に基づき，取締役及び使用人が監査役会に報告すべき事項を取締役と協議して定め，その報告を受けるものとする。

（監査役会に対する報告）
第15条 ① 監査役は，自らの職務の執行の状況を監査役会に定期かつ随時的に報告するとともに，監査役会の求めがあるときはいつでも報告しなければならない。
② 会計監査人，取締役，内部監査部門等の使用人その他の者から報告を受けた監査役は，これを監査役会に報告しなければならない。
③ 監査役会は，必要に応じて，会計監査人，取締役，内部監査部門等の使用人その他の者に対して報告を求める。
④ 前3項に関して，監査役，会計監査人，取締役又は内部監査部門等の使用人その他の者が監査役の全員に対して監査役会に報告すべき事項を通知したときは，当該事項を監査役会へ報告することを要しない。

（報告に対する措置）
第16条 ① 監査役会は，次に掲げる報告を受けた場合には，必要な調査を行い，状況に応じ適切な措置を講じる。
一 会社に著しい損害を及ぼすおそれのある事実を発見した旨の取締役からの報告
二 取締役の職務の執行に関し不正の行為又は法令もしくは定款に違反する重大な事実があることを発見した旨の会計監査人からの報告
三 あらかじめ取締役と協議して定めた事項についての取締役又は使用人からの報告

（監査報告の作成）
第17条 ① 監査役会は，各監査役が作成した監査報告に基づき，審議のうえ，監査役会の監査報告を作成する。（注10）
② 監査役会の監査報告の内容が各監査役の監査報告の内容と異なる場合であって，かつ，当該監査役の求めがあるときは，監査役会は，当該監査役の監査報告の内容を監査役会の監査報告に付記するものとする。
③ 監査役会の監査報告には各監査役が署名又は記名押印（電子署名を含む）する。常勤の監査役及び社外監査役はその旨を記載又は記録する。（注11）
④ 前3項の規定は，会社が臨時計算書類又は連結計算書類を作成する場合には，これを準用する。

（監査役の選任に関する同意等）
第18条 ① 監査役の選任に関する次の事項については，監査役会の決議によって行う。
一 監査役の選任に関する議案を株主総会に提出することに対する同意
二 監査役の選任を株主総会の会議の目的とすることの請求

三　監査役の選任に関する議案を株主総会に提出することの請求
② 　補欠の監査役の選任についても，前項に準じる。
（会計監査人の選任に関する同意等）（注12）
第19条　① 　会計監査人の選任，解任又は不再任に関する次の事項については，監査役会の決議によって行う。
一　会計監査人の解任又は不再任の決定の方針の策定
二　会計監査人を再任することの適否の決定
三　株主総会に提出する会計監査人の解任又は不再任に関する議案の内容の決定
四　株主総会に提出する会計監査人の選任に関する議案の内容の決定
五　会計監査人が欠けた場合の一時会計監査人の職務を行うべき者の選任
② 　会計監査人を法定の解任事由に基づき解任することに対する監査役の全員の同意は，監査役会における協議を経て行うことができる（注13）。この場合においては，監査役会が選定した監査役は，解任後最初の株主総会において，解任の旨及びその理由を報告しなければならない。
③ 　前項の同意は，緊急の必要がある場合には，書面又は電磁的記録により行うことができる。

（会計監査人の報酬等に対する同意）
第20条　会計監査人又は一時会計監査人の職務を行うべき者の報酬等に対する同意は，監査役会の決議によって行う。

（取締役の責任の一部免除に関する同意）
第21条　① 　次に掲げる監査役の全員の同意は，監査役会における協議を経て行うことができる。（注14）
一　取締役の責任の一部免除に関する議案を株主総会に提出することに対する同意
二　取締役会決議によって取締役の責任の一部免除をすることができる旨の定款変更に関する議案を株主総会に提出することに対する同意
三　定款の規定に基づき取締役の責任の一部免除に関する議案を取締役会に提出することに対する同意
四　非業務取締役との間で責任の一部免除の契約をすることができる旨の定款変更に関する議案を株主総会に提出することに対する同意
② 　前項の同意は，緊急の必要がある場合には，書面又は電磁的記録により行うことができる。

（補助参加の同意）
第22条　① 　株主代表訴訟において会社が被告取締役側へ補助参加することに対する

監査役の全員の同意は，監査役会における協議を経て行うことができる。(注15)
② 前項の同意は，緊急の必要がある場合には，書面又は電磁的記録により行うことができる。

（監査役の権限行使に関する協議）
第23条　監査役は，次の事項に関する権限を行使する場合又は義務を履行する場合には，事前に監査役会において協議をすることができる。
　一　株主より株主総会前に通知された監査役に対する質問についての説明（注16）
　二　取締役会に対する報告及び取締役会の招集請求等
　三　株主総会提出の議案及び書類その他のものに関する調査結果
　四　取締役による会社の目的の範囲外の行為その他法令又は定款違反行為に対する差止め請求
　五　監査役の選任，解任，辞任及び報酬等に関する株主総会での意見陳述
　六　支配権の異動を伴う募集株式の発行等が行われる際に株主に対して通知しなければならない監査役の意見表明（注17）
　七　会社と取締役間の訴訟に関する事項
　八　その他訴訟提起等に関する事項

（報酬等に関する協議）
第24条　監査役の報酬等の協議については，監査役の全員の同意がある場合には，監査役会において行うことができる。(注18)

（議事録）
第25条　①　監査役会は、次に掲げる事項を内容とする議事録を作成し、出席した監査役がこれに署名又は記名押印（電子署名を含む）する。
　一　開催の日時及び場所（当該場所に存しない監査役，取締役又は会計監査人が監査役会に出席した場合における当該出席の方法を含む）
　二　議事の経過の要領及びその結果
　三　次に掲げる事項につき監査役会において述べられた意見又は発言があるときは，その意見又は発言の内容の概要
　　イ．会社に著しい損害を及ぼすおそれのある事実を発見した旨の取締役からの報告
　　ロ．取締役の職務の執行に関し不正の行為又は法令もしくは定款に違反する重大な事実があることを発見した旨の会計監査人からの報告
　四　監査役会に出席した取締役又は会計監査人の氏名又は名称
　五　監査役会の議長の氏名

② 第15条第4項の規定により監査役会への報告を要しないものとされた場合には，次の各号に掲げる事項を内容とする議事録を作成する。
　一　監査役会への報告を要しないものとされた事項の内容
　二　監査役会への報告を要しないものとされた日
　三　議事録の作成に係る職務を行った監査役の氏名
③　会社は，前2項の議事録を10年間本店に備え置く。

（監査役会事務局）
第26条　監査役会の招集事務，議事録の作成，その他監査役会運営に関する事務は監査役スタッフ等の監査役の職務を補助すべき使用人がこれにあたる。

（監査役監査基準）
第27条　監査役会及び監査役の監査に関する事項は，法令又は定款もしくは本監査役会規則に定める事項のほか，監査役会において定める監査役監査基準による。

（本規則の改廃）
第28条　本規則の改廃は監査役会が行う。

（附則）
　本規則は，平成〇年〇月〇日より実施する。

(注1)　監査役会の議長の設置及び特定監査役として特定の者を定めることは，各社の任意である。また，特別取締役による取締役会の制度（会社法373条）を採用する会社においては，監査役の互選により，当該取締役会に出席する監査役を定める（会社法383条1項）。
(注2)　法令上，監査役会の議長の選定手続については規定がないが，本ひな型では，監査役会の決議によって選定することとしている。
(注3)　法令上，事業報告及びその附属明細書並びに計算関係書類に係る監査役会監査報告の通知等の職務を行う者として，特定の監査役を定めた場合には，当該監査役が特定監査役となるが，特定の者を定めない場合には，すべての監査役が特定監査役となる（会社法施行規則132条5項2号，会社計算規則158条5項2号）。本条は，特定監査役として特定の者を定める場合の規定であるので，特定の者を定めることとしない場合には，本条を置くことを要しない。なお，法令上，特定監査役として特定の者を選定するための手続については規定がないが，本ひな型では，監査役会の決議によって選定することとしている。
(注4)　法令上，事業報告及びその附属明細書並びに計算関係書類を取締役から受領するのは，各監査役である。本ひな型では，実務の便利にかんがみ，これらを

取締役から受領し，他の監査役に対し送付することについても，特定監査役の職務とすることとしている。

(注5) 法令上，特定監査役が会計監査人から通知を受けた会計監査報告の内容を他の監査役に対し通知することについては規定がないが，本ひな型では，特定監査役の職務を明確にするため，当該会計監査報告の内容を他の監査役に対し通知することについても，特定監査役の職務とすることとしている。

(注6) 法令上，特定監査役は，常勤の監査役であることを要しない。そのため，本規定の要否については，各社の実状に応じて検討されたい。

(注7) 特別取締役による取締役会の制度（会社法373条）を採用しない会社においては，本条を置くことを要しない。なお，法令上，特別取締役による取締役会に出席する監査役の選定は監査役の互選による旨定められているが（会社法383条1項），本ひな型では，監査役会の決議によって選定することとしている。

(注8) 「定期に」との箇所については，例えば「月1回」など，各社の実状に応じて規定されたい。

(注9) これを下回る期間を定款で定めることができる（会社法392条1項）。この場合には，定款に定めた期間に従った規定とする。

(注10) 法令上，監査役会が監査報告を作成する場合には，監査役会は，1回以上，会議を開催する方法又は情報の送受信により同時に意見の交換をすることができる方法により，監査役会監査報告の内容を審議しなければならない（会社法施行規則130条3項，会社計算規則128条3項）。

(注11) 法令上，監査報告には，監査役の署名又は記名押印は求められていない。また，常勤の監査役及び社外監査役である旨の表示も求められていないが，監査報告の真実性を確保し，かつ，監査の信頼性を確保するためにも，各監査役は自署した上で押印することとし，常勤の監査役及び社外監査役にはその旨表示することが望ましい。

(注12) 法令上，会計監査人の任期については，定時株主総会において別段の決議がされなかったときは，当該定時株主総会において再任されたものとみなされる旨規定されているにとどまり（会社法338条2項），会計監査人の再任について監査役会が審議・決定等しなければならない旨の規定はない。ただし，本ひな型では，会計監査人の選任及び解任並びに不再任に関する議案の決定等（会社法344条）の規定趣旨にかんがみ，会計監査人の再任の適否を監査役会で毎期検討する旨を規定している。

(注13) 法令上，会計監査人を法定の解任事由に基づき解任することに対する監査役

の全員の同意，取締役の責任の一部免除に関する監査役の全員の同意及び株主代表訴訟において会社が被告取締役側へ補助参加することに対する監査役の全員の同意は，監査役会の決議を要しない（会社法340条，425条3項，426条2項，427条3項，849条2項）。ただし，本ひな型では，これらの重要性にかんがみ，監査役会における協議を経て同意することができる旨規定している。

(注14) 注13を参照のこと。

(注15) 注13を参照のこと。

(注16) いわゆる事前質問については，法令上，仮に株主が説明を求めた事項について説明をするために調査をすることが必要である場合であっても，当該株主が株主総会の日より「相当の期間前」に当該事項を会社に対して通知した場合には，説明することを要する（会社法314条，会社法施行規則71条1号）。ここでは，望ましい姿として，株主総会前に通知された事項については，原則として，監査役会において協議することとしている。

(注17) 公開会社における支配権の異動を伴う募集株式の発行等に関し，募集株式の割当てにより募集株式の引受人となる者が募集株式を引き受けた結果，議決権の過半数を有することとなる場合には，株主に対して，割当てに関する情報を通知しなければならない（会社法206条の2）。株主に対する通知には，当該募集株式の発行等についての監査役の意見を記載しなければならない（会社法施行規則42条の2第7号）。

(注18) 各監査役の報酬等については，定款の定め又は株主総会の決議がないときは，株主総会の決議の範囲内において，監査役の協議によって定めることを要する（会社法387条1項及び2項）。ここでは，監査役会の場を活用して報酬等の協議を行うことができる旨定めている。なお，この場合であっても，当該協議は，監査役の全員の同意を要する。

以　上

添付参考資料(1)
会社法上の監査役会の権限
(1) 会計監査人の解任権（会社法340条1項, 4項）
(2) 会計監査人の解任を株主総会に報告する監査役の選定（会社法340条3項, 4項）
(3) 監査役の選任に関する議案の同意（会社法343条1項, 3項）
(4) 監査役の選任の議題の提案権及び議案の提出請求権（会社法343条2項, 3項）
(5) 会計監査人の選任及び解任並びに不再任に関する議案の決定（会社法344条）
(6) 一時会計監査人の選任（会社法346条4項, 6項）
(7) 取締役から報告を受ける権限（会社法357条1項, 2項）,
(8) 監査の方針, 会社の業務・財産状況の調査方法, その他の監査役の職務執行に関する事項の決定。ただし, 個々の監査役の権限行使を妨げることはできない（会社法390条2項3号）。なお, 監査役会はすべての監査役で組織する（会社法390条1項）。決議方法は全員の過半数による（会社法393条1項）。
(9) 監査報告の作成権限（会社法390条2項1号）
(10) 常勤の監査役の選定権及び解職権（会社法390条2項2号, 3項）
(11) 監査役から職務執行の状況の報告を受ける権限（会社法390条4項）
(12) 会計監査人から報告を受ける権限（会社法397条1項, 3項）
(13) 会計監査人の報酬等に対する同意（会社法399条1項, 2項）

添付参考資料(2)
会社法上の個々の監査役の権限義務
(1) 一般的な監査権限
　① 取締役の職務の執行の監査（会社法381条1項）
　② 計算書類等の監査（会社法436条1項, 2項）
　③ 臨時計算書類の監査（会社法441条）
　④ 連結計算書類の監査（会社法444条）
(2) 調査に関する権限
　① 事業報告請求権, 業務・財産状況調査権（会社法381条2項）
　② 子会社に対する事業報告請求権, 業務・財産状況調査権（会社法381条3項）
　③ 会計監査人に対する報告請求権（会社法397条2項）
(3) 株主総会・取締役会等と関連する権限
　① 株主総会への説明義務（会社法314条）
　② 会社に対する取締役の責任の一部免除に関する議案の同意（会社法425条3項, 426条2項, 427条3項）

③　会社が取締役を補助するための訴訟参加に関する同意（会社法849条3項）
　　④　取締役会への報告義魂（会社法382条）
　　⑤　取締役会及び特別取締役による取結役会の出席義務及び意見陳述義務
　　⑥　取締役会の招集請求権及び招集権（会社法383条2項，3項）
　　⑦　株主総会提出議案及び書類の調査報告義務（会社法384条）
(4)　監査役の地位に関する権限
　　①　監査役の任免に関する意見陳述権（会社法345条1項，4項）
　　②　監査役の辞任に関する意見陳述権（会社法345条2項，4項）
　　③　各監査役の報酬等についての協議（会社法387条2項）
　　④　報酬等に関する意見陳述権（会社法387条3項）
　　⑤　監査費用請求権（会社法388条）
(5)　監督是正措置に関する権限
　　①　取締役の違法行為差止請求権（会社法385条1項）
　　②　各種の訴提起権及び手続申立権（会社法510朱，511衆1項，522条1項，828条，831条）
　　③　不提訴理由の通知義務（会社法847条4項）
(6)　その他の権限
　　①　設立手続の調査権（会社法46条1項）
　　②　取締役・会社間の訴訟代表権（会社法386条）

　　　　　　　　　　　　　　　　　　　　　　　　　　　以　上

監査役監査基準

社団法人日本監査役協会　　昭和50年 3 月25日制定
　　　　　　　　　　　　　昭和57年 7 月20日改正
　　　　　　　　　　　　　平成 5 年 9 月29日改正
　　　　　　　　　　　　　平成 6 年10月31日改正
　　　　　　　　　　　　　平成12年 1 月 7 日改正
　　　　　　　　　　　　　平成14年 6 月13日改正
　　　　　　　　　　　　　平成16年 2 月12日改正
　　　　　　　　　　　　　平成19年 1 月12日改正
　　　　　　　　　　　　　平成21年 7 月 9 日改正
　　　　　　　　　　　　　平成23年 3 月10日改正
　　　　　　　　　　　　　平成27年 7 月23日最終改正

前　注（各条項のレベル分けについて）

Lv.	事　項	語　尾
1	法定事項	原則「ねばならない」，「できない」に統一する。ただし，法令の文言を勘案する場合もある。
2	不遵守があった場合に，善管注意義務違反となる蓋然性が相当程度ある事項	原則「ねばならない」に統一する。
3	不遵守が直ちに善管注意義務違反となるわけではないが，不遵守の態様によっては善管注意義務違反を問われることがある事項	原則「する」に統一する（「行う」等を含む。）」。
4	努力義務事項，望ましい事項，行動規範ではあるが上記 1 ～ 3 に該当しない事項（検討・考慮すべきものの具体的な行動指針は示されていない事項等）	状況に応じて文言を選択する。なお，努力義務事項については，「務める」も統一するほか，行動規範ではあるが上記 1 ～ 3 に該当しない事項は，原則「～ものとする」に統一する。
5	権利の確認等上記 1 ～ 4 に当てはまらない事項	状況に応じて文言を記載する。

第1章 本基準の目的

(目的)
第1条 1．本基準は，監査役の職責とそれを果たすうえでの心構えを明らかにし，併せて，その職責を遂行するための監査体制のあり方と，監査にあたっての基準及び行動の指針を定めるものである。【Lv. 5】
2．監査役は，企業規模，業種，経営上のリスクその他会社固有の監査環境にも配慮して本基準に則して行動するものとし，監査の実効性の確保に努める。【Lv. 4】

第2章 監査役の職責と心構え

(監査役の職責)
第2条 1．監査役は，取締役会と協働して会社の監督機能の一翼を担い，株主の負託を受けた独立の機関として取締役の職務の執行を監査することにより，企業及び企業集団が様々なの利害に配慮するとともに，これらステークホルダーとの協働に務め，健全で持続的な成長と中長期的企業価値の創出を実現し，社会的信頼に応える良質な企業統治体制を確立する責務を負っている。【Lv. 3】
2．前項の責務を通じ，監査役は，会社の透明・公正な意思決定を担保するとともに，会社の迅速・果断な意思決定が可能となる環境整備に務め，自らの守備範囲を過度に狭く捉えることなく，取締役又は使用人に対し能動的・積極的な意見の表明に務める。【Lv. 4】
3．監査役は，取締役会その他重要な会議への出席，取締役，使用人及び会計監査人等から受領した報告内容の検証，会社の業務及び財産の状況に関する調査等を行い，取締役又は使用人に対する助言又は勧告等の意見の表明，取締役の行為の差止めなど，必要な措置を適時に講じなければならない。【Lv. 2】

【第1項補足】 本基準における「監督」の概念は，会社法第362条第2項第2号に規定する「取締役の職務の執行の監督」に留まらず，より広い企業統治における監督機能全般を意味する。広義の監督機能は，取結役会と監査役（会）が協働して担うものであり，「監査」もその一部と考えている（広義の監督機能の概念については，当協会「監査役等の英文呼称について」（平成24年 8月29日）において提示していたものであるが，本基準においても同様の概念を踏まえ改定するものである。）。

また，コーポレートガバナンス・コード（以下，補足において「GC」という。）において求められている各種ステークホルダーとの協働は，取締役会及び経営陣が主導的に行うべきものであるが，監査役も企業統治体制の確立の観

点から，取結役会及び経営陣を後押しすることが求められていることから今回の改定を行った。
【参考】　ＧＣ基本原則２及び基本原則４
【第２項補足】　ＧＣ原則４－４のとおり，監査役が，いわゆる「守りの機能」を含めその役割・責務を十分果たすためには，自らの守備範囲を過度に狭く捉えることは適切ではない。既に多くの実務においては，監査役は，取締役会又は経営会議等重要な会議のほか，様々な場面で多岐にわたる事項について，法令や定款違反の可能性の観点だけではなく，リスク管理の観点や経営判断の合理性の観点等からも意見を述べている（具体例については，日本監査役協会「第77回監査役全国会議に係る事前アンケート集計結果」（2013年10月８日）を参照。）。ただし，これらの対応は各社の置かれている状況を勘案して行われるべきもので，各企業一律に求められるものではないことに留意する必要がある。

（監査役の心構え）
第３条　１．監査役は，独立の立場の保持に努めるとともに，常に公正不偏の態度を保持し，自らの信念に基づき行動しなければならない。【Lv. 2】
２．監査役は，監督機能の一翼を担う者として期待される役割・責務を適切に果たすため，常に監査品質の向上等に向けた自己研鑽に務め，就任後においても，これらを継続的に更新する機会を得るよう努める。【Lv. 4】
３．監査役は，適正な監査視点の形成のため，会社の事業・財務・組織等に関する必要な知識を取得し，監査役に求められる役割と責務を十分に理解する機会を得るよう務めるほか，経営全般の見地から経営課題についての認識を深め，経営状況の推移と企業をめぐる環境の変化を把握し，能動的・積極的に意見を表明するよう努める。【Lv. 4】
４．監査役は，平素より会社及び子会社の取締役及び使用人等との意思疎通を図り，情報の収集及び監査の環境の整備に努める。【Lv. 4】
５．監査役は，監査意見を形成するに当たり，よく事実を確かめ，必要があると認めたときは，弁護士等外部専門家の意見を徴し，判断の合理的根拠を求め，その適正化に努める。【Lv. 4】
６．監査役は，その職務の遂行上知り得た情報の秘密保持に十分注意しなければならない。【Lv. 2】
７．監査役は，企業及び企業集団の健全で持続的な成長を確保し社会的信頼に応える良質な企業統治体制の確立と運用のために，監査役監査の環境整備が重要かつ必須であることを，代表取締役を含む取締役に理解し認識させるよう努める。【Lv. 4】

【第2項参考】　ＧＣ基本原則4，原則4－4及び補充原則4－14①
【第3項補足】　「能動的・積極的に意見を表明」とは，専ら経営に関する事項として，発言を控え，若しくは意見を求められるまで待つことをせずに，企業にとり有益と自ら判断した場合は躊躇することなくリスク管理の観点や経営判断の合理性の観点等からも意見を述べることを期待したものである。

第3章　監査役及び監査役会

（常勤監査役）
第4条　1．監査役会は，監査役の中から常勤の監査役を選定しなければならない。【Lv.1】
2．常勤監査役は，常勤者としての特性を踏まえ，監査の環境の整備及び社内の情報の収集に積極的に努め【Lv.4】，かつ，内部統制システムの構築・運用の状況を日常的に監視し検証する。【Lv.3】
3．常勤監査役は，その職務の遂行上知り得た情報を，他の監査役と共有するよう努める。【Lv.4】

（社外監査役及び独立役員）
第5条　1．社外監査役は，監査体制の独立性及び中立性を一層高めるために法令上その選任が義務付けられていることを自覚し，積極的に監査に必要な情報の入手に心掛け，得られた情報を他の監査役と共有することに努めるとともに，他の監査役と協力して監査の環境の整備に努める。【Lv.4】また，他の監査役と協力して第34条第1項に定める内部監査部門等及び会計監査人との情報の共有に努める。【Lv.4】
2．社外監査役は，その独立性，選任された理由等を踏まえ，中立の立場から客観的に監査意見を表明することが特に期待されていることを認識し，代表取締役及び取締役会に対して忌憚のない質問をし又は意見を述べる。【Lv.3】
3．社外監査役は，法令で定める一定の活動状況が事業報告における開示対象となることにも留意し，その職務を適切に遂行しなければならない。【Lv.2】
4．独立役員に指定された社外監査役は，一般株主の利益ひいては会社の利益（本条において「一般株主の利益」という）を踏まえた公平で公正な経営の意思決定のために行動することが特に期待されていることを認識し，他の監査役と意見交換を行うとともに，他の監査役と協働して一般株主との意見交換等を所管する部署と情報の交換を図り，必要があると認めたときは，一般株主の利益への配慮の観点から代表取締役及び取締役会に対して意見を述べる。【Lv.3】

（監査役会の機能）
第6条　1．監査役会は，すべての監査役で組織する。【Lv. 1】
2．各監査役は，監査役会が監査に関する意見を形成するための唯一の協議機関かつ決議機関であることに鑑み，職務の遂行の状況を監査役会に報告する。【Lv. 3】また，各監査役は，監査役会を活用して監査の実効性の確保に努める。【Lv. 4】ただし，監査役会の決議が各監査役の権限の行使を妨げることはできない。【Lv. 1】
3．監査役会は，必要に応じて取締役又は取締役会に対し監査役会の意見を表明しなければならない。【Lv. 2】
4．監査役会は，法令に定める事項のほか，取締役及び使用人が監査役会に報告すべき事項を取締役と協議して定め，その報告を受ける。【Lv. 3】

（監査役会の職務）
第7条　監査役会は，次に掲げる職務を行う。ただし，第3号の決定は，各監査役の権限の行使を妨げることはできない。【Lv. 1】
　一　監査報告の作成
　二　常勤の監査役の選定及び解職
　三　監査の方針，業務及び財産の状況の調査の方法その他の監査役の職務の執行に関する事項の決定

（監査役会の運営）
第8条　1．監査役会は，定期的に開催し，取締役会の開催日時，各監査役の出席可能性等にも配慮し，あらかじめ年間の開催日時を定めておくことが望ましい。【Lv. 4】ただし，必要があるときは随時開催する。【Lv. 3】
2．監査役会は，その決議によって監査役の中から議長を定めるものとする。【Lv. 4】監査役会の議長は，監査役会を招集し運営するほか，監査役会の委嘱を受けた職務を遂行する。【Lv. 3】ただし，各監査役の権限の行使を妨げることはできない。【Lv. 1】
3．監査役会は，各監査役の報告に基づき審議をし，監査意見を形成しなければならない。【Lv. 2】
4．監査役会の決議を要する事項については，十分な資料に基づき審議しなければならない。【Lv. 2】
5．監査役は，監査役会議事録に議事の経過の要領及びその結果，その他法令で定める事項が適切に記載されているかを確かめ，出席した監査役は，これに署名又は記名押印しなければならない。【Lv. 1】

(監査役選任手続等への関与及び同意手続)
第9条　1．監査役会は，取締役が株主総会に提出する監査役の選任議案について，同意の当否を審議しなければならない。【Lv.1】同意の判断に当たっては，第10条に定める選定基準等を考慮する。【Lv.3】
2．監査役会は，監査役の候補者，監査役候補者の選定方針の内容，監査役選任議案を決定する手続，補欠監査役の選任の要否等について，取締役との間であらかじめ協議の機会をもつことが望ましい。【Lv.4】
3．監査役会は，必要があると認めたときは，取締役に対し，監査役の選任を株主総会の目的とすることを請求し，又は株主総会に提出する監査役の候補者を提案する。【Lv.3】
4．監査役は，監査役の選任若しくは解任又は辞任について意見をもつに至ったときは，株主総会において意見を表明しなければならない。【Lv.2】
5．補欠監査役の選任等についても，本条に定める手続に従う。【Lv.3】
6．監査役及び監査役会は，社外監査役選任議案において開示される不正な業務執行の発生の予防及び発生後の対応に関する事項について，適切に記載されているかにつき検討する。【Lv.3】

> 【第2項補足】　監査役候補の指名の方針等を会社が定める場合に，取締役会だけでなく監査役会が関与することについて言及している。
> 【第2項参考】　GC原則3－1(iv)(v)

(監査役候補者の選定基準等)
第10条　1．監査役会は，監査役の常勤・非常勤又は社内・社外の別及びその員数，現任監査役の任期，専門知識を有する者の有無，欠員が生じた場合の対応等を考慮し，監査役候補者の選定に関して一定の方針を定めるものとする。【Lv.4】
2．監査役候補者の選定への同意及び新監査役候補者の選定方針への関与に当たっては，監査役会は，任期を全うすることが可能か，業務執行者からの独立性が確保できるか，公正不偏の態度を保持できるか等を勘案して，監査役としての適格性を慎重に検討する。【Lv.3】なお，監査役のうち最低1名は，財務及び会計に関して相当程度の知見を有する者であることが望ましい。【Lv.4】
3．社外監査役候補者の選定に際しては，監査役会は，会社及び親会社との関係，代表取締役その他の取締役及び主要な使用人との関係等を勘案して独立性に問題がないことを確認するとともに，取締役会及び監査役会等への出席可能性等を検討するものとする。【Lv.4】

4．監査役会は，独立役員の指定に関する考え方を取締役等から聴取し，必要に応じて協議する。【Lv. 4】
5．監査役候補者及び社外監査役候補者の選定に際しては，監査役会は，前3項に定める事項のほか，法令の規定により監査役の選任議案に関して株主総会参考書類に記載すべきとされている事項についても，検討する。【Lv. 3】

（監査役の報酬等）
第11条　1．各監査役が受けるべき報酬等の額について定款の定め又は株主総会の決議がない場合には，監査役は，常勤・非常勤の別，監査業務の分担の状況，取締役の報酬等の内容及び水準等を考慮し，監査役の協議をもって各監査役が受ける報酬等の額を定めなければならない。【Lv. 1】
2．監査役は，監査役の報酬等について意見をもつに至ったときは，必要に応じて取締役会又は株主総会において意見を述べる。【Lv. 3】

（監査費用）
第12条　1．監査役は，その職務の執行について生じる費用について，会社から前払又は償還を受けることができる。【Lv. 5】
2．監査役は，第17条第2項第6号の方針に基づき，職務の執行について生じる費用について，あらかじめ予算を計上しておくことが望ましい。【Lv. 4】ただし，緊急又は臨時に支出した費用についても，会社に償還を請求する権利を有する。【Lv. 5】
3．監査役は，必要に応じて外部の専門家の助言を受けた場合，当該費用を会社に請求する権利を有する。【Lv. 5】
4．監査役は，その役割・責務に対する理解を深めるため必要な知識の習得や適切な更新等の研鑽に適合した研修等を受けた場合，当該費用を会社に請求する権利を有する。【Lv. 5】
5．監査費用の支出にあたっては，監査役は，その効率性及び適正性に留意するものとする。【Lv. 4】

> 【第3項，第4項補足】　費用負担についても明確にしている。
> 【第4項参考】　ＧＣ補充原則4－13②，原則4－14

第4章　コーポレートガバナンス・コードを踏まえた対応

（コーポレートガバナンス・コードを踏まえた対応）
第13条　1．コーポレートガバナンス・コードの適用を受ける会社の監査役は，コーポレートガバナンス・コードの極旨を十分に理解したうえで，自らの職務の遂行に

当たるものとする。【Lv. 4】
2．監査役及び監査役会は，取締役会が担う以下の監督機能が会社の持続的成長と中長期的な企業価値の向上を促しかつ収益力・資本効率等の改善を図るべく適切に発揮されているのかを監視するとともに，自らの職責の範囲内でこれらの監督機能の一部を担うものとする。【Lv. 4】
　一　企業戦略等の大きな方向性を示すこと
　二　代表取締役その他の業務執行取締役による適切なリスクテイクを支える環境整備を行うこと
　三　独立した客観的な立場から，代表取締役その他の取締役等に対する実効性の高い監督を行うこと
3．監査役が指名・報酬などに係る任意の諮問委員会等に参加する場合には，会社に対して負っている善管注意義務を前提に，会社の持続的な成長と中長期的な企業価値の向上のために適正に判断を行う。【Lv. 3】

【第1項補足】　GCは会社の持続的成長と中長期的企業価値向上に資する内容であることから，第13条第1項は，GCの適用を直接受けていない会社であってもGCの趣旨を取り込むことを否定するものではない。

【第2項補足】　監査役及び監査役会は，第2条第1項に規定されているとおり，取締役会と協働して会社の広義の監督機能の一翼を担う機関であるが，当該監督機能の例として，GC基本原則4に3つの役割・責務が掲示されており，当該役割・責務の一部は監査役・監査役会も担うことになる（GC基本原則4参照）。これら広義の監督機能に対する監査役の関与のあり方としては，取締役会がこれらの監督職務を適切に果たしているのかを監査すること（会社法第381条第1項参照）のほか，例えば，適切なリスクテイクの礎となる内部統制システムのあり方について構築の段階から積極的に意見を表明することが挙げられる。また，各社の置かれている環境によっては，リスク管理の観点や経営判断の合理性の観点等から，個別案件だけではなく，中期経営計画策定に係る議論においても積極的に発言することも考えられる。ただし，これらの関与の度合いは各社の事情により異なるべきものであり，第2項がレベル4となっているのもこの点を勘案したものである。なお，監査役が行うべき対応は，第2条に掲げる監査役の職責を踏まえて行われることになる。

【第3項補足】　諮問委員会の設置や当該委員会に監査役が参加するかどうかは各社の状況に応じて懇意に対応する事項である。

【第3項参考】　GC原則4－10

（株主との建設的な対話）
第14条　1．監査役は，中長期目線の株主等と対話を行う場合には，関連部署と連携して，会社の持続的な成長と中長期的な企業価値の向上に資するよう，合理的範囲内で適切に対応するものとする。【Lv.4】
2．前項の対話において把握された株主の意見・懸念は，代表取締役その他の業務執行取締役，取締役会及び監査役会に対して適切かつ効果的に伝えるものとする。【Lv.4】

【補足】　本条は，監査役と株主等との対話について，監査役が株主等と対話を行っている実例があり，今後非業務執行役員としての監査役に対する期待が高まると考えられることから規定している。「中長期目線の株主」とは，いわゆるショートターミズムの株主ではなく，例えばスチュワードシップ・コードを採択し，顧客・受益者への長期的なリターンを確保するよう投資対象企業の中長期的な企業価値の向上への深い理解と関心をもっている機関投資家等が典型で，こうした株主は「会社のガバナンスの改善が実を結ぶまで待つことができる」（GC「経緯及び背景」第8項参照）者でもある。なお，監査役が実際に対話を行うに当たっては，IR部門等の関連部署と十分な連携を図り，株主等にとって判りやすい説明となるよう，会社全体としてできるだけ一貫性のある説明を確保する必要があることから「関連部署と連携して」と規定している。
【参考】　GC基本原則5

第5章　監査役監査の環境整備

（代表取締役との定期的会合）
第15条　監査役は，代表取締役と定期的に会合をもち，代表取締役の経営方針を確かめるとともに，会社が対処すべき課題，会社を取り巻くリスクのほか，監査役の職務を補助すべき使用人（本基準において「補助使用人」という。）の確保及び監査役への報告体制その他の監査役監査の環境整備の状況，監査上の重要課題等について意見を交換し，代表取締役との相互認識と信頼関係を深めるよう努める。【Lv.4】

（社外取締役等との連携）
第16条　1．監査役会は，会社に社外取締役が選任されている場合，社外取締役との情報交換及び連携に関する事項について検討し，監査の実効性の確保に努める。【Lv.4】監査役及び監査役会は，社外取締役がその独立性に影響を受けることなく情報収集力の強化を図ることができるよう，社外取締役との連携の確保に努める。【Lv.4】

2．筆頭独立社外取締役が選直されている場合，当該筆頭独立社外取締役との連携の確保に努める。【Lv. 4】

3．前2項のほか，監査役は，社外取締役を含めた非業務勤行役員と定期的に会合をもつなど，会社が対処すべき説題，会社を取り巻くリスクのほか，監査上の重要課題等について意見を交換し，非業務執行役員間での情報交換と認識共有を図り，信頼関係を深めるよう努める。【Lv. 4】

【第1項参考】　ＧＣ補充原則4－4①
【第2項参考】　ＧＣ補充環則4－8②
【第3項参考】　ＧＣ補充原則4－8①

（監査役監査の実効性を確保するための体制）

第17条　1．監査役は，監査の実効性を高め，かつ，監査職務を円滑に執行するための体制の確保に努める。【Lv. 4】

2．前項の体制確保のため，監査役は，次に掲げる体制の内容について決定し，当該体制を整備するよう取締役又は取締役会に対して要請するものとする。【Lv. 3】

 一　補助使用人の設置及び当該補助使用人に関する事項関する事項
 二　補助使用人の取締役からの独立性に関する事項
 三　補助使用人に対する指示の実効性の確保に関する事項
 四　次に掲げる体制その他の監査役への報告に関する体制
  イ　取結役及び使用人が監査役に報告をするための体制
  ロ　子会社の取締役、監査役及び使用人又はこれらの者から報告を受けた者が監査役に報告をするための体制
 五　前号の報告をした者が当該報告をしたことを理由として不利な取扱いを受けないことを確保するための体制
 六　監査役の職務の執行について生ずる費用の前払又は償還の手続その他の当該職務の執行について生ずる費用又は債務の処理に係る方針に関する事項
 七　その他監査役の監査が実効的に行われることを確保するための体制

【第2項参考】　会社法施行規則第100条第3項を踏まえた改定である。

（補助使用人）

第18条　1．監査役は，企業規模，業種，経営上のリスクその他会社固有の事情を考慮し，監査の実効性の確保の観点から，補助使用人の体制の強化に努める。【Lv. 4】

2．監査役及び監査役会の事務局は，専任の補助使用人があたることが望ましい。な

お，選任者の配置が困難な場合は，少なくとも兼任者を1名以上設置するよう取締役又は取締役会に対して要請するものとする。【Lv. 4】

> 【第2項補足】 補助使用人について，少なくとも兼任者を1名設置することを明確にしている。

（補助使用人の独立性の確保）
第19条 1．監査役は，補助使用人の業務執行者からの独立性の確保に努める。【Lv. 4】
2．監査役は，以下の事項の明確化など，補助使用人の独立性及び補助使用人に対する指示の実効性の確保に必要な事項を検討する。【Lv. 3】
　一　補助使用人の権限（調査権限・情報収集権限のほか，必要に応じて監査役の指示に基づき会議へ出席する権限等を含む。）
　二　補助使用人の属する組織
　三　監査役の補助使用人に対する指揮命令権
　四　補助使用人の人事異動，人事評価，懲戒処分等に対する監査役の同意権
　五　必要な知識・能力を備えた専任又は兼任の補助使用人の適切な員数の確保，兼任の補助使用人の監査役の補助業務への従事体制
　六　補助使用人の活動に関する費用の確保
　七　内部監査部門等の補助使用人に対する協力体制

> 【第2項参考】 会社法施行規則第100条第3項を踏まえた改定である。

（監査役への報告に関する体制等）
第20条 1．監査役は，取締役及び使用人が監査役に報告をするための体制（子会社の取締役，監査役及び使用人が監査役に直接又は間接に報告するための体制を含む。）など監査役への報告に関する体制の強化に努める。【Lv. 4】
2．監査役は，取締役が会社に著しい損害を及ぼすおそれのある事実があることを発見したときは，これを直ちに監査役会に報告することが自らの義務であることを強く認識するよう，取締役に対し求める。【Lv. 3】
3．前項に定める事項のほか，監査役は，取締役との間で，監査役又は監査役会に対して定期的に報告を行う事項及び報告を行う者を，協議して決定するものとする。臨時的に報告を行うべき事項についても同様とする。【Lv. 4】
4．あらかじめ取締役と協議して定めた監査役又は監査役会に対する報告事項について実効的かつ機動的な報告がなされるよう，監査役は，社内規則の制定その他の社

内体制の整備を代表取締役に求める。【Lv.3】
5．会社に内部通報システムがおかれているときには，監査役は，重要な情報が監査役にも提供されているか及び通報を行った者が通報を行ったことを理由として不利な取扱いを受けないことが確保されているかを確認し，その内部通報システムが企業集団を含め有効に機能しているかを監視し検証しなければならない。【Lv.2】また，監査役は，内部通報システムから提供される情報を監査職務に活用するよう努める。【Lv.4】
6．監査役は，第37条に定める内部監査部門等との連係体制が実効的に構築・運用されるよう，取締役又は取締役会に対して体制の整備を要請するものとする。【Lv.4】

> 【第1項参考】　会社法施行規則第100条第3項第4号ロを踏まえた改定である。
> 【第1項補足】　子会社からの報告が常に親会社監査役に対して行われるとは限らないことも考慮して「間接に」を加えている。
> 【第5項参考】　会社法施行規則第100条第3項第5号及びＧＣ補充原則2－5①を踏まえた改定である。

第6章　業務監査

（取締役の職務の執行の監査）
第21条　1．監査役は，取締役の職務の執行を監査する。【Lv.1】
2．前項の職責を果たすため，監査役は，次の職務を行わなければならない。
　一　監査役は，取締役会決議その他における取締役の意思決定の状況及び取締役会の監督義務の履行状況を監視し検証しなければならない。【Lv.2】
　二　監査役は，取締役が，内部統制システムを適切に構築・運用しているかを監視し検証しなければならない。【Lv.2】
　三　監査役は，取締役が会社の目的外の行為その他法令若しくは定款に違反する行為をし，又はするおそれがあると認めたとき，会社に著しい損害又は重大な事故等を招くおそれがある事実を認めたとき，会社の業務に著しく不当な事実を認めたときは，取締役に対して助言又は勧告を行うなど，必要な措置を講じなければならない。【Lv.2】
　四　監査役又は監査役会は，取締役から会社に著しい損害が発生するおそれがある旨の報告を受けた場合には，必要な調査を行い，取締役に対して助言又は勧告を行うなど，状況に応じ適切な措置を講じなければならない。【Lv.2】
3．監査役は，前項に定める事項に関し，必要があると認めたときは，取締役会の招集又は取締役の行為の差止めを求める。【Lv.3】

4．監査役は，取締役の職務の執行に関して不正の行為又は法令若しくは定款に違反する重大な事実があると認めたときは，その事実を監査報告に記載しなければならない。【Lv. 1】その他，株主に対する説明責任を果たす観点から適切と考えられる事項があれば監査報告に記載する。【Lv. 3】

5．監査役会は，各監査役の監査役監査報告に基づき審議を行い，監査役会としての監査意見を形成し監査役会監査報告に記載しなければならない。【Lv. 1】

（取締役会等の意思決定の監査）

第22条　1．監査役は，取締役会決議その他において行われる取締役の意思決定に関して，善管注意義務，忠実義務等の法的義務の履行状況を，以下の観点から監視し検証しなければならない。【Lv. 2】

一　事実認識に重要かつ不注意な誤りがないこと
二　意思決定過程が合理的であること
三　意思決定内容が法令又は定款に違反していないこと
四　意思決定内容が通常の企業経営者として明らかに不合理ではないこと
五　意思決定が取締役の利益又は第三者の利益でなく会社の利益を第一に考えてなされていること

2．前項に関して必要があると認めたときは，監査役は，取締役に対し助言若しくは勧告をし，又は差止めを行う。【Lv. 3】

（取締役会の監督義務の履行状況の監査）

第23条　監査役は，代表取締役及び業務を執行する取締役がその職務の執行状況を適時かつ適切に取締役会に報告しているかを確認するとともに，取締役会が監督義務を適切に履行しているかを監視し検証しなければならない。【Lv. 2】

（内部統制システムに係る監査）

第24条　1．監査役は，会社の取締役会決議に基づいて整備される次の体制（本基準において「内部統制システム」という。）に関して，当該取締役会決議の内容並びに取締役が行う内部統制システムの構築・運用状況を監視し検証しなければならない。【Lv. 1】

一　取締役及び使用人の職務の執行が法令及び定款に適合することを確保するための体制
二　取締役の職務の執行に係る情報の保存及び管理に関する体制
三　損失の危険の管理に関する規程その他の体制
四　取締役の職務の執行が効率的に行われることを確保するための体制
五　次に掲げる体制その他の会社並びにその親会社及び子会社から成る企業集団に

おける業務の適正を確保するための体制
　　　イ　子会社の取締役の職務の執行に係る事項の会社への報告に関する体制
　　　ロ　子会社の損失の危険の管理に関する規程その他の体制
　　　ハ　子会社の取締役の職務の執行が効率的に行われることを確保するための体制
　　　ニ　子会社の取締役及び使用人の職務の執行に法令及び定款に適合することを確保するための体制
　　六　第17条第2項に定める監査役監査の実効性を確保するための体制
２．監査役は，内部統制システムの構築・運用の状況についての報告を取締役に対し定期的に求めるほか，内部監査部門等との連係及び会計監査人からの報告等を通じて，内部統制システムの状況を監視し検証しなければならない。【Lv. 2】
３．監査役は，内部統制システムに関する監査の結果について，取締役又は取締役会に報告し，必要があると認めたときは，取締役又は取締役会に対し内部統制システムの改善を助言又は勧告する。【Lv. 3】
４．監査役は，監査役監査の実効性を確保するための体制に係る取締役会決議の状況及び関係する各取締役の当該体制の構築・運用の状況について監視し検証し，必要があると認めたときは，代表取締役その他の取締役との間で協議の機会をもつ。【Lv. 3】
５．監査役は，取締役又は取締役会が監査役監査の実効性を確保するための体制の適切な構築・運用を怠っていると認められる場合には，取締役又は取締役会に対して，速やかにその改善を助言又は勧告しなければならない。【Lv. 2】
６．監査役は，内部統制システムに関する監査の結果について，監査役会に対し報告をしなければならない。【Lv. 2】
７．監査役は，内部統制システムに係る取締役会決議の内容が相当でないと認めたとき，内部統制システムに関する事業報告の記載内容が著しく不適切と認めたとき，及び内部統制システムの構築・運用の状況において取締役の善管注意義務に違反する重大な事実があると認めたときには，その旨を監査報告に記載しなければならない。【Lv. 1】その他，株主に対する説明責任を果たす観点から適切と考えられる事項があれば監査報告に記載する。【Lv. 3】
８．監査役会は，各監査役の監査役監査報告に基づき審議を行い，監査役会としての監査意見を形成し監査役会監査報告に記載しなければならない。【Lv. 1】
９．内部統制システムに関する監査については，本基準に定める事項のほか，別に定める内部統制システムに係る監査の実施基準による。【Lv. 5】

【第1項第5号参考】 会社法施行規則第100条第1項を踏まえた改定である。

(企業集団における監査)
第25条　1．子会社を有する会社の監査役は，連結経営の視点を踏まえ，取締役の子会社等の管理に関する職務の執行の状況を監視し検証しなければならない。【Lv. 2】

2．監査役は，子会社等において生じる不祥事等が会社に与える損害の重大性の程度を考慮して，内部統制システムが会社及び子会社等において適切に構築・運用されているかに留意してその職務を執行するとともに，企業集団全体における監査の環境の整備にも努める。【Lv. 4】

3．会社に重要な関連会社がある場合には，当該関連会社の重要性に照らして，前2項に準じて監査を行う。【Lv. 3】

(競業取引及び利益相反取引等の監査)
第26条　1．監査役は，次の取引等について，取締役の義務に違反する事実がないかを監視し検証しなければならない。【Lv. 2】
　一　競業取引
　二　利益相反取引
　三　会社がする無償の財産上の利益供与（反対給付が著しく少ない財産上の利益供与を含む。）
　四　親会社又は子会社若しくは株主等との通例的でない取引
　五　自己株式の取得及び処分又は消却の手続

2．前項各号に定める取引等について，社内部門等からの報告又は監査役の監査の結果，取締役の義務に違反し，又はするおそれがある事実を認めたときは，監査役は，取締役に対して助言又は勧告を行うなど，必要な措置を講じなければならない。【Lv. 2】

3．監査役は，個別注記表に注記を要する親会社等との取引について，事業報告に記載されている当該取引が会社の利益を害さないかどうかに係る取締役会の判断及び理由が適切か否かについての意見を監査役監査報告に記載しなければならない。【Lv. 1】

4．監査役は，第1項各号に掲げる事項以外の重要又は異常な取引等についても，法令又は定款に違反する事実がないかに留意し【Lv. 3】，併せて重大な損失の発生を未然に防止するよう取締役に対し助言又は勧告しなければならない。【Lv. 2】

【第3項参考】 会社法施行規則第129条第1項第6号を踏まえた改定である。
【第3項補足】 ＧＣ原則１－７を受けて、関連当事者間取引について、会社及び株主共同の利益を害することがないよう、取締役会が取引の重要性・性質に応じて適切な検討の手続を定め当該手続を踏まえた監視を行う場合、監査役は当該取締役会の職務執行の状況についても同様に監査を行うことになろう。

(企業不祥事発生時の対応及び第三者委員会)
第27条 １．監査役は、企業不祥事（法令又は定款に違反する行為その他社会的非難を招く不正又は不適切な行為をいう。以下本条において同じ。）が発生した場合、直ちに取締役等から報告を求め、必要に応じて調査委員会の設置を求め調査委員会から説明を受け、当該企業不祥事の事実関係の把握に努めるとともに、【Lv. 4】原因究明、損害の拡大防止、早期収束、再発防止、対外的開示のあり方等に関する取締役及び調査委員会の対応の状況について監視し検証しなければならない。【Lv. 2】
２．前項の取締役の対応が、独立性、中立性又は透明性等の観点から適切でないと認められる場合には、監査役は、監査役会における協議を経て、取締役に対して当該企業不祥事に対する原因究明及び再発防止策等の検討を外部の独立した弁護士等に依頼して行う第三者委員会（本条において「第三者委員会」という。）の設置の勧告を行い、あるいは必要に応じて外部の独立した弁護士等に自ら依頼して第三者委員会を立ち上げるなど、適切な措置を講じる。【Lv. 3】
３．監査役は、当該企業不祥事に対して明白な利害関係があると認められる者を除き、当該第三者委員会の委員に就任することが望ましく、【Lv. 4】第三者委員会の委員に就任しない場合にも、第三者委員会の設置の経緯及び対応の状況等について、早期の原因究明の要請や当局との関係等の観点から適切でないと認められる場合を除き、当該委員会から説明を受け、必要に応じて監査役会への出席を求める。【Lv. 3】監査役は、第三者委員会の委員に就任した場合、会社に対して負っている善管注意義務を前提に、他の弁護士等の委員と協働してその職務を適正に遂行する。【Lv. 3】

(事業報告等の監査)
第28条 １．監査役は、事業年度を通じて取締役の職務の執行を監視し検証することにより、当該事業年度に係る事業報告及びその附属明細書（本基準において「事業報告等」という。）が適切に記載されているかについて監査意見を形成しなければならない。【Lv. 1】
２．監査役は、特定取締役（会社法施行規則第132条第4項に定める取締役をいう。

以下本条において同じ。）から各事業年度における事業報告等を受領し，当該事業報告等が法令若しくは定款に従い，会社の状況を正しく示しているかどうかを監査しなければならない。【Lv. 1】

3．監査役は，前2項を踏まえ，事業報告等が法令若しくは定款に従い，会社の状況を正しく示しているかどうかについての意見を監査役監査報告に記載しなければならない。【Lv. 1】

4．監査役会は，各監査役の監査役監査報告に基づき，事業報告等が法令若しくは定款に従い，会社の状況を正しく示しているかどうかについての意見を監査役会監査報告に記載しなければならない。【Lv. 1】

5．監査役会は，その決議によって，特定取締役から事業報告等の通知を受ける職務を行う特定監査役（会社法施行規則第132条第5項に定める監査役をいう。）を定めることができる。【Lv. 5】

6．事業報告等の監査に当たって，監査役及び監査役会は，必要に応じて，会計監査人との連係を図る。【Lv. 3】

（事業報告における社外監査役の活動状況等）
第29条　監査役及び監査役会は，事業報告において開示される社外監査役の活動状況その他監査役に関する事項について，適切に記載されているかにつき検討しなければならない。【Lv. 2】

第7章　会計監査

（会計監査）
第30条　1．監査役及び監査役会は，事業年度を通じて取締役の職務の執行を監視し検証することにより，当該事業年度に係る計算関係書類（計算書類及びその附属明細書並びに連結計算書類等の会社計算規則第2条第3項第3号に規定するものをいう。以下本基準において同じ）が会社の財産及び損益の状況を適正に表示しているかどうかに関する会計監査人の監査の方法及び結果の相当性について監査意見を形成しなりればならない。【Lv. 1】

2．監査役は，会計監査の適正性及び信頼性を確保するため，会計監査人が公正不偏の態度及び独立の立場を保持し，職業的専門家として適切な監査を実施しているかを監視し検証しなければならない。【Lv. 2】

（会計監査人の職務の遂行が適正に行われることを確保するための体制の確認）
第31条　監査役は，会計監査人の職務の遂行が適正に行われることを確保するため，次に掲げる事項について会計監査人から通知を受け，会計監査人が会計監査を適正

に行うために必要な品質管理の基準を遵守しているかどうか，会計監査人に対して適宜説明を求め確認を行わなければならない。【Lv. 2】
一　独立性に関する事項その他監査に関する法令及び規程の遵守に関する事項
二　監査，監査に準ずる業務及びこれらに関する業務の契約の受任及び継続の方針に関する事項
三　会計監査人の職務の遂行が適正に行われることを確保するための体制に関するその他の事項

（会計方針の監査）
第32条　1．監査役は，会計方針（会計処理の原則及び手続並びに表示の方法その他計算関係書類作成のための基本となる事項）等が，会社財産の状況，計算関係書類に及ぼす影響，適用すべき会計基準及び公正な会計慣行等に照らして適正であるかについて，会計監査人の意見を徴して検証しなければならない。【Lv. 2】また，必要があると認めたときは，取締役に対し助言又は勧告をしなければならない。【Lv. 3】
2．会社が会計方針等を変更する場合には，監査役及び監査役会は，あらかじめ変更の理由及びその影響について報告するよう取締役に求め，その変更の当否についての会計監査人の意見を徴し，その相当性について判断しなければならない。【Lv. 2】

（計算関係書類の監査）
第33条　1．監査役は，各事業年度における計算関係書類を特定取締役（計算関係書類の作成に関する職務を行った取締役等の会社計算規則第130条第4項に定める取締役をいう。以下本条において同じ。）から受領する。【Lv. 1】監査役は，取締役及び使用人等に対し重要事項について説明を求め確認を行う。【Lv. 3】
2．監査役は，各事業年度における計算関係書類につき，会計監査人から会計監査報告及び監査に関する資料を受領する。【Lv. 1】監査役は，会計監査上の重要事項について説明を求め，会計監査報告の調査を行う。【Lv. 3】当該調査の結果，会計監査人の監査の方法又は結果を相当でないと認めたときは，監査役は，自ら監査を行い，相当でないと認めた旨及び理由を監査役監査報告に記載しなければならない。【Lv. 1】
3．監査役会は，各監査役の監査役監査報告に基づき，会計監査人の監査の方法及び結果の相当性について審議を行い，監査役会としての監査意見を形成しなければならない。【Lv. 1】当該審議の結果，会計監査人の監査の方法又は結果を相当でないと認めたときは，監査役会は，相当でないと認めた旨及び理由を監査役会監査報告に記載しなければならない。【Lv. 1】

４．監査役会は，その決議によって，特定取締役から計算関係書類の通知を受け，会計監査人から会計監査報告の通知を受ける職務を行う特定監査役（会社計算規則第130条第５項に定める監査役をいう）を定めることができる。【Lv.5】

（会計監査人の選任等の同意手続）

第34条　１．監査役会は，会計監査人の解任又は不再任の決定の方針を定めなければならない。【Lv.2】

２．監査役会は，会計監査人の再任の適否について，取締役，社内関係部署及び会計監査人から必要な資料を入手しかつ報告を受け，毎期検討する。【Lv.3】

３．監査役会は，会計監査人の再任の適否の判断に当たって，前項の検討を踏まえ，会計監査人の職務遂行状況（従前の事業年度における職務遂行状況を含む。），監査体制及び独立性などが適切であるかについて，確認する。【Lv.3】

４．監査役会は，会計監査人の再任が不適当と判断した場合は，速やかに新たな会計監査人候補者を検討しなければならない。【Lv.2】新たな会計監査人候補者の検討に際しては，取締役及び社内関係部署から必要な資料せ入手しかつ報告を受け，第３１条に定める事項について確認し，独立性や過去の業務実績等について慎重に検討するとともに，監査計画や監査体制，監査報酬水準等について会計鑑査人候補者と打合せを行う。【Lv.3】

５．監査役会は，前項までの確認の結果や方針に従い，株主総会に提出する会計監査人の選任及び解任並びに不再任に関する議案の内容を決定する。【Lv.1】

６．監査役会は，会計監査人の選任議案について，当該候補者を会計監査人の候補者とした理鴇が株主総会参考書類に適切に記載されているかについて確認しなければならない。【Lv.2】

> 【第１項参考】　会社法第344条（会計監査人の選解任等の議案内容の決定権が監査役に移行したこと。）を踏まえた改定である。
> 【第１項補足】　「会計監査人の解任又は不再任の決定の方針」は，会社法施行規則第126条第４号にて事業報告へ記載されることとなっているが，事業報告への記載は取締役の責務としても，会計監査人の選解任等の議案内容の決定権を有する以上監査役として「会計監査人の解任又は不再仕の決定の方針」を定める必要がある。

（会計監査人の報酬等の同意手続）

第35条　１．監査役は，会社が会計監査人と監査契約を締結する場合には，取締役，社内関係部署及び会計監査人から必要な資料を入手しかつ報告を受け，また非監査業務の委託状況及びその報酬の妥当性を確認のうえ，会計監査人の報酬等の額，監

査担当者その他監査契約の内容が適切であるかについて，契約毎に検証する。【Lv. 3】
2．監査役会は，会計監査人の報酬等の額の同意の判断に当たって，前項の検証を踏まえ，会計監査人の監査計画の内容，会計監査の職務遂行状況（従前の事業年度における職務遂行状況を含む。）及び報酬見積りの算出根拠などが適切であるかについて，確認する。【Lv. 3】
3．監査役会は，会計監査人の報酬等の額に同意した理由が，事業報告に適切に記載されているか確認しなければならない。【Lv. 2】

【参考】 会社法施行規則第126条第2号を踏まえた改定である。

第8章　監査の方法等

（監査計画及び業務の分担）
第36条　1．監査役会は，内部統制システムの構築・運用状況にも留意のうえ，重要性，適時性その他必要な要素を考慮して監査方針をたて，監査対象，監査の方法及び実施時期を適切に選定し，監査計画を作成する。【Lv. 3】この場合，監査上の重要課題については，重点監査項目として設定する。【Lv. 3】
2．監査役会は，効率的な監査を実施するため，適宜，会計監査人及び内部監査部門等と協議又は意見交換を行い，監査計画を作成する。【Lv. 3】
3．監査役会は，組織的かつ効率的に監査を実施するため，監査業務の分担を定める。【Lv. 3】
4．監査役会は，監査方針及び監査計画を代表取締役及び取締役会に説明するものとする。【Lv. 4】
5．監査方針及び監査計画は，必要に応じ適宜修正する。【Lv. 3】

【第1項補足】 実務上，毎年の監査計画策定に当たり，前年度の監査計画及び実績の分析・評価に基づき，反省点の改善，次期の重要課題の設定，往査先の選定等を行い監査計画に反映している例が多い。また，個々の監査役の実績評価についても行うことが望ましいが，そこまで基準に含めることは実務との乖離が大きいので本条では言及していない。なお，評価結果の開示まで行うかどうかは会社の裁量に委ねられることから，本基準では言及していない。
【第1項参考】 ＧＣ補充原則4～11③を踏まえた改定である。

（内部監査部門等との連係による組織的かつ効率的監査）
第37条　1．監査役は，会社の業務及び財産の状況の調査その他の監査職務の執行に

当たり，内部監査部門その他内部統制システムにおけるモニタリング機能を所管する部署（本基準において「内部監査部門等」という。）と緊密な連係を保ち，組織的かつ効率的な監査を実施するよう努める。【Lv. 4】

2．監査役は，内部監査部門等からその監査計画と監査結果について定期的に報告を受け，必要に応じて調査を求める。【Lv. 3】監査役は，内部監査部門等の監査結果を内部統制システムに係る監査役監査に実効的に活用する。【Lv. 3】

3．監査役は，取締役のほか，コンプライアンス所管部門，リスク管理所管部門，経理部門，財務部門その他内部統制機能を所管する部署（本条において「内部統制部門」という。）から内部統制システムの構築・運用の状況について定期的かつ随時に報告を受け，必要に応じて説明を求める。【Lv. 3】

4．監査役会は，各監査役からの報告を受けて，取締役又は取締役会に対して助言又は勧告すべき事項を検討する。【Lv. 3】ただし，監査役会の決定は各監査役の権限の行使を妨げるものではない。【Lv. 1】

（企業集団における監査の方法）

第38条　1．監査役は，取締役及び使用人等から，子会社等の管理の状況について報告又は説明を受け，関係資料を閲覧する。【Lv. 3】

2．監査役は，その職務の執行に当たり，親会社及び子会社等の監査役，内部監査部門等及び会計監査人等と積極的に意思疎通及び情報の交換を図るよう努める。【Lv. 4】

3．監査役は，取締役の職務の執行を監査するため必要があるときは，子会社等に対し事業の報告を求め，又はその業務及び財産の状況を調査する。【Lv. 3】

4．会社に重要な関連会社がある場合には，当該関連会社の重要性に照らして，第1項及び第2項に準じて監査を行うものとする。【Lv. 4】

（取締役会への出席・意見陳述）

第39条　1．監査役は，取締役会に出席し，かつ，必要があると認めたときは，意見を述べなければならない。【Lv. 1】

2．監査役は，取締役が不正の行為をし，若しくは当該行為をするおそれがあると認めたとき，又は法令若しくは定款に違反する事実若しくは著しく不当な事実があると認めたときは，遅滞なく，その旨を取締役会に報告しなければならない。【Lv. 1】

3．監査役は，取締役会に前項の報告をするため，必要があると認めたときは，取締役会の招集を請求する。【Lv. 3】また，請求後，一定期間内に招集の通知が発せられない場合は，自らが招集する。【Lv. 3】

4．監査役は，取締役会議事録に議事の経過の要領及びその結果，その他法令で定め

る事項が適切に記載されているかを確かめ，出席した監査役は，署名又は記名押印しなければならない。【Lv. 1】

（取締役会の書面決議）
第40条　取締役が取締役会の決議の目的である事項について法令の規定に従い当該決議を省略しようとしている場合には，監査役は，その内容（取締役会の決議を省略することを含む。）について検討し，必要があると認めたときは，異議を述べる。【Lv. 3】

（特別取締役による取締役会への出席・意見陳述）
第41条　1．取締役会が特別取締役による取締役会の決議をすることができる旨を定めている場合には，監査役会は，その決議によって当該取締役会に出席する監査役をあらかじめ定めることができる。【Lv. 5】ただし，その他の監査役の当該取締役会への出席を妨げることはできない。【Lv. 1】

2．特別取締役による取締役会に出席した監査役は，必要があると認めたときは，意見を述べなければならない。【Lv. 1】

3．特別取締役による取締役会に出席した監査役は，特別取締役による取締役会の議事録に議事の経過の要領及びその結果，その他法令で定める事項が適切に記載されているかを確かめ，これに署名又は記名押印しなければならない。【Lv. 1】

4．特別取締役による取締役会に出席した監査役は，他の監査役に対して付議事項等について報告を行わなければならない。【Lv. 2】

（重要な会議等への出席）
第42条　1．監査役は，取締役会のほか，重要な意思決定の過程及び職務の執行状況を把握するため，経営会議，常務会，リスク管理委員会，コンプライアンス委員会その他の重要な会議又は委員会に出席し，【Lv. 3】必要があると認めたときは，意見を述べる。【Lv. 3】

2．前項の監査役が出席する会議に関して，監査役の出席機会が確保されるとともに，出席に際して十分な事前説明が行われるよう，監査役は，取締役等に対して必要な要請を行う。【Lv. 3】

3．第1項の会議又は委員会に出席しない監査役は，当該会議等に出席した監査役又は取締役若しくは使用人から，付議事項についての報告又は説明を受け，関係資料を閲覧する。【Lv. 3】

（文書・情報管理の監査）
第43条　1．監査役は，主要な稟議書その他業務執行に関する重要な書類を閲覧し，必要があると認めたときは，取締役又は使用人に対しその説明を求め，又は意見を

述べる。【Lv. 3】
2．監査役は、所定の文書・規程類、重要な記録その他の重要な情報が適切に整備され、かつ、保存及び管理されているかを調査し、必要があると認めたときは、取締役又は使用人に対し説明を求め、又は意見を述べる。【Lv. 3】

（法定開示情報等に関する監査）
第44条　1．監査役は、有価証券報告書その他会社が法令の規定に従い開示を求められる情報で会社に重大な影響のあるもの（本条において「法定開示情報等」という。）に重要な誤りがなくかつ内容が重大な誤解を生ぜしめるものでないことを確保するための体制について、第24条に定めるところに従い、法定開示情報等の作成及び開示体制の構築・運用の状況を監視し検証する。【Lv. 3】
2．監査役は、継続企業の前提に係る事象又は状況、重大な事故又は災害、重大な係争事件など、企業の健全性に重大な影響のある事項について、取締役が情報開示を適時適切な方法により、かつ、十分に行っているかを監視し検証する。【Lv. 3】

（取締役及び使用人に対する調査等）
第45条　1．監査役は、必要があると認めたときは、取締役及び使用人に対し事業の報告を求め、又は会社の業務及び財産の状況を調査しなければならない。【Lv. 2】
2．監査役は、必要に応じ、ヒアリング、往査その他の方法により調査を実施し、十分に事実を確かめ、監査意見を形成するうえでの合理的根拠を求める【Lv. 3】

（会社財産の調査）
第46条　監査役は、重要な会社財産の取得、保有及び処分の状況、会社の資産及び負債の管理状況を含めた会社財産の現状及び実質価値の把握に努める。【Lv. 4】

（会計監査人との連係）
第47条　1．監査役及び監査役会は、会計監査人と定期的に会合をもち、必要に応じて監査役会への出席を求めるほか、会計監査人から監査に関する報告を適時かつ随時に受領し、積極的に意見及び情報の交換を行うなど、会計監査人と緊密な連係を保ち実効的かつ効率的な監査を実施することができるよう、そのための体制の整備に努める。【Lv. 4】
2．監査役及び監査役会は、会計監査人から監査計画の概要を受領し、監査重点項目等について説明を受け、意見交換を行う。【Lv. 3】
3．監査役は、業務監査の過程において知り得た情報のうち、会計監査人の監査の参考となる情報又は会計監査人の監査に影響を及ぼすと認められる事項について会計監査人に情報を提供するなど、会計監査人との情報の共有に努める。【Lv. 4】
4．監査役は、必要に応じて会計監査人の往査及び監査講評に立ち会うほか、会計監

査人に対し監査の実施経過について，適宜報告を求めることができる。【Lv.5】
5．監査役は，会計監査人から取締役の職務の執行に関して不正の行為又は法令若しくは定款に違反する重大な事実（財務計算に関する書類の適正性の確保に影響を及ぼすおそれがある事実を含む。）がある旨の報告等を受けた場合には，監査役会において審議のうえ，必要な調査を行い，取締役に対して助言又は勧告を行うなど，必要な措置を講じなければならない。【Lv.2】

> 【第1項，第3項補是】「報告を受け意見交換する」ことと会計監査人に対する情報提供を別の条項とし，後者を第3項とした。

第9章　会社の支配に関する基本方針等及び第三者割当

（会社の支配に関する基本方針等）
第48条　1．監査役は，会社がその財務及び事業の方針の決定を支配する者の在り方に関する基本方針（本条において「基本方針」という。）を定めている場合には，取締役会その他における審議の状況を踏まえ，次に掲げる事項について検討し，監査報告において意見を述べなければならない。【Lv.1】
　一　基本方針の内容
　二　次に掲げる取組みの具体的な内容
　　イ　会社の財産の有効な活用，適切な企業集団の形成その他の基本方針の実現に資する特別な取組み
　　ロ　基本方針に照らして不適切な者によって会社の財務及び事業の方針の決定が支配されることを防止するための取組み（本条において「買収防衛策」という。）
2．監査役は，前項第2号に定める各取組みの次に掲げる要件への該当性に関する取締役会の判断及びその判断に係る理由について，取締役会その他における審議の状況を踏まえて検討し，監査報告において意見を述べなければならない。【Lv.1】
　一　当該取組みが基本方針に沿うものであること
　二　当該取組みが会社の株主の共同の利益を損なうものではないこと
　三　当該取組みが会社の会社役員の地位の維持を目的とするものではないこと
3．監査役は，買収防衛策の発動又は不発動に関する一定の判断を行う委員会の委員に就任した場合，会社に対して負っている善管注意義務を前提に，会社利益の最大化に沿って適正に当該判断を行う。【Lv.3】

（第三者割当の監査）
第49条　監査役は，募集株式又は募集新株予約権（以下「募集株式等」という。）の

発行等に際し，第22条及び第44条第1項に定める監査を行うほか，次に掲げる職務を行う。
一　監査役は，支配株主の異動を伴う募集株式等の引受人（その子会社を含む。）が総株主の議決権の過半数を有することとなる募集株式の発行等を会社が行う場合，当該募集株式等の発行等に関する意見を表明する。【Lv. 1】
二　監査役は，会社が株式又は新株予約権（新株予約権付社債を含む。）の第三者割当を行う場合，有利発行該当性に関する事項を検討し，法令又は金融商品取引所の上場規則等が求めるところに従い意見を述べる。【Lv. 3】
三　監査役は，株主総会決議を経ずに行われる大規模第三者割当（直近6ヶ月間における第三者割当による議決権の希薄化率が25％以上となる場合又は第三者割当によって支配株主となる者が生じる場合をいう。以下本条において同じ。）について，会社役員の地位の維持を目的とするものではないか等を検討し，必要に応じて取締役に対して助言又は勧告を行う。【Lv. 3】監査役が当該大規模第三者割当に関し独立した者としての第三者意見を述べる場合には，会社に対する善管注意義務を前提に，その職務を適正に遂行する。【Lv. 3】

【第1号参考】　会社法施行規則第42条の2第7号を踏まえた改定である。

第10章　株主代表訴訟等への対応

（取締役と会社間の訴えの代表）
第50条　監査役は，会社が取締役に対し又は取締役が会社に対し訴えを提起する場合には，会社を代表する。【Lv. 1】

（取締役等の責任の一部免除に関する同意）
第51条　1．監査役は，次に掲げる同意に関し，監査役会にて協議を行う。【Lv. 3】
一　取締役の責任の一部免除に関する議案を株主総会に提出することに対する同意
二　取締役会決議によって取締役の責任の一部免除をすることができる旨の定款変更に関する議案を株主総会に提出することに対する同意
三　定款の規定に基づき取締役の責任の一部免除に関する議案を取締役会に提出することに対する同意
四　社外取締役その他の非業務執行取締役との間で責任限定契約をすることができる旨の定款変更に関する議案を株主総会に提出することに対する同意
2．前項各号の同意を行うに当たり，監査役は，定款変更に係る議案に対する同意については定款変更の当否や提案理由の適切さ等を，責任の一部免除に係る議案に対

する同意については免除の理由，監査役が行った調査結果，当該事案について判決が出されているときにはその内容等を十分に吟味し，かつ，必要に応じて外部専門家の意見も徴して判断を行う。【Lv. 3】
3．第1項各号の同意の当否判断のために行った監査役の調査及び審議の過程と結果については，監査役は，記録を作成し保管する。【Lv. 3】
4．法令の規定に基づいて会計監査人の責任の一部免除に関する議案（責任限定契約に関する議案を含む。）が株主総会又は取締役会に提出される場合についても，監査役及び監査役会は，本条の規定に準じるものとする。【Lv. 4】
5．監査役は，監査役の責任の一部免除等について意見をもつに至ったときは，必要に応じて取締役等において意見を述べる。【Lv. 3】

【第1項第4号参考】　会社法第427条を踏まえた改定である。

（株主代表訴訟の提訴請求の受領及び不提訴理由の通知）
第52条　1．監査役は，取締役に対しその責任を追及する訴えを提起するよう株主から請求を受けた場合には，速やかに他の監査役に通知するとともに，監査役会を招集してその対応を十分に審議のうえ，提訴の当否について判断しなければならない。【Lv. 1】
2．前項の提訴の当否判断にあたって，監査役は，被提訴取締役のほか関係部署から状況の報告を求め，又は意見を徴するとともに，関係資料を収集し，外部専門家から意見を徴するなど，必要な調査を適時に実施する。【Lv. 3】
3．監査役は，第1項の判断結果について，取締役会及び被提訴取締役に対して通知する。【Lv. 3】
4．第1項の判断の結果，責任追及の訴えを提起しない場合において，提訴請求株主又は責任追及の対象となっている取締役から請求を受けたときは，監査役は，当該請求者に対し，遅滞なく，次に掲げる事項を記載した書面を提出し，責任追及の訴えを提起しない理由を通知しなければならない。【Lv. 1】この場合，監査役は，外部専門家の意見を徴したうえ，監査役会における審議を経て，当該通知の内容を検討する。【Lv. 3】
　一　監査役が行った調査の内容（次号の判断の基礎とした資料を含む。）
　二　被提訴取締役の責任又は義務の有無についての判断及びその理由
　三　被提訴取締役に責任又は義務があると判断した場合において，責任追及の訴えを提起しないときは，その理由
5．監査役は，提訴の当否判断のために行った調査及び審議の過程と結果について，

記録を作成し保管する。【Lv. 3】
（補助参加の同意）
第53条　1．監査役は，株主代表訴訟における会社の被告取締役側への補助参加の同意について，監査役会にて協議を行う。【Lv. 3】
2．前項の補助参加への同意の当否判断に当たって，監査役は，代表取締役及び被告取締役のほか関係部署から状況の報告を求め，又は意見を徴し，必要に応じて外部専門家からも意見を徴するものとする。【Lv. 3】監査役は，補助参加への同意の当否判断の過程と結果について，記録を作成し保管する。【Lv. 3】

（訴訟上の和解）
第54条　1．監査役は，株主代表訴訟について原告株主と被告取締役との間で訴訟上の和解を行う旨の通知及び催告が裁判所からなされた場合には，速やかに監査役会等においてその対応を十分に審議し，和解に異議を述べるかどうかを判断しなければならない。【Lv. 2】
2．前項の訴訟上の和解の当否判断に当たって，監査役は，代表取締役及び被告取締役のほか関係部署から状況の報告を求め，又は意見を徴し，必要に応じて外部専門家からも意見を徴する。【Lv. 3】監査役は，訴訟上の和解の当否判断の過程と結果について，記録を作成し保管する。【Lv. 3】

（多重代表訴訟等における取扱い）
第55条　1．最終完全親会社（会社が特定責任追及の訴えの制度（いわゆる多重代表訴訟制度）の対象となる子会社（以下本条において「完全子会社」という。）を有している場合の当該会社をいう。以下本条において同じ。）の監査役は，完全子会社の取締役，清算人（以下本条において「完全子会社取締役等」という。）に対する特定責任追及の訴えについて，以下に留意して，本章の規定に準じた対応を行う。
　一　完全子会社が最終完全親会社の株主から完全子会社取締役等に対する特定責任追及の訴えの提起に係る訴訟告知を受けた旨の通知を最終完全親会社が完全子会社から受ける場合，最終完全親会社の監査役が最終完全親会社を代表する。【Lv. 1】
　二　最終完全親会社が完全子会社取締役等に対して特定責任追及の訴えを行う場合，最終完全親会社の監査役が最終完全親会社を代表する。【Lv. 1】
　三　特定責任追及の訴えにおいて最終完全親会社が被告完全子会社取締役等側へ補助参加を行う場合，最終完全親会社の監査役は当該参加に同意するか否かを判断する。【Lv. 1】
2．完全子会社の監査役は，最終完全親会社の株主から完全子会社取締役等に対する

特定責任追及の訴えの提訴請求を完全子会社が受ける場合，完全子会社を代表する。
【Lv. 1】

> 【第55条補足】 会社法において，多重代表訴訟制度等が導入されたことを踏まえた改定である。なお，子会社役員に対して①多重代表訴訟や②株式交換等があった場合の親会社株主からの代表訴訟等が提起された場合，親会社監査役は自らにも一定の責任が生じることに留意して対応すべきである。

第11章　監査の報告

（監査内容等の報告・説明）
第56条　監査役は，監査活動及び監査結果に対する透明性と信頼性を確保するため，自らの職務遂行の状況や監査の内容を必要に応じて説明することが監査役の重要な責務であることを，自覚しなければならない。【Lv. 2】

（監査調書の作成）
第57条　監査役は，監査調書を作成し保管しなければならない。【Lv. 2】当該監査調書には，監査役が実施した監査方法及び監査結果，並びにその監査意見の形成に至った過程及び理由等を記録する。【Lv. 3】

（代表取締役及び取締役会への報告）
第58条　1．監査役及び監査役会は，監査の実施状況とその結果について，定期的に代表取締役及び取締役会に報告する。【Lv. 3】
2．監査役及び監査役会は，その期の重点監査項目に関する監査及び特別に実施した調査等の経過及び結果を代表取締役及び取締役会に報告し，必要があると認めたときは，助言又は勧告を行うほか，状況に応じ適切な措置を講じる。【Lv. 3】

（監査報告の作成・通知）
第59条　1．監査役は，監査役監査報告を作成し，監査役会に提出しなければならない。【Lv. 1】
2．監査役会は，各監査役が作成した監査役監査報告に基づき，審議のうえ，正確かつ明瞭に監査役会監査報告を作成しなければならない。【Lv. 1】
3．監査役会は，特定取締役（第28条第2項及び第33条第1項に規定された特定取締役をいう。以下本条において同じ。）から受領した事業報告，計算関係書類その他の書類について，法定記載事項のほか，開示すべき事項が適切に記載されているかを確かめ，必要に応じ取締役に対し説明を求め，又は意見を述べ，若しくは修正を求める。【Lv. 3】

4．監査役会は，監査役会監査報告を作成するに当たり，取締役の法令又は定款違反行為及び後発事象の有無等を確認するとともに，第44条第2項に掲げる事項にも留意のうえ，監査役会監査報告に記載すべき事項があるかを検討する。【Lv. 3】
5．監査役は，監査役会監査報告の内容と自己の監査報告の内容が異なる場合には，自己の監査役監査報告の内容を監査役会監査報告に付記する。【Lv. 3】
6．監査役は，自己の監査役監査報告及び監査役会監査報告に署名又は記名押印する。【Lv. 3】また，常勤の監査役及び社外監査役はその旨を記載するものとする。【Lv. 4】また，監査役会監査報告には，作成年月日を記載しなければならない。【Lv. 1】
7．特定監査役（第28条第5項及び第33条第4項の規定により定められた特定監査役をいう。以下本条において同じ。）は，事業報告等に係る監査役会監査報告の内容及び計算関係書類に係る監査役会監査報告の内容を特定取締役に通知し，計算関係書類に係る監査役会監査報告の内容を会計監査人に通知しなければならない。【Lv. 1】ただし，事業報告等に係る監査報告と計算関係書類に係る監査報告を一通にまとめて作成する場合には，当該監査報告の内容を会計監査人に通知しなければならない。【Lv. 1】
8．前項において，特定監査役は，必要に応じて，事業報告等に係る監査役会監査報告の内容を特定取締役に通知すべき日について特定取締役との間で合意し，計算関係書類に係る会計監査報告の内容を特定監査役に通知すべき日並びに計算関係書類に係る監査役会監査報告の内容を特定取締役及び会計監査人に通知すべき日について特定取締役及び会計監査人との間で合意して定めるものとする。【Lv. 4】

（電磁的方法による開示）

第60条　1．株主総会参考書類，事業報告，個別注記表又は連結計算書類（当該連結計算書類に係る会計監査報告及び監査役会監査報告を含む。）に記載又は表示すべき事項の全部又は一部について，インターネットによる開示の措置をとることにより株主に対して提供したものとみなす旨の定款の定めがある会社において，取締役が当該措置をとろうとしている場合には，監査役は，当該措置をとることについて検討し，必要があると認めたときは，異議を述べる。【Lv. 3】
2．取締役が前項の定款の定めに基づく措置をとる場合に，監査役は，現に株主に対して提供される事業報告又は計算書類若しくは連結計算書類が，監査報告を作成するに際して監査をした事業報告又は計算書類若しくは連結計算書類の一部であることを株主に対して通知すべき旨を取締役に請求することができる。【Lv. 5】

（株主総会への報告・説明等）

第61条　1．監査役は，株主総会に提出される議案及び書類について法令若しくは定

款に違反し又は著しく不当な事項の有無を調査し，当該事実があると認めた場合には，株主総会において意見を報告しなければならない。【Lv. 1】また，監査役は，監査役の説明責任を果たす観点から，必要に応じて株主総会において自らの意見を述べるものとする。【Lv. 4】

2．監査役は，株主総会において株主が質問した事項については，議長の議事運営に従い説明する。【Lv. 3】

3．監査役は，株主総会議事録に議事の経過の要領及びその結果，その他法令で定める事項が適切に記載されているかを確かめる。【Lv. 3】

（附則）

　本基準において，「記載」には，その性質に反しない限り，電磁的記録を含むものとする。また，本基準において言及される各種書類には，電磁的記録により作成されたものを含むものとする。【Lv. 5】

以　上

監査役会運営要領

　監査役の活動拠点となる監査役会規則および法令に基づき監査役会運営要領を作成した。

　監査役会運営要領では議長選任・招集手続，議決の取扱い，議事録管理等形式的な部分に限らず，付議される内容にまで及んでいる点に特長がある。添付資料にある付議事項一覧表は会社法に定められた法定付議事項を中心に一覧表にまとめたものである。次に定常的付議事項（＝定常的監査業務計画表）では大会社の場合であるが月別におよそどのような事項が付議されるかが一望の下に分かるようになっている。月別に分けてあるが，これは一つの目途であって会社によって業務の仕組みや流れの速さが異なるので必ずしもサンプルのとおりにはならないであろう。しかし年間のスケジュールの骨格を早い段階で把握しておくことは監査業務の洩れを防いだり拡充していく上で有益であるに違いない。なお定常的監査業務計画表は，次の監査方針等の作成要領の添付資料となっているので参照されたい（94, 95頁）。

　　（注）　要領の右肩の枠内にA－（番号）となっているのは，Aは基本事項を扱う要領で頻繁に改訂しないもの，Bは監査実施要領で改訂は随時行われるもの，Cは監査結果をまとめる監査調書というように分類する意図である。

　第Ⅱ－2図・第Ⅱ－3図として監査役会運営要領および添付資料の監査役付議事項一覧表を掲げた。

第Ⅱ-2図　　　　　　　　　　　　　　　　　　　　　第　期監査要領　A－

監査役会運営要領

Ⅰ　目　的

　　本要領は監査役会の運営・付議の要領を法令・監査役会規則に対応して定めるものである。

Ⅱ　運営要領

　1．開催（監査役会規則第11条対応）

　　原則として監査役会は毎月1回とし，必要に応じて打合会を開催する。

　2．常勤及び議長選定（監査役会規則第5条，6条対応）

　　定時総会後に開催する監査役会において常勤及び議長の選定を行う。

　3．招集通知（監査役会規則第10条対応）

　　原則として議長が監査役会及び打合会の招集を下記の要領で行う。ただし議長に不測の事態が発生した場合には各監査役が招集を行う。

　　　①　監査役会及び打合会の一カ月予定表（一カ月前）
　　　②　監査役会及び打合会の通知（一週間前）

　4．付議事項（監査役会規則第4～24条対応）

　　原則として付議事項は次の通りとする。

　　　①　監査役付議事項一覧表（別紙90頁参照）
　　　②　定常的付議事項（別紙94，95頁参照）

　5．議事録（監査役会規則第25条対応）

　　原則として議長が作成し10年間本店に保管する。

Ⅲ　付議要領

　1．監査役会の成立要件と決議（監査役会規則第2条①，第12条対応）

　　　①　監査役会は過半数の出席を以て成立する。
　　　②　原則として決議は出席者全員の同意を必要とする。
　　　③　協議事項の決議については監査役全員の同意を必要とする。
　　　　尚決議が成立しても監査役全員の同意が得られない場合には同意しない監査役の権利の行使を妨げることは出来ない。又監査報告においては付記事項とすることになる。

　2．打合会

　　打合会への付議事項は報告事項ないしは決議を行う為に前もって意見交換又

　　　　は検討を加える事項等の決議を行わない事項に限る。

添付資料　　監査役付議事項一覧表
　　　　　　定常的監査業務計画表＜94，95頁参照＞

1．作成　平成　年　月　日
　　　　　　　　　　担当監査役　　氏　　名　　　　　㊞
2．承認（於監査役会）平成　年　月　日
　　　　　　　　　　常勤監査役　　氏　　名　　　　　㊞
　　　　　　　　　　常勤監査役　　氏　　名　　　　　㊞
　　　　　　　　　　　監査役　　　氏　　名　　　　　㊞
　　　　　　　　　　　監査役　　　氏　　名　　　　　㊞

第Ⅱ-3図

監査役会付議事項一覧表

付　議　事　項	該　当　法　令	備　考
Ⅰ　決議事項		
1．監査の方針・計画・業務分担　決定	会390②	○＊
2．監査実施の方法（監査要領体系）決定	会390②	○
3．監査実施の経過・結果　報告・承認	会390④	○
4．監査報告　作成・提出	会390②省令	○
5．監査役選任議案　同意又は提出	会343	○
6．常勤監査役　選定	会390②	◎＊＊
7．監査役報酬配分・退職慰労金　決定	会387	◎
8．会計監査人監査結果　報告・承認	会436・省令	○
9．会計監査人報酬案　同意	会399	○
10．会計監査人解任　決定	会340，会344	◎又は○
11．会計監査人選任・再任・不再任　決定	会344	○
12．監査基準・監査役会規則　制定・改定		○
13．監査役会議長　選定		○
14．定時総会報告者　決定		○
15．株主代表訴訟等対応　決定	会847	○
16．会社の取締役側補助参加　同意	会849	◎
17．取締役の賠償軽減議案　同意	会425，426，427	◎
18．その他法定重要事項対応　決定	＊＊＊	○
Ⅱ　報告事項		
1．計算書類・事業報告・附属明細書　受領	会436	
2．会計監査人調査報告　受領	会436	
3．その他重要な報告事項	会390	

　　＊　　　○　監査役全員の過半数賛成を要す
　　＊＊　　◎　監査役全員の賛成を要す
　　＊＊＊　会357，384，385
（注）意見を異にする場合は監査報告又は監査役会議事録に付記することができる。
　　　その結果監査役独自の行動は妨げられない。

監査方針・計画・業務分担作成要領

　監査をスタートさせるに当たっては，監査の基本方針をはじめ，定常的な年次計画や重点監査項目，往査計画などを決定しておかねばならない。これらを包括的にまとめたものが当要領である。したがって年度の始まる前に，たとえば新年度が4月スタートの場合には3月頃までに監査方針等は決定しておくべきであろう（定常的監査業務計画表(2)95頁参照）。さらに定時総会において監査役に異動を生じた場合には総会終了後速やかに（7月中）新メンバーで追認しておくか，ときに改訂を加える手続が必要である（定常的監査業務計画表(1)94頁参照）。

　次に各項別に若干のコメントを加えてみたい。

　イ　**監査方針**について　　監査方針とは基本的な目的や精神的目標等を標榜するものであり具体的レベルよりは高くやや包括的なものとなるのではないかと考えられる。

　たとえば法令違反等の予防監査，法令遵守，内部統制の充実，会社への助言，監査レベルの向上等さまざまの文言が浮かんでくる。こうした文言を組み合わせたり，ある部分を強調したりして方針とするものであると思料する。

　ロ　**計画**について　　計画については，一般項目と重点項目に分けてみた。一般項目は別に用意した定常的監査業務計画に集約されているのでとくにここで説明はしない。重点項目については年度中にぜひ手掛けたいと思うものをい

くつか選ぶべきであろう。たとえば内部統制の具体的調査と改善策，オフバランス取引のチェックシステムの充実，株主代表訴訟対応マニュアルの作成，監査要領の整備等会社の特徴を生かしたテーマ選定が可能であろう。

　ハ　**業務分担**について　　監査役の出身母体が社内か社外かにより，また専門分野が何であったか等により経験を生かすことが一番早く効率的な分担となるのではないか，大きく分野別に分ければ，会計，業務一般，法律，関係会社，社会一般等に区分する仕方が考えられる。また具体的な監査計画に基づき監査実施要領を決定した段階で要領別に分ける方法もあろう。ただ社外監査役の場合は実務への関係が薄いので常勤監査役と同等のウエイトで分担を決めることはできないと思う。

　ニ　**監査実施結果報告**について　　定常的監査業務計画表には記号Cの分類で年に2回取締役会へ報告することにしてある。本来監査役は取締役からは独立した立場にあり，監査結果について報告を行う義務はない。しかし取締役を監査する立場であっても監査の実効性を高めるためには取締役の協力もまた必要なのである。取締役会のみならず会社に重大な影響を及ぼすおそれある事実について取締役から報告を受ける等さまざまな情報提供を受けなければ監査は充実しない。しかし情報は一方的にテイクするだけでは成り立たない。監査役としても情報を取締役に積極的に提供すべきであろう。かくして情報のギブ・アンド・テイクつまり情報の交流が可能となるのではないか。このような考え方に基づき年に2回程度報告することが良いとの提案である。

　以上をもとに第Ⅱ-4図として監査方針・計画・業務分担作成要領をまた第Ⅱ-5図に添付資料として定常的監査業務計画表(1)，(2)を掲げた。

第Ⅱ-4図　　　　　　　　　　　　　　　　　　　第　　期監査要領　A－

監査方針・計画・業務分担作成要領

Ⅰ　作　成
　1．毎期監査方針・計画・業務分担を監査役会で定めるものとする。
　2．当決定は前期末までに行い，監査役に異動ある時には新監査役の就任後（7月）に追認又は改定を行うものとする。
Ⅱ　監査方針
　1．社会経済の一般動向，業界の状況等の経営環境に関する情報を広く収集し参考とする。
　2．会社の当年度における経営方針・経営課題を反映させる。
　3．会計監査人の当期の監査方針との整合をはかる。
　4．監査部門の当期の監査方針との整合をはかる。
　5．前年度までの監査の経過及び結果を考慮する。
Ⅲ　監査計画（一般項目）
　1．定常的監査業務計画（別紙）
　2．その他取締役会，常務会等の重要会議への出席
Ⅳ　監査計画（重点項目）
　1．当年度重点監査項目の策定（継続項目を含む）
Ⅴ　監査計画（スケジュール等）
　1．監査対象事業所，監査日程，監査方法，業務分担等の決定
Ⅵ　監査実施結果の報告
　1．監査実施結果につき監査役会の決議を経て定期監査業務報告にまとめ取締役会で報告する（年2回）。（95頁，1月と6月参照）
　2．定期監査業務報告は取締役会にて報告を行う。
　　（7〜12→1月，1〜6→6月総会前，但し内容は当該年度分）

添付資料　　定常的監査業務計画表(1)，(2)

1．作成　平成　年　月　日
　　　　　　　　　担当監査役　氏　名　　　　　　　　㊞
2．承認（於監査役会）平成　年　月　日
　　　　　　　　　常勤監査役　氏　名　　　　　　　　㊞
　　　　　　　　　常勤監査役　氏　名　　　　　　　　㊞
　　　　　　　　　　　監査役　氏　名　　　　　　　　㊞
　　　　　　　　　　　監査役　氏　名　　　　　　　　㊞

第Ⅱ-5図

平成　年　月　日
監　査　役　会

定常的監査業務計画表(1)
（6月定時総会後～12月）

月	区分		監　査　業　務	摘　要
6	A		監査役会議長　選定	
	A	◎	常勤監査役　選定	
	A	◎	監査役報酬（基本・賞与）分配　協議	
7	B	△	新任監査役監査業務引き継ぎ終了　報告	
	A	△	監査方針・計画・業務分担　追認／改定	
	A	△	監査要領　追認／改定	
	A		会計監査人報酬案　同意	
8	B		監査役会・打合会付議計画表（10／3）報告	
			会計監査人監査計画概要　説明	
9	A		会計監査人監査計画概要書監査調書　報告・承認	
	A		トップとの会合内容　検討	
10			往査実施要領　決定・往査開始	
			経理部中間決算　説明	
11	B		次期監査要領基本方針　意見交換	
	B		監査役会・打合会付議計画表（1／6）報告・承認	
			会計監査人中間監査実施概要　説明	
12	A	◎	監査役報酬（賞与）分配　協議	
	A		定期監査業務報告内容　決定	
	B		次期監査要領　検討	

（注）　区分　A――監査役会
　　　　　　　B――監査役打合会
　　　　　　　◎――法定事項
　　　　　　　△――監査役異動時

平成　年　月　日
監　査　役　会

定常的監査業務計画表(2)
（1月〜6月定時総会前）

月	区分		監　査　業　務	摘　要
1	A		中間決算調書　報告・承認	
	B		監査要領　検討	
	C		定期監査業務報告書　報告	
2	B		監査方針・計画・業務分担　検討	
	A		トップとの会合内容　検討	
	B		監査役会・打合会付議計画表（4／9）報告	
3	A		監査要領　決定	
	A		監査方針・計画・業務分担　決定	
4			経理部決算　説明	
	A	◎	計算書類受領　報告	
5	A	◎	事業報告・附属明細書受領　報告	
	A	◎	会計監査人監査報告受領　報告	
	A		監査調書　報告・承認	
	A	◎	監査報告　決定・提出	
	A		監査計画（重点項目）実施結果　報告	
	B		監査役会・打合会付議計画表（7／12）報告	
6	A		定時総会口頭報告者　互選	
	A		定時総会口上書　決定	
	A		定期監査業務報告内容　決定・報告	
	A	◎	総会提出議案　監査・承認	
	A		会計監査人再任　決議	

（注）　区分　A──監査役会
　　　　　　　B──監査役打合会
　　　　　　　C──取締役会
　　　　　　　◎──法定事項

Ⅱ　監査役会運営と監査の全体像

期中監査(往査)実施要領の骨子

　期中監査は主として業務監査が主体となるのであるが，定常的監査業務計画表(1), (2) (94, 95頁参照) の中にもあるようにできる限り期末決算の繁忙期を避けて往査を行うようにしたいものである。往査内容については定型的な監査実施要領を作成することは難しい。何となれば各社固有の事情があり，監査項目も異なれば，事業所一つとっても工場や研究所の有無があり千差万別である。そこで該当しない項目はあるかもしれないが，各社に共通しそうな対象事業所や内容を想定し往査実施要領骨子とした。各社で作成する場合には対象や内容を特定して往査実施要領とすればよい。

　この中で特異と思われるものは，教宣事項であろう。これは往査を行う先で監査役が関心を持った「時の話題」等を若干の時間をさいて相手に話すのである。これは啓蒙的な意味もあるし先程からいっている情報の一方通行を避け，ギブ・アンド・テイクによって情報交流を高めようという考え方が根底にあってのことである。

　最後に往査等の業務監査で忘れてはならないことは，基本は予防監査であって摘発監査ではないということである。税務当局のように何か誤りを見つけようと躍起になれば相手は不快に思うだけでなく細かいものまですべて隠そうとする姿勢に変わる。もっと大事な問題も隠して話そうとはしなくなる。大切なことは信頼感である。相手との間に信頼感が確立すれば思わぬ不祥事も未然に

防ぐことができるかもしれない。それは相手が情報を提供してくれるからである。また不祥事には敢然と立ち向かう腹と勇気が必要であるが，コソコソした木っ葉役人のような監査をやってはまったく逆効果であることを理解しておかねばならない。

某社の監査役が地方の事業所を往査したときのことであるが，細かいことを手柄のように持ち帰りトップに報告した結果，トップから担当役員を通じて監査を受けた事業所へきついお達しがあった。以降その事業所は基本的には協力しなくなってしまい心も閉じてしまった。このような実例を聞いたことがある。小について大を忘れるような監査はもっとも低級な監査ではないかと思う。そのうえ情に溺れ大きな不正を見過ごしてしまってはこれまた本末転倒であろう。大切なことは不正が生じ難い業務の仕組みができているかどうかという視点からつねに検討が加えられることである。

近年における監査の力点は内部統制に置かれているが，それだけ業務の仕組みが複雑化していて到底少数の監査体制では不正の発見ができ難くなっているからである。

以上のような趣旨に基づいて第Ⅱ－6図として往査実施要領骨子と妙な題名を付して掲げることとした。

その他期中の会計監査については第Ⅲ章に譲ることとしたい。

第Ⅱ-6図

往査実施要領　骨子

Ⅰ　往査対象
　　本社部門，工場，支店，研究所　等を特定する。

Ⅱ　往査内容
　　① 　教宣事項
　　　　・改正会社法の要点
　　　　・当社の内部統制の考え方・進め方
　　　　・最近の株主代表訴訟の動向
　　　　・コンプライアンスと透明経営の必要性
　　　　・独禁法，ＰＬ法関連の最近の事例
　　　　・情報伝達のスピード化
　　　　・税効果会計，時価会計，退職給付会計とわが社の対応
　　　　・金融商品取引法のアウトライン
　　　　・コーポレートガバナンス・コード等の説明
　　　　・国際会計基準の動向
　　　　・包括利益の概要　等
　　② 　質問事項
　　　　・部門・事業所のリスク管理について
　　　　・オフバランス規程の実施状況について
　　　　・内部チェックシステムの状況について
　　　　・売掛金等の回収状況について
　　　　・工場，研究所の安全管理について
　　　　・得意先のクレーム処理について
　　　　・内部統制関連項目について　等
　　③ 　実　査
　　　　・工場，営業所等の在庫チェック
　　　　・出納関連のチェック
　　　　・印鑑等取扱状況のチェック
　　　　・法定書類保管状況のチェック
　　　　・帳簿残高と証憑のチェック　等

期末監査の概観

　期末監査は定時株主総会を控えて一気に監査業務が増加する観がある。そして監査の対象となる書類や資料も膨大であり，会社の業務も一期分が期末に集中整理される観がある。よく観察してみると一期間の業績は貸借対照表と損益計算書に凝縮され，同時に株主資本等変動計算書や個別注記表等たくさんの書類が作成されることになっている。したがって会計監査的な要素を含んだものが多いのである。もちろん期末商品等在庫の実査もあれば，期末有価証券等の実査もある。しかしこれらは貸借対照表に計上された棚卸資産や有価証券の実在性を検証することに外ならないのであって，見方によっては会計監査の一環ともいえよう。期末監査はこのように会計監査項目が多いのであるが，そうはいっても総会上提議題の監査，事業報告の監査等他の監査項目も目白押しに待ち受けている。さて期末監査をもって監査の全体は終了するのであるが，内容が膨大であるため新しい章を設け改めて説明することとしたい。

2

消末業者の困惑

III
会計監査と相当性意見の形成

監査役の悩みである相当性意見

　監査役の監査の中には会計監査があり，監査報告の中で「会計監査人○○公認会計士事務所の監査の方法および結果は相当であると認めます。」と記述するのが一般的である。しかし相当であるとの意見表明を可能とする根拠は何かと問いつめられると監査役としては困る場合が多いのではないかと思われる。
　多くの場合その根拠として挙げているものは次のようなものではなかろうか。
　1）　期初に会計監査人から監査計画についての説明を受けた。
　2）　期中に帳票類をチェックした。
　3）　期中及び期末に会計監査人の行う棚卸実査に立ち会った。
　4）　会計部門から期末決算の説明を受けた。
　5）　会計監査人から期末監査の経過及び結果につき報告を受けた。等
　ところで会計監査人の監査計画ないし監査結果の説明は一般に包括的，概念的であり結論として適正であるといわれても中身はよく分からないのが普通であろう。ましてや監査役が簿記会計の理論を知らない場合には，伝票類をチェックしても意味の分からないことが多いのではないかと思われる。したがって「相当と認めます。」と形式的な意見表明をしても内心は自信が持てない場合が多いのではなかろうか。
　もし安心感の拠り所は何かと問われれば，会計の専門家である会計監査人が監査したものだから間違いはないはずであると答えるのが精一杯のことであろ

う。相次ぐ企業不祥事の後に昭和49年の商法改正で会計監査人による監査の導入が行われ，会計監査の充実がはかられたのであるから全面的に会計監査人に依存してよいとは思う。しかし忘れてならないことは監査役は会計監査人の監査に依存しつつも，これを包括して会計監査が相当か否かの意見を形成する立場にあることである。したがって基本的に大事なことは監査役自身がある程度の会計に関する知識を身につけて会計監査人の行った監査の要点は理解しておき，計算書類のポイントは押さえておくなどして，自ら意見形成に自信を持つことだと考えられるのである。

　本章では期中および期末の監査役が行うべき業務を概観しながら，その流れの中で会計監査のポイントをどの程度押さえたらよいかを詳述したい。もちろんこの種の会計監査のテーマに対して結論的なものが世に存在するものではなく，あくまでも一つの考え方であって監査役自身が自信を持つための根拠とすることを目的としたものである。

　この第Ⅲ章は本書の中心テーマであり，監査役が会計監査において自信を持つための一助となるようにとの念願が込められている。

監査役の主な定常的業務

　平成5年に監査役会が商法特例法で制定され，監査役会に付議する事項は何か，また監査役会によらず監査役の協議する事項は何かが区分され整理されるようになった。

　監査役会の決議は原則として監査役全員の過半数によって行うこととなっている（会393）が，一方協議事項における協議とは協議決定の意味で協議し最終決定に及ぶことを意味している。ここで協議事項の場合には全員一致で決議することといわれていることに注意したい。では協議事項で全員一致をみないときはどうするかという疑問が生じてくるが，この場合には全員の意見が一致するまでよく議論を戦わせ，全員一致に導くべきものであろう。

　そこで決議の要件が監査役会と協議では異なることになり，協議事項を監査役会に付議することはなじまないことになる。しかし通説としていわれているように，全員一致を前提として協議事項を監査役会に付議することは差支えない。

　監査役の活動は整理してみれば監査役会ないしは協議によって監査役間の意見を交わしながら監査業務を遂行していく形態が基本であるから，協議事項も前述のように全員一致を前提として監査役会で取り扱えば，監査役会で何を行うべきかを整理することにより，監査役の活動の全容をほぼとらえることができると考えられる。そこで監査役会の主な決議事項と報告事項を整理すると第

第Ⅲ－1図

定常的監査業務計画
（平成X年6月～（X＋1）年6月）

年　　月	内　　　　容	摘　　　要
HX 6月総会後	1．監査役会議長　選定 2．常勤監査役　選定 3．監査役報酬配分　協議	
7月	1．監査方針・監査計画・業務分担　決定 2．往査計画　決定 3．会計監査人報酬案　同意	定常的監査業務計画は総会直後に決定
9月	1．会計監査人計画概要書　監査	
HX＋1・1月	1．中間決算調書　報告	
4月	1．計算書類受領　監査	総会までの日程表受領
5月	1．事業報告・附属明細書　受領監査 2．会計監査人監査報告　受領監査 3．監査報告作成　提出 4．監査計画実施結果　報告 5．競業取引・無償利益供与等　監査	
6月総会前	1．定時総会口頭報告者　互選 2．定時総会口上書　決定 3．株主総会提出議案等　監査 4．会計監査人再任　決議	＊監査業務報告

＊　監査業務報告は必要に応じて行う。

Ⅱ－3図（102頁参照）のようになる。

　ところで第Ⅱ－3図には普段発生しないような項目も含まれている。たとえば会計監査人の解任とか会社に著しき損害を及ぼすおそれある事項を取締役が監査役に報告する義務がある（会357）などである。

　そこで第Ⅱ－3図から必ず年間を通して毎年発生すると考えられる事項を、大会社の3月決算の場合をモデル化してみると第Ⅲ－1図のようになろう。第Ⅲ－1図における月別の内容の割りふりに関してはおよその見当で絶対的なものではないことをお断りしておく。

なお一般的に監査役の監査業務は総会直後からはじまり次の総会までが１サイクルとなるが，会計年度は３か月ずれることになる。したがって定常的監査業務を定める場合でも正論的に考えれば新しい会計年度は次の総会の前にスタートしているのであるから，たとえば３月決算の場合でいえば６月総会の前の４月から新年度ははじまっていることを考えて，３月か４月の初頃に定めておき，総会終了後もし監査役に交代があった場合には，新任監査役を加えた監査役会において追認ないし改定を行えばよく，またこの方が望ましいと考えられるのである。

　なおいうまでもないことではあるが，第Ⅲ－１図は大会社のケースでその骨格的事例を掲げてあるので，各企業では独自の必要事項がこれらのほかにたくさん掲げられることになると推測される。

　以上，会計事項の監査を論ずる前にまず全体の骨格をみておくこととした。

期末における会計監査の概要

(1) 計算書類の承認から株主総会までのタイムスケジュール

　会社にとって計算書類の承認と株主総会は一事業年度を通じてのハイライトであり，経営者や株主等にとっての最大の関心事でもある。

　しかし会社法ではタイムスケジュールに関しては会社の自主性に任せる考え方がみられ，内容はかなり柔軟化している。その最も大きな変化は計算書類の提出期限を廃止したことにみられる。その意図するところは，提出期限を定めないことによって全体のスケジュールが早められ株主総会を会社の自由裁量で早めることができることにあるといわれている。

　以下順をおって説明しよう。

① 計算書類とはなにか

　計算書類とは貸借対照表，損益計算書，株主資本等変動計算書（計規96），注記表（計規97）をいう。旧商法の営業報告書と利益処分案は計算書類からはなくなった。営業報告書は事業報告と改称され計算書類からはずされた。また利益処分案は廃止となった。

② 監査および取締役会承認の手続きの変更

従来の方式と異なりまず計算書類の監査が行われ次に取締役会で承認を受けることとした（会436）。しかし実務的にはこの後で監査報告が作成され，その間に多少の修正等も加えられて再度取締役会の承認手続が行われるものと考えられる。

③ 株主総会までのタイムスケジュール

1） 計算書類の監査報告（会計監査人設置会社）

提　　出　　期　　限	提　出　先	提出内容
会計監査人（計規130） 〔単　体〕　　　　　　　　　　＊ 計算書類受領日 ─────→ 4 w経過日 ⎫ 附属明細書受領日 ───→ 1 w経過日 ⎬最も遅い日 特定取締役，特定監査役 ─→ 合意日　　⎭ 及び会計監査人　　　　　　　　　　＊ w＝週 〔連　結〕 連結計算書類受領日 ───→ 4 w経過日 特定取締役，特定監査役及び 　会計監査人の ─────→ 合意日（優先）	特定取締役 特定監査役 特定取締役 特定監査役	会計監査報告の内容通知 会計監査報告の内容通知
監　査　役（計規132） 〔単　体〕 会計監査報告受領日 ───→ 1 w経過日 ⎫最も遅い日 特定取締役，特定監査役 ─→ 合意日　　⎭ 〔連　結〕 会計監査報告受領日 ───→ 1 w経過日 特定取締役，特定監査役 ─→ 合意日（優先）	特定取締役 会計監査人 特定取締役 会計監査人	監査報告の内容通知 監査報告の内容通知

2） 計算書類の監査報告（会計監査人非設置会社）

提　　出　　期　　限	提　出　先	提出内容
特定監査役（計規124） 計算書類（含臨時）受領日 ─→ 4 w経過日 ⎫ 附属明細書受領日 ───→ 1 w経過日 ⎬最も遅い日 特定取締役，特定監査役 ─→ 合意日　　⎭	特定取締役	監査報告の内容通知

(注 i) 特定取締役：計算書類作成の職務を行った取締役または監査報告の通知を受ける取締役（計規124）
特定監査役：監査報告の通知をすべき監査役（計規124）

(注ii) 特定取締役が監査報告の内容の通知を受けた日に監査役の監査を受けたものとし（計規124②），当該通知をすべき日までに通知しない場合には計算関係書類については監査役の監査を受けたものとみなす（計規124③）。同様の規定が会計監査人設置会社の計算書類に関する監査報告についても設けられている（計規132②,③）。

3） 事業報告の監査報告

提 出 期 限	提 出 先	提出内容
特定監査役（施規101） 事業報告受領日 ─→ 4 w経過日 附属明細書受領日 ─→ 1 w経過日 ｝最も遅い日 特定取締役，特定監査役 ─→合意日	特定取締役	監査報告の内容通知

4） 招集通知の発送

株主総会の2週間前（非公開会社は1週間前）までに株主に招集通知を発送しなければならない（会299）。

④ 期末から株主総会までのスケジュールのサンプル

1） 従来の図式（大会社）

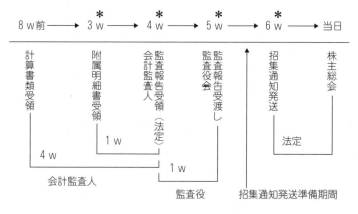

2) 会　社　法（大会社例1）

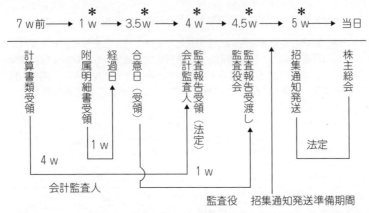

（注）　このケースでは会計監査人の監査報告を法定より早めた合意日を設定しないと招集通知（総会の2週間前）に間に合わない。

3) 会　社　法（大会社例2）

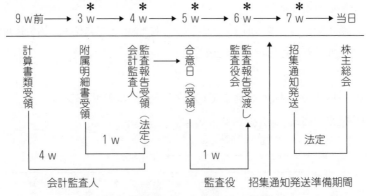

（注 i ）　＊はそれぞれ各例の8w前，7w前，9w前を起点としている。
（注 ii）　非公開会社の場合，招集通知は1週間前までに発送する（会299）。

⑤　スケジュールの運用に際しての問題点

1)　会社法による株主総会へ向けてのスケジュールは旧商法のスケジュールをそのままあてはめても運用は可能である。取締役，監査役等の合意した日というのはなかなか所定の日に間に合わないため後へ延ばすとき

に利用されると思われる。決算事務は益々複雑化しているので法の期待するほど早く計算書類等ができるとは考えられない。したがって従来と比較して大幅に早くなるとは考えにくい。
2) 法定の期限までに計算書類等がでてこなかった場合には，期限の日に監査を受けたものと見做すということであるが未監査の計算書類を株主総会にかけて通した後で粉飾や虚偽記載によって第三者が損害を被ったようなとき，誰が責任を負うのか疑問である。そもそも法定期限に間に合わないという想定を法律が行うことに疑問がある。また監査が完了していないものも認めるとなれば監査の必要性とは一体何なのか非常に不可解な条文といわざるを得ない（計規124③，132③）。

(2) 決算月から株主総会までの監査の骨格

　期末監査とは何かについては学問的な立場からは種々見解が分かれるところである。会社法で監査役は原則として業務監査および会計監査を行うことははっきりしているのであるから，決算直前から株主総会までであるいは株主総会直後までの総合的な業務監査および会計監査を意味し，非公開で監査役会及び会計監査人のない会社で例外的な場合に限り同期間における会計監査を意味するといえるであろう。

　実務に携わってみれば実感されることではあるが，企業の一期間におけるすべての活動が決算に凝縮されるため期末における監査事項が圧倒的に多いのである。しかもよく考えてみれば業務監査といえども結局は計算書類を構成する一要素となっている場合が多い。

　企業の成績はその損益の状況を損益計算書で表し，期末財産の状況を貸借対照表で表しており，監査役にとって会計監査の骨格をとらえることはきわめて重要なことである。

　このような立場をふまえて時系列的な期末の監査事項を並べてみると，
① 定時株主総会日程等の適法性
② 期中監査内容の整理と期末監査日程作成

③ 期末棚卸実施または立合
④ <u>決算取締役会へ出席し決算内容を把握</u>
⑤ <u>競業取引・無償利益供与等の監査</u>
⑥ <u>計算書類,事業報告および附属明細書の適法性</u>
⑦ 株主提案権行使状況の確認
⑧ <u>会計監査人からの監査概要報告と監査報告の受領</u>
⑨ <u>期末会計監査結果と会計監査人監査結果の総合による相当性の意見形成</u>
⑩ <u>連結計算書類の適法性</u>
⑪ 子会社往査等調査結果の整理
⑫ 監査役の監査報告作成および提出
⑬ 株主総会招集手続および株主総会提出議案・書類の監査
⑭ 後発事象の有無と内容の確認
⑮ 計算書類・事業報告・附属明細書等の法定備置書類の確認
⑯ 株主総会の報告者,Q＆A等の確認
⑰ 閲覧請求,株主による事前質問等の確認
⑱ 株主総会終了後の取締役会出席
⑲ 株主総会後の監査役間の協議（報酬,賞与,常勤監査役互選,退職慰労金等）
⑳ 株主総会議事録の内容,出席した役員及び会計監査人の氏名のチェック,決議通知,配当金支払,利益準備金等繰入,商業登記,決算広告等,株主総会決議事項の実施状況等の確認

これらの監査事項の中でアンダーラインを引いた④⑤⑥⑧⑨⑩は会計監査に深く関係し,相当性の意見を形成するために必要な事項である。これらの監査は基本的には貸借対照表や損益計算書を中心とするものであるが,附属明細書や事業報告についても監査する必要がある。会社法では事業報告は監査役の監査範囲になり,会計監査人の監査範囲からは外れているので注意を要する。

(3) 計算書類等に関する監査対象・内容

① 期末監査の主たる対象

　前述のように会計事項は原則として会計監査人の分担事項であるから会計監査人に任せればよいということになる。しかし会計監査人の監査の経過と結果に対して監査役は相当（または非相当）の意見表明をするのであるから，計算書類に対しても必要と思われる監査を行わなければならないのである。詳述は後に譲ることとして主な監査対象を列挙してみると，

　　（ⅰ）　貸借対照表（及び連結貸借対照表）
　　（ⅱ）　損益計算書（及び連結損益計算書）
　　（ⅲ）　株主資本等変動計算書（及び連結株主資本等変動計算書）
　　（ⅳ）　個別注記表（及び連結注記表）（会435，444，計規59，61）

　以上の計算書類の他に附属明細書がある。旧商法の計算書類にあった利益処分案は廃止され，営業報告書は事業報告と名称が改められて計算書類からは外された。これらに代わって株主資本等変動計算書と注記表が加えられた（第Ⅲ－2図，126頁参照）。

第Ⅲ-2図　　　　　　　　財務諸表の関連図

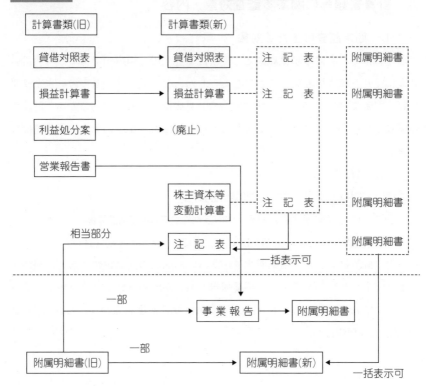

② 期末監査の主な内容
（ⅰ）実質監査

期末監査で重要なことは実質監査である。実質監査とは貸借対照表における資産・負債・資本ならびに損益計算書における損益等の真実性，適法性，妥当性などをいうのであるが，具体的にいえば，

・決算期における異常取引・異常増減
・会計処理の変更
・現預金，製品・商品棚卸，有価証券等の実質と期末評価の適否
・未収，未払，引当金等の計上，取崩しの適否
・計算書類（貸借対照表，損益計算書，株主資本等変動計算書，個別注記表）及び

附属明細書の内容の適法性，適正性，妥当性等
　・事業報告の適法性，妥当性等
　・次年度計画の妥当性
などの監査を行うことによりその目的の達成をはかることになる。
　　(ⅱ)　形　式　監　査
　もう一つ大事なことは形式面での監査である。とくに貸借対照表では会社法会計のポイントを念頭に置き，科目区分の適法性や表示区分の適正性に注力する必要がある。
　とくに表示区分については会社計算規則に定められているので，一度は貸借対照表・損益計算書が規則どおりに表示されているか否かの視点でチェックしてみる必要がある。それは誤りを発見するためばかりでなく，規則との関係を理解するためでもある。なお，会社法の改正（平成17年）に伴い，会社計算規則の内容が大幅に変わり，貸借対照表や損益計算書の表示区分等が相当に変化しているので一度は監査役としてもどのように変わったかをみておく必要がある（「会社法の貸借対照表と損益計算書」135〜138頁参照）。
　従来株主総会において特殊株主の標的にされるのは科目や表示区分の問題がかなり多いのである。数字そのものの正確性や数字の裏にある内容等については貸借対照表等を見ただけでは簡単に分かるものではないが，科目や表示の誤りは簡単に分かることである。したがって科目や表示の誤りが，総会での決議取消しの原因となる場合もあり得ることと考えられる。
　監査役による貸借対照表・損益計算書の監査では，各科目ごとの内容の真実性も重要であるが同時に形式的な科目や表示の適正性等もきわめて大切なことである。監査役が会計監査人の監査について相当性の意見形成を行うに当たり，形式監査は欠くことのできない監査ファクターと考えられるのである。
　なお，定款の定めによりインターネットで計算書類等を開示する場合，招集通知の発出から総会の前日までに修正事項が生じたときには，インターネットで修正事項を当該招集通知と併せて通知できるので研究されたい（計規133⑦，134⑦）。

監査要領と監査調書

(1) 監査要領と監査調書

　前節までは期末監査に関連する監査業務の流れや期末監査の主たる対象それから実質監査か形式監査かといった概観ないし概要について述べてきた。

　これらの全体的なコンセプトを前提に今度は具体的にどのように監査をすすめていくかについて詳述することとする。

　まず監査のすすめ方の内容を前もって整理しておく必要がある。それは監査を行う時点になって慌てて何を行うかを決定することの困難さを避ける意味だけではなく，一定のマニュアル化によって毎期同質的な監査が可能となり，また期別の比較も可能となるからである。あらかじめ準備された監査する内容を記したマニュアルを監査要領と呼ぶこととする。監査要領は必要な監査業務の区分ごとに区分けして作成するのがよいと考えられる。また毎期監査要領を見直すことにより必要があれば，付け加えることも削除することも自由に行うべきである。そうでなければ進歩はないといわなければならない。

　そして前もって用意された監査要領に従って必要な時期に監査を実行するのである。次にはその監査結果をまとめなければならない。そして監査結果をまとめたものが監査調書と呼ばれるものである。

　監査要領や監査調書という言葉は比較的一般に用いられているが，具体的内

容となると千差万別である。以降明らかにしていく監査要領や監査調書は一つの考え方であるから，あくまでも参考としてご覧いただきたい。

　大事なことはこのような監査要領・監査調書を作成するために数多くの事項を学び，作成の結果監査役自身が自信を持つことである。

　いうまでもなく監査調書は監査報告の基礎となるのできわめて重要な事項である。

　各監査役が期初に業務分担を行い，その業務分担別に監査要領に従って監査を行い，期末後に監査調書が作成され，各監査役の作成した監査調書を相互に確認し検討しあうことによって，合意を形成し監査報告が作成されることになる。もちろん合意されない事項について監査報告に意見を付記することも可能である。

　なお原則として監査調書の監査項目は監査要領の監査項目と同一であり監査結果を付け加えたものであるから，貸借対照表・損益計算書監査調書を例示するに止めその他は監査要領のみを記載することとした。監査結果については監査要領の項目の内容に即して適宜に記述されたい。一般的に使用されると思われる言葉としては次のような例が考えられる。

　　適法，適正，該当なし，問題なし，問題あり（別紙），変更なし，
　　変更あり（別紙），異常なし，異常あり（別紙），不要，別紙　等

(2) 貸借対照表・損益計算書監査実施要領

　前節(3)で述べたように期末の会計監査の中でも貸借対照表と損益計算書の監査はもっとも重要な事項である。第Ⅰ章では監査役が基礎準備として，会社法の骨格の理解や，貸借対照表における借方・貸方の理解や，会社法会計の10のポイント等を理解しておく必要があることを述べたが，これらの下準備をベースとしていよいよ貸借対照表と損益計算書の監査要領を作成することになる。

　どの程度の監査を行うのか，その精粗の度合いは十分検討を要するところであるが，元来細部にわたっては会計監査人が行っているのであるから，監査役としては骨格的な部分を監査しておけばよいと考えられる。もしそうでないと

すれば会計監査人に委ねた意義は何かということになるからである。といって監査役が何も監査らしいことを行わず，また貸借対照表等につき理解できていないままでは会計監査について責任を負えるものではない。

　上述した視点から貸借対照表・損益計算書監査の実施要領を作成すると第Ⅲ－3図のようになる。

　なお，包括利益は連結財務諸表に関するものであるから連結貸借対照表等（180頁）を参照されたい。

　内容としては，大きくは次のような視点で整理することになると考えられる。

① 　会計処理等の継続性の変更があるか。
② 　全科目の対前年比較を行い差額の大きな項目の説明を担当部門に求める。
③ 　現金預金や棚卸資産等の実質監査を行う。
④ 　会社法会計の10のポイント等から表示上の適正性を監査する。
⑤ 　売上，棚卸等に粉飾決算の視点も加える。
⑥ 　不良資産の評価減，有価証券等の時価法及び低価法の実施状況の監査を行う。
⑦ 　税効果会計，時価会計，退職給付会計等の処理が適正に行われているか。
⑧ 　その他簿外取引の監査も行う。

第Ⅲ-3図

第　期監査要領　B－

貸借対照表・損益計算書監査実施要領

Ⅰ　目　的
　　会計監査人の行った監査報告の内容につき，監査役として相当性の意見形成を行う一助として，期末における決算関連の計算書類に関して監査を行うものであり，その実施要領を次のように定める。

Ⅱ　監査項目（貸借対照表）
　1．継続性の変更
　　1）会計処理等に関して継続性の変更があったか。
　2．前年同期との科目別比較
　　1）貸借対照表の全科目につき金額の比較を行い，差額の大きいものにつき説明を求める。
　　2）先行き業績に重大な影響を与えるおそれある後発事象等につき対処方針等を聞いておく。
　3．現金預金，受取手形
　　1）現金預金について期末残高につき銀行の残高証明等（正）との突合が行われたか。
　　2）受取手形について期末残高につき帳簿残高と現物との突合が行われたか。
　4．売掛金
　　1）売掛金の回収率は落ちていないか。
　　2）売掛金の年齢調べで異常なものはないか。
　　3）売掛金残高の異常な増減はないか。
　5．棚卸資産
　　1）棚卸実在庫と帳簿残高は合っているか。
　　2）棚卸減耗，不良在庫等につき，評価減等の適切な処置が行われているか。
　　3）原価法を採用している場合，低価法(注ⅱ)が正しく適用されているか。
　6．金銭債権，有価証券の一部等
　　1）金銭債権，有価証券の一部等の時価は適正に付され，評価差額は純資産の部に「評価・換算差額等」の部を設け適正に処理されているか。
　7．他の株式と区分して親会社の株式は流動資産の部に，子会社の株式は投資その他の資産の部に関係会社株式として記載されているか。
　8．繰延資産
　　1）繰延資産がある場合，繰延資産の部を設けて計上しているか。
　　2）商法上の繰延資産以外の長期前払費用等が混入していないか。
　　3）繰延資産の償却実施後の残高が記載されているか。

9．固定資産
  1）固定資産の属する科目ごとに減価償却累計額を控除する形式で記載しているか。
  2）減価償却累計額を控除した残額を記載している場合に注記が付されているか。
  3）無形固定資産については，償却額控除後の残額が記載されているか。
10．取立不能見込額
  1）短期金銭債権に対する取立不能見込額は控除形式で記載されているか。
  2）取立不能見込額を控除した残額を記載している場合に注記が付されているか。
  3）長期金銭債権に対する取立不能見込額は控除形式で記載されているか。
11．資産除去債務
  1）資産除去債務の計上は適正か。
12．退職給付引当金
  1）退職給付引当金は適正に計上されているか。
13．税効果会計
  1）繰延税金資産又は繰延税金負債は適正に計上されているか。
  2）長期繰延税金資産又は長期繰延税金負債は適正に計上されているか。
  3）繰延税金資産と繰延税金負債がある場合，その差額が計上されているか。
  4）長期繰延税金資産と長期繰延税金負債がある場合，その差額が計上されているか。
14．自己株式
  1）自己株式は純資産の部に自己株式の部を設け控除する形式で記載されているか。
15．資本準備金等減少
  1）資本準備金減少差益，自己株式処分差益等は純資産の部に「資本剰余金」を設け更に「その他資本剰余金」の中に計上されているか。
16．過年度遡及会計
  1）過年度遡及修正は適正に行われているか。
Ⅲ　監査項目（損益計算書）
  1．継続性の変更
    1）会計処理等に関して継続性の変更があったか。
  2．前年同期との科目別比較
    1）損益計算書の全科目につき金額の比較を行い，差額の大きいものにつき説明を求める。
    2）先行き業績に重大な影響を与えるおそれある後発事象等につき対処方針等を聞いておく。
  3．売　上
    1）売上計上基準に変更はないか。

2）売上高に異常な増減はないか。
  3）通常の割戻等条件以外に特殊条件による異常な取引はないか。
 4．売上原価
  1）売上原価算定基準に変更はないか。
  2）売上原価に異常な増減はないか。
  3）売上原価率に大きな変動がある場合にはその理由を尋ねる。
 5．関係会社との取引高は注記表に記載されているか。
 6．特別利益
   特別利益（又は損失）はその内容を示す適当な名称を付した科目を設けているか（ただし金額の重要性のないものは一括表示科目で処理可能）。
 7．法人税等
   法人税等の計上額に異常性はみられないか。
 8．税効果会計
   税効果会計の結果は法人税等調整額などの科目により適正に処理されているか。
 9．1株当たりの当期純利益金額等
   1株当たりの当期純利益金額又は当期純損失金額の額は注記表に記載されているか。
 10．過年度遡及会計
  1）過年度遡及修正は適正に行われているか。

別添資料　　1．貸借対照表・損益計算書　　2．決算短信　　　＜省略＞
1．作成　　平成　年　月　日
担当監査役　　氏　　名　　　㊞
2．承認（於監査役会）平成　年　月　日
常勤監査役　　氏　　名　　　㊞
常勤監査役　　氏　　名　　　㊞
監査役　　　　氏　　名　　　㊞
監査役　　　　氏　　名　　　㊞

（注ⅰ）　次以降の要領には作成及び承認の部分は省略する。
（注ⅱ）　平成20年4月以降開始の事業年度より企業会計基準第9号（平成18年7月5日）に従い，棚卸資産については時価が期末簿価より下回ればその差額を評価損に計上することとなる（従来の任意低価法）。

(3) 貸借対照表・損益計算書監査調書

　監査要領に従って監査調書を作成することになるのであるが，監査を行うに当たり監査役が自らが調査を行わないで，経理・財務等の担当部門に尋ねるのもよし，また会計監査人に問い合わせるのもよい。専門の部門等に尋ねることにより調査省略ができ，監査の効率も上がるというものである。また他部門等の活用により監査役の会計監査に対する嫌悪感や難儀感を軽減させることができると考えられる。

　監査役による会計監査にはぜひ他部門や会計監査人の活用をおすすめしたい。

　なお，次の参考資料（会社法の貸借対照表と損益計算書の概要）には目を通しておいていただきたい。

　第Ⅲ－4図は監査調書のサンプルを示したものである。

〔参　考〕

会社法の貸借対照表と損益計算書の概要

1．貸借対照表

　　貸借対照表の主な改正（平成17年）は次の通りである（計規73～86）。
　① 子会社株式等の区分が関係会社株式等の区分に変わった（計規82）。
　② 繰延資産の社債発行費等の細分規定がなくなった（計規74）。
　③ 株式等評価差額金が，その他有価証券差額金に用語変更した（計規76）。
　④ 資本の部が純資産の部に表示変更された（計規76）。
　⑤ その他資本剰余金は従来の資本金，資本準備金減少差益，自己株式処分差益等の区分の必要はなく合計額の表示でよいとされた（計規76）。
　⑥ その他利益剰余金は従来の任意積立金や当期未処分利益を区分表示する項目でその内訳として〇〇積立金や繰越利益剰余金（従来の当期未処分利益）の項目が示される（計規76）。
　⑦ その他資本剰余金，その他利益剰余金は適当な名称で細目表示できる（計規76）。

2．損益計算書

　　損益計算書の主な改正点は次の通りである（計規87～95）。
　① 売上総利益金額の表示が新設された（計規89）。
　② 従来の経常損益の部，特別損益の部，その下の営業損益の部，営業外損益の部の表示区分は廃止され不要となった。
　③ 従来の営業利益，経常利益等の表示は営業利益金額，経常利益金額，税引前当期利益金額（連結：税金等調整前当期利益金額），当期純利益金額となる（計規90～95）。
　④ 特別利益（又は特別損失）の内金額の重要でないものは細分しなくてよい（計規88）。
　⑤ 連結貸借対照表に計上（資産又は負債）された「のれん」の償却額が生じる場合は資産の部と負債の部の計上額を相殺した残額を表示する（計規88）。
　⑥ 利益処分案の廃止にともない従来の当期利益以下の前期繰越利益，中間配当額，積立金の目的内取崩額，当期未処分利益等はなくなり当期純利益金額が最終項目となった。

　これらの表示の変更をベースに貸借対照表と損益計算書のスケルトンのサンプルを次表に示した。

貸借対照表（××年×月××日）

(資産の部)		(負債の部)	
流動資産		流動負債	
現金及び預金	×××	支払手形	×××
受取手形	×××	買掛金	×××
売掛金	×××	短期借入金	×××
製品	××	未払金	××
原材料	××	未払費用	××
繰延税金資産	××	未払法人税等	××
………			
………		固定負債	
貸倒引当金	△××	社債	×××
固定資産		長期借入金	×××
有形固定資産		繰延税金負債	××
建物	×××	退職給付引当金	××
機械装置	×××		
工具器具備品	××		
土地	×××	(純資産の部)	
………		株主資本	
無形固定資産		資本金	×××
商標権	××	新株式申込証拠金	××
ソフトウエア	××	資本剰余金	
投資その他の資産		資本準備金	××
投資有価証券	××	その他資本剰余金	××
関係会社株式	××		
………		（別紙）	
繰延資産		次ページ参照	
社債発行差金	××		
合計	××××	合計	××××

貸借対照表の純資産の部の記載例

（個別貸借対照表）	（連結貸借対照表）
純資産の部 Ⅰ　株主資本 　1　資　本　金 　2　新株式申込証拠金 　3　資本剰余金 　　(1)　資本準備金 　　(2)　その他資本剰余金 　　　　　　　資本剰余金合計 　4　利益剰余金 　　(1)　利益準備金 　　(2)　その他利益剰余金 　　　　××積立金 　　　　繰越利益剰余金 　　　　　　　利益剰余金合計 　5　自　己　株　式 　6　自己株式申込証拠金 　　　　　　　株主資本合計 Ⅱ　評価・換算差額等 　1　その他有価証券評価差額金 　2　繰延ヘッジ損益 　3　土地再評価差額金 　　　　　評価・換算差額等合計 Ⅲ　新株予約権 　　　　　　　　純資産合計	純資産の部 Ⅰ　株主資本 　1　資　本　金 　2　新株式申込証拠金 　3　資本剰余金 　4　利益剰余金 　5　自　己　株　式 　6　自己株式申込証拠金 　　　　　　　株主資本合計 Ⅱ　その他の包括利益累計額＊ 　1　その他有価証券評価差額金 　2　繰延ヘッジ損益 　3　土地再評価差額金 　4　為替換算調整勘定 　　　　　評価・換算差額等合計 Ⅲ　新株予約権 Ⅳ　非支配株主持分＊＊ 　　　　　　　　純資産合計

(注)＊　平成22年9月30日の会社計算規則の改正で第76条に従来の貸借対照表純資産の部の「評価・換算差額等」の表示につき「その他の包括利益累計額」の表示も可能となった。
　　　連結貸借対照表では有価証券報告書とのバランス上、「その他の包括利益累計額」と表示される。
　＊＊　平成27年4月1日以後開始する事業年度より非支配株主持分と表示されることとなった。従前は少数株主持分と表示されていた。

損 益 計 算 書
(自×年×月××日　至 (×＋1) 年×月××日)

売　上　高		××××
売　上　原　価		××××
売上総利益金額*		×××
販売費及び一般管理費		××
営業利益金額*		×××
営　業　外　収　益		
受取利息配当金	××	
…………	××	××
営　業　外　費　用		
支払利息割引料	××	
…………	××	××
経常利益金額*		×××
特　別　利　益		
固定資産売却益	××	××
特　別　損　失		
投資有価証券評価損	××	××
税引前当期純利益金額*		×××
法人税，住民税及び事業税	××	
法人税等調整額	××	××
当期純利益金額*		×××

(注) ＊　経団連のひな型では金額がとれており (例えば営業利益金額→営業利益)，経団連のひな型による会社が多いようである。

第Ⅲ－4図　　　　　　　　　　　　　　　　　第　期監査調書　C－

貸借対照表・損益計算書監査調書

監　査　項　目	監査結果
Ⅰ　貸借対照表	
1．継続性	
会計処理等に関し継続性の変更があったか。	変更なし
2．前年同期との科目別比較	
① 貸借対照表の全項目につき前期と比較して金額差額の大きいものの理由は聞いたか。	聴取した
② ①のうち先行き業績等に重大な影響を与える恐れのあるものはないか。	なし
③ 重要な後発事象はないか。	同上
3．現金預金，受取手形	
① 現金預金の期末残高と銀行の残高証明（正）とは一致したか。	一致
② 受取手形の期末残高と現物は一致したか。	一致
4．売掛金	
① 売掛金の回収率は落ちていないか。	落ちていない
② 売掛金の年齢調べで異常なものはないか。	異常なし
③ 売掛金残高の異常な増減はないか。	同上
5．棚卸資産	
① 棚卸実在庫と帳簿残高は合っているか。	一致
② 棚卸減耗，不良在庫等につき評価減等は適切に行われているか。	適法
③ 低価法は適法に行われたか。	同上
6．金銭債権，有価証券の一部等	
① 金銭債権，有価証券の一部等の時価は適正に付され，評価差額は純資産の部に「評価・換算差額等」の部を設け適正に処理されているか。	適正
7．他の株式と区分して親会社の株式は流動資産の部に，子会社の株式は投資その他の資産の部に関係会社株式として記載されているか。	該当なし
8．繰延資産	
繰延資産がある場合，区分・残高記載等は適正か。	該当なし
9．固定資産	
① 固定資産の属する科目ごとに減価償却累計額を控除形式で記載しているか。	残高記載
② 残高記載の場合，減価償却累計額は注記されているか。	注記あり

Ⅲ　会計監査と相当性意見の形成

③ 無形固定資産について償却額控除後の残額が記載されているか。	残額記載
10. 取立不能見込額	
① 短期金銭債権に対する取立不能見込額は控除形式で記載されているか。	控除形式記載
② 取立不能見込額を控除した残額を記載しているとき注記があるか。	該当なし
③ 長期金銭債権についても同様な取扱いがされているか。	控除形式記載
11. 資産除去債務	
① 資産除去債務の計上は適正か。	適正
12. 退職給付引当金	
① 退職給付引当金は適正に計上されているか。	適正
13. 税効果会計	
① 繰延税金資産又は繰延税金負債の計上は適正か。	適正
② 長期繰延税金資産又は長期繰延税金負債の計上は適正か。	該当なし
③ 繰延税金資産と同負債があるとき相殺の残額が計上されているか。長期についても同様か。	該当なし
14. 自己株式	
自己株式は純資産の部に自己株式の部を設け控除する形式で記載されているか。	控除形式記載
15. 資本準備金等減少	
資本準備金減少差益，自己株式処分差益等は純資産の部に「資本剰余金」を設け，更に「その他資本剰余金」の中に計上されているか。	該当なし
16. 過年度遡及会計	
① 過年度遡及修正は適正に行われているか。	該当なし
Ⅱ 損益計算書	
１．継続性	
会計処理等に関して継続性の変更があったか。	変更なし
２．前年同期との科目別比較	
① 損益計算書の全科目につき金額の比較を行い，差額の大きいものにつき説明を受けたか。	聴取した
② 先行き業績に重大な影響を与える恐れのある後発事象はないか。	なし
３．売上	
① 売上計上基準に変更はないか。	変更なし
② 売上高に異常な増減はないか。	同上
③ 通常の割戻等条件以外に特殊条件による異常な取引はないか。	同上

4．売上原価 　① 売上原価算定基準に変更はないか。 　② 売上原価に異常な増減はないか。 　③ 売上原価率に大きな変動がある場合，その原因はなにか。	変更なし なし 該当なし
5．関係会社との取引高は注記表に記載されているか。	記載あり
6．特別利益 　特別利益又は損失はその内容を示す適当な名称を付した科目を設けているか（ただし金額の重要性のないものは一括表示科目で処理可能）。	適法
7．法人税等 　法人税等の計上額に異常性は見られないか。	異常性なし
8．税効果会計 　法人税等調整額等の科目で適正に処理されたか。	適正処理
9．1株当たりの当期純利益金額等 　1株当たりの当期純利益金額又は当期純損失金額の額は注記表に記載されているか。	記載あり
10．過年度遡及会計 　過年度遡及修正は適正に行われているか。	該当なし
Ⅲ　決算短信関係の意見聴取 　決算短信における翌期の決算数値につき，その根拠となる市況見通し，消費動向，原料市況動向，社会情勢等に関する意見を聴取したか。	聴取
別添資料　　貸借対照表・損益計算書，決算短信	＜省略＞

```
1．作成　　平成　年　月　日
                 監査意見　相当と認める
                       担当監査役　　氏　名　　　㊞
2．承認（於監査役会）　平成　年　月　日
                       常勤監査役　　氏　名　　　㊞
                       常勤監査役　　氏　名　　　㊞
                       監査役　　　　氏　名　　　㊞
                       監査役　　　　氏　名　　　㊞
```

（注ⅰ）　次以降の調書には作成，監査意見，承認の部分は省略する。
（注ⅱ）　監査結果は例示である。

(4) 株主資本等変動計算書監査実施要領

　会社法は計算書類の一つとして株主資本等変動計算書を設けた。従来は損益計算書の当期利益の下に前期繰越利益，中間配当，留保利益の目的内取崩し等が記載され当期未処分利益として利益処分案に引き継がれていたが，これらは純資産の変動の一部であり純資産のすべての変動を記載する株主資本等変動計算書に移されたので，損益計算書の前期繰越利益以下は不要となった。

　したがって損益計算書は当期純利益金額（又は純損失金額）が最後の項目となる。会社法では賞与は報酬の中に含められ，配当は何時でも一定の条件の下で取締役会の決議で可能となった。こうした流れの中で利益処分案は廃止された。利益処分案がなくなれば当期未処分利益は不要となり，すべての純資産の変動を一望にみることができる株主資本等変動計算書の登場となったわけである。

　なお企業会計基準委員会より平成17年12月に企業会計基準第6号「株主資本等変動計算書に関する会計基準」及び企業会計基準適用指針第9号「株主資本等変動計算書に関する会計基準の適用指針」が公表され，その中で横型と縦型の様式が示されているが一般に横に並べる様式がみやすいといわれており横型のサンプルを掲載することにした。

　監査役としては株主資本等変動計算書の内容に早く馴れるとともにチェックのポイントを幾つか押さえるようにしたい。最初は経理担当か会計監査人によく分からないところは質問したほうがよいと思う。

第Ⅲ-5図　　　　　　　　　　　　　　　　　　　　　　第　期監査要領　B-

株主資本等変動計算書監査実施要領

Ⅰ　目　的
　監査役は株主資本等変動計算書が法令等に従って会社の状況を正しく示しているか否かの監査を行い監査報告に記載する必要があるので監査要領を次のように定める（会436，計規127）。

Ⅱ　監査項目
1. 株主資本等変動計算書は株主資本，評価・換算差額等，新株予約権に区分表示されているか。
2. 株主資本は資本金，新株式申込証拠金，資本剰余金，利益剰余金，自己株式，自己株式申込証拠金に区分表示されているか。
3. 資本剰余金は資本準備金，その他資本剰余金に，利益剰余金は利益準備金，その他利益剰余金に区分表示されているか。ただしその他資本剰余金，その他利益剰余金は適当な名称を付し項目を細分できる。
4. 評価・換算差額等はその他有価証券評価差額金，繰越ヘッジ損益，土地再評価差額金，為替換算調整勘定に区分表示されているか。ただしその他の適当な名称を付して項目を細分できる。
5. 新株予約権から自己新株予約権は控除され表示されているか。
6. 資本金，資本剰余金，利益剰余金，自己株式については①前期末残高，②当期変動額，③当期末残高の金額が明示されているか又②については変動事由が明らかにされているか。
7. 評価・換算差額等，新株予約権につき①前期末残高，②当期変動額，③当期末残高の金額が明示されているか。又主要な当期変動額について変動事由が明らかにされているか。
8. 各項目について①前期末残高，②当期末残高の金額は貸借対照表と一致しているか。
9. 資本金の払込み又は給付の額の1／2を超えない額は資本準備金として計上されているか（会445）。
10. 剰余金の配当は分配可能額（剰余金と分配可能額137，139頁参照）の範囲内に収まっているか。
11. 剰余金の配当により減少した剰余金がある場合，準備金の額が基準資本金（資本金×1／4）に達していれば準備金の積立額は0，達していない場合は，基準資本金－準備金既積立額と，会446条6号の額×1／10のいずれか少ない額を資本準備金又は利益準備金として計上しているか（会445，計規22）。
12. 資本金，準備金，その他の剰余金につきその増加，減少において資本取引と損益取引の混同はないか（計規26～29）。

(5) 株主資本等変動計算書監査調書

　株主資本等変動計算書の監査調書ではまずは資本金，資本剰余金，純資産合計等の項目別金額の前期末残高と当期末残高が貸借対照表と一致しているか否かをチェックするところから始める。次に期中の各項目別の変動額がどういう原因で生じたかをチェックする。それには財務部ないし経理部等の担当部署に聞いてみることが一番早道である。それと配当が実施されている場合には分配可能額（従来の配当可能利益）のチェックを行う必要がある。分配可能額のチェックは会計監査人が必ず行うので会計監査人からチェック済の資料を入手してこれを添付の資料とすることを考えたほうがよい。そのためにも会計監査人とは普段からコミュニケーションをとっておくべきであろう。関連して配当の１／10を毎期利益準備金または資本準備金に積み立てることを忘れてはならない。ただし基準資本金（資本金の１／４）が積立の限度であることも念頭においておく必要がある。

　なお，監査調書と監査要領の監査内容が同一であるため，監査調書は省略することとしたので，各社で作成されたい。用語例については129頁を参照。

第Ⅲ-6図

純資産の各項目を横に並べる様式例
株主資本等変動計算書

	株主資本								評価換算差額等(*2)			新株予約権	純資産合計(*3)
	資本金	資本剰余金			利益剰余金			自己株式	株主資本合計	その他有価証券評価差額金	繰延ヘッジ損益	評価換算差額等合計(*3)		
		資本準備金	その他資本剰余金	資本剰余金合計(*3)	利益準備金	その他利益剰余金(*1)								
						××積立金	繰越利益剰余金	利益剰余金合計(*3)							
前期末残高	×××	×××	×××	×××	×××	×××	×××	×××	△×××	×××	×××	×××	×××	×××	×××
当期変動額(*4)															
新株の発行	×××	×××		△×××											×××
剰余金の配当							△×××	△×××		△×××					△×××
当期純利益							×××	×××		×××					×××
自己株式の処分									×××	×××					×××
株主資本以外の項目の当期変動額(純額)											(*5)×××	(*5)×××	×××	(*5)×××	×××
当期変動額合計	×××	×××	—	×××		×××	×××	×××	×××	△×××	×××	×××	×××	△×××	×××
当期末残高	×××	×××	×××	×××	×××	×××	×××	×××	×××	×××	×××	×××	×××	×××	×××

(*1) その他利益剰余金については、その内訳科目の前期末残高、当期変動額及び当期末残高の各合計額を合計額で記載する。この場合、その他利益剰余金等については、その内訳を注記により開示することができる。
(*2) 評価・換算差額等については、その内訳科目の前期末残高、当期変動額及び当期末残高の各合計額を合計額で記載する。この場合、評価・換算差額等については、その内訳を注記により開示することができる。
(*3) 各合計欄の記載は省略することができる。
(*4) 当期変動額の各項目の変動事由及びその金額の記載は、概ね個別貸借対照表における各表示の順序による。
(*5) 株主資本以外の各項目は、当期変動額を純額で記載することにかえて、変動事由ごとにその金額を記載することができる。
また、変動事由ごとにその金額を記載する場合には、概ね株主資本の各項目に関係する変動事由を個別株主資本等変動計算書又は注記により表示することができる。

三　会計監査と相当性意見の形成

(注) 株主資本等変動計算書（縦型）

　　2008年4月より適用で，金融庁により上場企業はWebサイト「EDINET」で財務報告を行う時には，XBRL（Extensible Business Reporting Language）という財務報告の標準用語を用いることが義務づけられた。その結果，株主資本等変動計算書は従来多くの企業が用いた横型の様式から縦型の様式に変わる。これらの2様式は元来企業の選択に任されており，横型（マトリックス）様式が見やすかったので横型を採用する企業が多かったが，今後は縦型（連結についても同様）に移行する企業が多くなると思われるので，参考までに縦型様式を示しておく。

（純資産の各項目を縦に並べる様式例）

株主資本等変動計算書

株主資本				
資本金	前期末残高			×××
	当期変動額	新株の発行		×××
	当期末残高			×××
資本剰余金				
資本準備金	前期末残高			×××
	当期変動額	新株の発行		×××
	当期末残高			×××
その他資本剰余金	前期末残高及び当期末残高			×××
資本剰余金合計(＊3)	前期末残高			×××
	当期変動額			×××
	当期末残高			×××
利益剰余金				
利益準備金	前期末残高			×××
	当期変動額	剰余金の配当に伴う積立て		×××
	当期末残高			×××
その他利益剰余金(＊1)				
××積立金	前期末残高及び当期末残高			×××
繰越利益剰余金	前期末残高			×××
	当期変動額	剰余金の配当		△×××
		当期純利益		×××
	当期末残高			×××
利益剰余金合計(＊3)	前期末残高			×××
	当期変動額			×××
	当期末残高			×××
自己株式	前期末残高			△×××
	当期変動額	自己株式の処分		×××
	当期末残高			△×××
株主資本合計	前期末残高			×××
	当期変動額			×××
	当期末残高			×××
評価・換算差額等(＊2)				
その有価証券評価差額金	前期末残高			×××

	当期変動額（純額）（＊4）	×××
	当期末残高	×××
繰延ヘッジ損益	前期末残高	×××
	当期変動額（純額）（＊4）	×××
	当期末残高	×××
評価・換算差額等合計	前期末残高	×××
（＊3）	当期変動額	×××
	当期末残高	×××
新株予約権	前期末残高	×××
	当期変動額（純額）（＊4）	×××
	当期末残高	×××
純資産合計（＊3）	前期末残高	×××
	当期変動額	×××
	当期末残高	×××

（＊1） その他利益剰余金については，その内訳科目の前期末残高，当期変動額及び当期末残高の各金額を注記により開示することができる。この場合，その他利益剰余金の前期末残高，当期変動額及び当期末残高の各合計額を個別株主資本等変動計算書に記載する（第4項参照）。

（＊2） 評価・換算差額等については，その内訳科目の前期末残高，当期変動額及び当期末残高の各金額を注記により開示することができる。この場合，評価・換算差額等の前期末残高，当期変動額及び当期末残高の各合計額を個別株主資本等変動計算書に記載する（第5項参照）。

（＊3） 各合計欄の記載は省略することができる。

（＊4） 株主資本以外の各項目は，変動事由ごとにその金額を記載することができる。この場合，個別株主資本等変動計算書又は注記により表示することができる。

注ⅰ：期中における変動がない場合には，「前期末残高及び当期末残高」のみを表示することができる。

注ⅱ：当初は各社とも一見して分かりやすい横型方式によっていたが，金融庁が公表した「有価証券報告書等に関する業務の業務・システム最適化計画」に基づき，平成20年4月1日以後開始事業年度より有価証券報告書，四半期報告書，半期報告書，有価証券届出書をEDINETへ提出する場合，企業はその一部をXBRL（Extensible Business Reporting Language）形式により提出することとなったため，システムの都合上縦型で公表することとなった。

(6) 剰余金と分配可能額チェックリスト

1. 会社法では旧商法の利益が剰余金に置き代わり，配当可能利益が分配可能額に置き代わったといえる。もちろん内容は異なるものである。
2. 剰余金については会社法446条に定められている。

　　剰余金は最終事業年度末日の資産の額と自己株式の帳簿価額の合計額から負債及び資本金と準備金の額その他法務省令で定める額を差引き，さらに事業年度末日後の資本金・準備金の減少額を加算し，末日後の剰余金の配当に係る配当財産の帳簿価額を控除するというかなり複雑な計算をへて算出される。

第Ⅲ－7図

剰余金チェックリスト

		剰余金の内訳	金額
①	イ ロ ハ ニ ホ	資産の額 自己株式の帳簿価額 負債の額 資本金及び準備金の額 計算規則149条で定める合計額 　　　　　　　　小　計（イ＋ロ－（ハ＋ニ＋ホ））	
②		期末日後の自己株式処分額－当該自己株式の帳簿価額	
③		期末日後の資本金の減少額	
④		期末日後の準備金の減少額（資本金組入額を除く）	
⑤		期末日後の自己株式消却額	
⑥	イ ロ ハ	期末日後の剰余金の配当額 配当財産の帳簿価額 金銭分配請求権行使により交付した金銭の額 基準未満株式の株主に支払った金銭の額 　　　　　　　　小　計（イ＋ロ＋ハ）	
⑦ 1項		計算規則150条委任事項 　1号　期末日後に剰余金を減少して資本金，準備金を増加した場合の減少額 　2号　期末日後に剰余金の配当をした場合 　　・配当日の資本準備金＜基準資本金額（資本金×$\frac{1}{4}$）の時 　　　準備金計上限度額（基準資本金額－準備金額）と配当額（上記⑥）×$\frac{1}{10}$のいずれか小さい額×資本剰余金配当割合（計規22①二） 　　・配当日の利益準備金＜基準資本金額（資本金×$\frac{1}{4}$）の時 　　　準備金計上限度額（基準資本金額－準備金額）と配当額（上記⑥）×$\frac{1}{10}$のいずれか小さい額×利益剰余金配当割合（計規22②二） 　3号　期末日後に吸収型再編受入行為に際し処分する自己株式処分額－当該自己株式の帳簿価額 　4号　期末日後，吸収型再編後の資本剰余金額－再編前の資本剰余金額及び吸収型再編後の利益剰余金額－再編前の	

	利益剰余金額 　　　　　　　　　　　小　計（1号＋2号＋3号－4号） （注）　計規150条2項, 3項	
	剰余金＝①＋②＋③＋④－（⑤＋⑥＋⑦）（最終事業年度）	

3．分配可能額

　分配可能額は従来の配当可能利益に相当するもので会社の配当に対する恣意性を排除して一定の制限を設けている（会461）。

　会社法461条は剰余金の配当を行う場合に限らず種類株式や自己株式等を取得する場合においても分配可能額を超えてはならないと規定している。なお分配可能額は次の計算によっている（会461②）。

第Ⅲ-8図 **分配可能額チェックリスト**

			分配可能額の内訳	金　額
①			剰余金の額	
②			臨時計算書類につき	
	イ		臨時計算書類の期間利益（計規156） 　（ⅰ）当期純損益（0以上） 　（ⅱ）計規44条で増加したその他の資本剰余金	
	ロ		臨時計算書類の期間内に処分した自己株式の対価の額 　　　　　　　　　　　　　　　　　　小　計	
③			自己株式の帳簿価額	
④			事業年度末日後に処分した自己株式の対価の額	
⑤			臨時決算日までの損失の額 　0－当期純損益金額（0未満に限る）（計規157）	
⑥ 1項 ⅰ号	イ ロ ハ		計算規則158条委任事項 のれん等調整額（A）≦資本等金額(B)→ 0 (A)≦((B)＋その他資本剰余金(C))→(A－B) (A)＞((B)＋(C))→ 　　a．のれんの額(D)／2≦((B)＋(C))→(A－B) 　　b．(D)／2＞((B)＋(C))→(C)＋繰延資産額 　　　　　　　　　　　　　　　　　　小　計	
ⅱ号			0－有価証券評価差額金（0以上は0）	
ⅲ号			0－土地再評価差額金（0以上は0）	
ⅳ号	イ		連結配当規制適用会社（計規2条3項72号該当）の時 期末貸借対照表における 　　a．株主資本の額 　　b．有価証券評価差額金（0以上は0） 　　c．土地再評価差額金（0以上は0） 　　d．のれん等調整額（資本金，資本剰余金，利益準備金の 　　　合計を超える時はその合計額） 　　　　　　　　　　　　　　　計算：a＋b＋c－d	
	ロ		期末日後，子会社から自己株式を取得した時，取得直前の子会社の簿価のうち持分相当額	
	ハ		期末連結貸借対照表における 　　a．株主資本の額 　　b．有価証券評価差額金（0以上は0）	

		c．土地再評価差額金（0以上は0）	
		d．のれん等調整額（資本金，資本剰余金の合計を超える時はその合計額）	
		計算：a＋b＋c－d	
		小　計（イ＋ロ－ハ）	
ⅴ号		期末日後，2つ以上の臨時計算書類を作成した時，最後の臨時計算書以外の臨時計算書類に係る期間利益及び自己株式の処分額（会461②二）から純損失の額（同②五）を控除した額	
ⅵ号	イ	資本金＋準備金の額	
	ロ	新株予約権の額	
	ハ	期末貸借対照表の評価・換算差額等の合計額（各項目の計上額0未満のときは0）	
		小計（300万円－（イ＋ロ＋ハ））	
		→0未満のときは0	
ⅶ号		期末後に吸収再編受入行為又は特定募集に際して臨時計算書類の期間内に処分する自己株式の対価の額	
ⅷ号	イ	期末後，計規21条で増加したその他資本剰余金	
	ロ	株式会社成立の後処分した自己株式の額，及び計規21条で増加したその他資本剰余金	
		小　計（イ＋ロ）	
ⅸ号		期末後に自己株式を取得したとき	
	イ	自己株式取得の株主に株式以外の財産をを交付したときその額（自己社債・自己新株予約権を除く社債等を除く）	
	ロ	自己株式取得の株主に交付する社債等（イと同じ）に付すべき帳簿価額	
		小　計（自己株式の簿価－（イ＋ロ））	
ⅹ号		期末後の吸収再編受入行為又は特定募集に際して処分する自己株式の額（会社設立のときはⅷ号の額）	
		合　計（ⅰ～ⅷの計）－（ⅸ＋ⅹ）	
		分配可能額＝①＋②－（③＋④＋⑤＋⑥）	

(7) 個別注記表監査実施要領

　旧商法の附属明細書に代わり会社法では注記表の記載項目が多く計算規則に定められている。計算規則98条によれば個別注記表は次の19区分で表示しなければならないとしている。
1．継続企業の前提に関する注記
2．重要な会計方針に係る事項（連結注記表にあっては，連結計算書類の作成のための基本となる重要な事項）に関する注記
3．会計方針の変更に関する注記（計規102の2）
　① 当該会計方針の変更の内容
　② 当該会計方針の変更の理由
　③ 遡及適用の場合当該事業年度の期首の純資産額に対する影響額
　④ 遡及適用をしなかったとき，イ計算書類（又は連結計算書類）の主な項目に対する影響額，ロ遡及しなかった理由，会計方針変更の適用方法及び開始時期，ハ会計方針の変更が翌期以後の財産又は損益に影響する可能性があり注記することが適切な場合はその事項
　　（注）連結注記表と注記事項が同一の場合は個別注記表の注記は不要
4．表示方法の変更に関する注記
　① 表示方法の変更の内容
　② 表示方法の変更の理由
　　（注）連結注記表と注記事項が同一の場合は個別注記表の注記は不要
5．会計上の見積もりの変更に関する注記
　① 会計上の見積もりの変更の内容
　② 会計上の見積もりの変更の計算書類(又は連結計算書類)の項目に対する影響額
　③ 会計上の見積もりの変更が翌事業年度以降の財産又は損益に影響する可能性があるときは影響する事項

6．誤謬の訂正に関する事項
　① 誤謬の内容
　② 当該事業年度の期首における純資産額に対する影響額
7．貸借対照表等に関する注記
8．損益計算書に関する注記
9．株主資本等変動計算書（連結注記表にあっては，連結株主資本等変動計算書）に関する注記
10．税効果会計に関する注記
11．リースにより使用する固定資産に関する注記
12．金融商品に関する注記
13．賃貸等不動産に関する注記
14．持分法損益等に関する注記
15．関連当事者との取引に関する注記
16．一株当たり情報に関する注記
17．重要な後発事象に関する注記
18．連結配当規制適用会社に関する注記
19．その他の注記

次に例外的な取扱として次の点に注意しておく必要がある。
1．会計監査人設置会社以外の株式会社（ただし公開会社は除く）の個別注記表には上記の1，5，7，8，10～18の表示は不要
2．会計監査人設置会社以外の公開会社の個別注記表には上記の1，5，14，18の表示は不要
3．会計監査人設置会社で，会444③に規定するもの以外の株式会社の個別注記表には上記14の表示は不要
4．連結注記表には上記の8，10，11，14，15，18の表示は不要
5．持分会社の個別注記表には上記の1，5，7～18の表示は不要

さらに計算規則99条で貸借対照表等，損益計算書等または株主資本等変動計算書等の特定の項目に関連する注記については，その関連を明らかにしなけれ

ばならないとしている。

　なお個別注記表は貸借対照表等個別に表示する主旨ではあるが，全部を一括して表示することもよしとされているので，本書は一括して表示する方式をとった。

第Ⅲ－9図   第 期監査要領 B－

個別注記表監査実施要領

Ⅰ 目　的
　監査役は個別注記表が法令等に従って会社の状況を正しく示しているか否かの監査を行い監査報告に記載する必要があるので監査要領を次のように定める（会436，計規97～116）。

Ⅱ 監査項目
1．継続企業の前提に関する注記（計規100）
　① 継続企業の前提に重要な疑義を抱かせる事象（以下，当該事象という）又は状況が存在する旨及びその内容
　② 当該事象又は状況を解消し，又は改善するための対応策
　③ 当該重要な不確実性が認められる旨及びその理由
　④ 当該重要な不確実性の影響の計算書類への反映の有無
2．重要な会計方針に係る事項に関する注記（計規101）
　① 資産の評価基準及び評価方法
　② 固定資産の減価償却の方法
　③ 引当金の計上基準
　④ 収益及び費用の計上基準
　⑤ その他計算書類作成の基本となる重要事項
　⑥ 会計処理の原則・手続を変更した時は理由，計算書類への影響内容
　⑦ 表示方法を変更したときは，その内容
3．会計方針の変更に関する注記（計規102の2）
　① 当該会計方針の変更の内容
　② 当該会計方針の変更の理由
　③ 遡及適用の場合当該事業年度の期首の純資産額に対する影響額
　④ 遡及適用をしなかったとき，イ計算書類（又は連結計算書類）の主な項目に対する影響額，ロ遡及しなかった理由，会計方針変更の適用方法及び開始時期，ハ会計方針の変更が翌期以後の財産又は損益に影響する可能性があり注記することが適切な場合はその事項
　　（注）連結注記表と注記事項が同一の場合は個別注記表の注記は不要
4．表示方法の変更に関する注記
　① 表示方法の変更の内容
　② 表示方法の変更の理由
　　（注）連結注記表と注記事項が同一の場合は個別注記表の注記は不要
5．会計上の見積もりの変更に関する注記
　① 会計上の見積もりの変更の内容
　② 会計上の見積もりの変更の計算書類（又は連結計算書類）の項目に対する影響

額
　　③　会計上の見積もりの変更が翌事業年度以降の財産又は損益に影響する可能性があるときは影響する事項
6．誤謬の訂正に関する事項
　　①　誤謬の内容
　　②　当該事業年度の期首における純資産額に対する影響額
7．貸借対照表等に関する注記（計規103）
　　①　資産が担保に供されている場合，その事実，資産の内容，債務額
　　②　資産から引当金を直接控除した場合，資産項目別の引当金の金額（一括注記の場合，流動資産，有形固定資産等の区分別に一括した引当金の金額）
　　③　減価償却累計額を直接控除した場合，資産項目別の減価償却累計額（一括注記の場合，各資産に付き一括した減価償却累計額）
　　④　減損損失累計額を減価償却累計額に合算表示した場合，減価償却累計額に減損損失累計額が含まれている旨
　　⑤　保証債務，損害賠償義務等の債務がある場合，その内容及び金額
　　⑥　関係会社に対する金銭債権又は金銭債務が他のものと区分表示されていない場合，関係会社に対する金銭債権等の属する項目毎の金額または二以上の項目に付き一括した金額
　　⑦　取締役，監査役及び執行役に対する金銭債権があるときその総額
　　⑧　取締役，監査役及び執行役に対する金銭債務があるときその総額
　　⑨　親会社株式の表示区分別の金額
8．損益計算書に関する注記（計規104）
　　①　関係会社との営業取引による取引高の総額及び営業取引以外の取引による取引高の総額
9．株主資本等変動計算書に関する注記（計規105）
　　①　事業年度末日における発行済株式の数(種類株式の場合種類毎の発行済株式数)
　　②　事業年度末日における自己株式の数（種類株式の場合種類毎の自己株式数）
　　③　事業年度中に行った剰余金の配当に関する事項
　　④　事業年度末日後に行う剰余金の配当に関する事項(会454①各号に定めるものを除く)
　　⑤　事業年度末日における会社が発行している新株予約権の目的となる会社の株式数（種類株式の場合種類毎の数，また会236①4号の期間の初日が到来していないものを除く）
　　　（注）　連結注記表を作成する場合は②以外の事項は省略できる。
10．税効果会計に関する注記（計規107）
　　①　重要な繰延税金資産（繰延税金資産から控除された金額を含む）
　　②　重要な繰延税金負債
11．リースにより使用する固定資産に関する注記（計規108）
　　〔基本事項〕　使用する固定資産につきファイナンスリースであること（途中解約不

可，売買取引に準ずるものは除く），その上リース物件の全部または一部（一括注記を含む）の次の事項
　① 事業年度末日における取得原価相当額
　② 事業年度末日における減価償却累計額相当額
　③ 事業年度末日における未経過リース料相当額
　④ 前3号の外当該リース物件に係る重要事項
12．金融商品に関する注記（計規109）
　① 金融商品の状況に関する事項
　② 金融商品の時価等に関する事項
　　但し連結注記表作成会社は上記不要
13．賃貸等不動産に関する注記（計規110）
　① 賃貸等不動産の状況に関する事項
　② 賃貸等不動産の時価に関する事項
　　但し連結注記表作成会社は上記不要
14．持分法損益等に関する注記（計規111）
　① 関連会社がある時，関連会社への投資額及び持分法投資額及び投資損益の額
　② 開示対象特別目的会社がある場合，当該会社の概要，当該会社との取引の概要，取引金額，その他重要事項
　　但し連結注記表作成会社は上記不要
15．関連当事者との取引に関する注記（計規112）
　① 関連当事者が会社等である時は，その名称，会社が有する関連当事者の議決権数の割合，関連当事者が有する会社の議決件数の割合
　② 関連当事者が個人である時は，その氏名，関連当事者が有する会社の議決件数の割合
　③ 会社と関連当事者との関係
　④ 取引の内容
　⑤ 取引の種類別の取引金額
　⑥ 取引条件及び取引条件の決定方針
　⑦ 事業年度末日における取引より発生した債権，債務の残高
　⑧ 取引条件に変更があった時，その旨，内容，計算書類に与える影響の内容
　　（注ⅰ）　関連当事者との取引のうち一般競争入札，利息・配当，役員報酬，市場価格等の公正な価格条件による取引等は注記不要
　　（注ⅱ）　関連当事者との取引の注記は関連当事者毎に表示する。
16．一株当たり情報に関する注記（計規113）
　① 一株当たり純資産額
　② 一株当たり当期純利益金額又は当期純損失金額
17．重要な後発事象に関する注記（計規114）
　① 事業年度末日後，会社の翌事業年度以降の財産又は損益に重要な影響を及ぼす事象とする。

18. 連結配当規制適用会社に関する注記（計規115）
    ① 連結配当規制適用会社に関する注記は，当該事業年度末日後，連結配当規制適用会社となる旨とする。
19. その他の注記
    ① 貸借対照表等，株主資本等変動計算書等により会社の財産又は損益の状況を正確に判断するため必要な事項

(8) 個別注記表監査調書

　注記表については一括方式でまとめることにしたが，もちろん個別の貸借対照表等にそれぞれ独立させて作成することは一向に差し支えない。

　継続企業の前提（ゴーイングコンサーン）については企業の存亡にかかる部分であるから監査役としても十分に留意して監査を行う必要があると考えられる。

　そこで継続企業の前提に関する監査要領は別に作成した。これらを基に注記表の調書を完成させればよい。その他には株主資本等変動計算書に関する注記，関連当事者との取引に関する注記，連結配当規制適用会社に関する注記等があり監査役としても勉強することが多くて大変である。

　なお計算規則99条でいう貸借対照表，損益計算書または株主資本等変動計算書等の特定項目についての注記はその関連を明らかにしなければならないとしているので，一応念頭に置いておきたい。

　いずれにしても分からない事項は担当の経理部等または会計監査人に尋ねるのがよいと思われる。

　なお，監査調書と監査要領の監査内容が同一であるため，監査調書は省略することとしたので，各社で作成されたい。用語例については129頁を参照。

⑼ 継続企業の前提監査実施要領

計算書類の一部である注記表の中に関して計算規則100条に継続企業の前提についての注記が要請されている。従来は継続企業の前提についての注記は金融商品取引法の財務諸表等規則8条の27ないし連結財務諸表規則15条の22で要請しており，計算規則100条に関しては実質的には同じものである。

監査役としては監査対象として明記されたので内容を理解した上で監査を継続していかねばならない。

特に財務諸表等規則8条の27には「貸借対照表日において，企業が将来にわたつて事業活動を継続するとの前提（以下「継続企業の前提」という。）に重要な疑義を生じさせるような事象又は状況が存在する場合であつて，当該事象又は状況を解消し，又は改善するための対応をしてもなお継続企業の前提に関する重要な不確実性が認められるときは，次に掲げる事項を注記しなければならない。ただし，貸借対照表日後において，当該重要な不確実性が認められなくなつた場合は，注記することを要しない。

一　当該事象又は状況が存在する旨及びその内容
二　当該事象又は状況を解消し，又は改善するための対応策
三　当該重要な不確実性が認められる旨及びその理由
四　当該重要な不確実性の影響を財務諸表に反映しているか否かの別

となっており1号から4号までの内容はまさに計算規則100条の内容と同じものである。

したがって監査役としては継続企業の前提（ゴーイングコンサーン）に関する監査実施要領に示した内容については心して監査することが必要である。また当然に会計監査人も重大な関心を持っているので，会計監査人とよく連係をとっていくべきである。

　（注）　連結計算書類における継続企業の前提に関する注記表（計算規則100条）の記載については，連結財務諸表規則の記載内容に従うことが適当と考えられるが，連結財務諸表規則15条の22に財務諸表規則8条の27及びそのガイドラインを準用するとあるので連結計算書類に関する継続企業の前提監査要領及び監査調書は省略することとした。

第Ⅲ-10図　　　　　　　　　　　　　　　第　期監査要領　B-

継続企業の前提監査実施要領

Ⅰ　目　的
　　監査役は計算規則131条に基づく継続企業の前提の記載内容が会社の状況を正しく示しているか否かの監査を行い監査報告に記載する必要があるので監査要領を次のように定める（会436，計規100，財規8の27）
Ⅱ　監査項目
1．継続企業の前提に疑義を抱かせる事象・状況が存在するか。
　① 債務超過等，財務指標の悪化の傾向（①②，財規8の27）
　② 重要な債務の不履行等財政破綻の可能性
　③ 売上高の著しい減少（③〜⑫，財規8の27-2）
　④ 継続的な営業損失の発生
　⑤ 継続的な営業キャッシュフローのマイナス
　⑥ 重要な債務返済の困難性
　⑦ 新たな資金調達が困難な状況
　⑧ 取引先からの与信の拒絶
　⑨ 事業継続に不可欠な重要資産の毀損又は喪失若しくは権利の失効
　⑩ 重要な市場又は取引先の喪失
　⑪ 巨額な損害賠償の履行
　⑫ 法令等に基づく事業の制約
2．翌期への影響
　　上記の事象又は状況は翌期へ影響するか，なお翌期以降に影響すれば後発事象として取扱う必要がある（財規8の27-5）。
3．重要な疑義の解消または改善
　　継続企業の前提に重要な疑義を抱かせる事象又は状況に関して大幅な改善策又は解消策（1年先以上の計画）が示されたか（財規8の27-3又は4）。又前期改善策等は履行されたか。

⑽ 継続企業の前提監査調書

　継続企業の前提（ゴーイングコンサーン）に関しては従来から大きな関心を持ち金融商品取引法において開示を求められてきたところであるが，このような大きな問題点については監査役としても従来から関心を寄せてはいた。

　しかし会社法においては注記表が計算書類の一部でありその中に継続企業の前提についての記述があり監査役としても従来にも増して関心を持つとともに一旦問題が出てきたときには会計監査人の問題であるばかりではなく，監査役としてはどのように整理して監査報告にはどのように表現すべきか監査調書を作成しながら研究していくことが肝要であろう。たとえば会計監査人が継続企業の前提に関して限定意見を付した場合，監査役はその限定意見を含めて会計監査人の監査の結果等につき相当と認めると単純に割り切ってよいものか。何故なら新規の投資家が会社法上の監査役の監査報告をみたとき，会計監査人の監査につき相当と監査役が認める記述それだけでは，問題がなくて相当なのか問題を含んで相当なのかにわかに判断できないからである。

　それと継続企業の前提に疑義を抱かせる事象が発生し，翌年度以降の財政状態及び経営成績に影響を及ぼす場合には後発事象にも該当するので後発事象の記述を忘れないようにしなければならないことに注意したい（財規8の27－5）。

　さらに改善等の計画は1年以上の計画提示であることと，改善等がなされた時は注記が必要ではなくなった（財規8の27－3又は4）ので注意する。

　なお監査は監査役独自で行うことも大切ではあるが，会計監査人の調査の結果を利用させてもらうのも一方法であり会社から情報を得るのもまた一つの方法と考えられる。

　なお，監査調書と監査要領の監査内容が同一であるため，監査調書は省略することとしたので，各社で作成されたい。用語例については129頁を参照。

(11) 附属明細書監査実施要領

　従来の附属明細書の主なものは注記表に移った。注記表と附属明細書は本来同じ性質のものではないが，会社法は計算書類に関する限りは注記表に細部の項目を委ねたのである。その結果注記表に記載することが相応しくないものが附属明細書の規定として残り，個別的で類型化できないものは企業独自の判断で附属明細書を作成することとなったと考えられる。

　結果として附属明細書の計算規則（計規117）は非常に簡単なものになった。その上で同条1項の後段で，貸借対照表，損益計算書，株主資本等変動計算書及び個別注記表の内容を補足する重要事項を表示しなければならないとしており，まさに各会社の自主的判断に任せることにしているのである。

　本書では各社でこれから実践の場で自主作成していく部分について予め推測することは難しくまたあまり意味もないと考えられるので，その点は省略させてもらった。基本的な考え方としては，個別に附属明細書を作成するのではなく，注記表と同様にまとめて作成することとしている。

　ただし計算書類等（計算規則に基づく）に関する附属明細書と事業報告（施行規則に基づく）に関する附属明細書とは区分している。

　なお附属明細書は従来と同様に株主総会の招集通知等に記載するなどして株主に送付されることはない。しかし計算書類とともに附属明細書は会社が作成した時から10年間保存しなければならない（会435④）。

第Ⅲ-11図　　　　　　　　　　　　　　　　第　期監査要領　B－

附属明細書監査実施要領

Ⅰ　目　的
　監査役は附属明細書（計算書類関係）は法令等に従って会社の状況を正しく示しているか否かの監査を行い監査報告に記載する必要があるので監査要領を次のように定める（会436，計規117）。

Ⅱ　監査事項
1．基本的な監査項目（計規117）
　① 有形固定資産及び無形固定資産の明細
　② 引当金の明細
　③ 販売費及び一般管理費の明細
2．公開会社における1以外の監査項目（計規117①四）
　① 貸借対照表の重要な補足事項
　② 損益計算書の重要な補足事項
　③ 株主資本等変動計算書の重要な補足事項
　④ 注記表の重要な補足事項
　⑤ 計算規則112条1項ただし書により省略した事項
　⑥ 販売費及び一般管理費の明細のうち旧省令133条に規定された項目は内容の重要性に鑑み別途監査を行う（競業取引・無償利益供与監査実施要領，調書参照）。

（注）　事業報告に関する附属明細書の監査は「事業報告監査実施要領」のⅢ（220頁参照）に含めた。

⑿　附属明細書監査調書

　旧来の附属明細書は注記表に大部分が移行したので多くの項目は残っていない。計算規則117条にある固定資産，引当金，一般管理販売費の3項目だけが残されたので従来と同様の監査を行うことになる。ただ無償の利益供与に関しては一般管理販売費の明細の中で監査役の監査に参考となるような記載が求められていたが会社法（平成17年）ではなくなった。とはいえ旧商法施行規則133条の監査項目は不祥事が発生すれば大変なことになるので，従来と同様に監査の対象とし別に監査要領と調書を残すことにした。

　なお計算書類の補足事項は個別の各企業固有のもので現段階で類型化することは困難であるから，具体的には踏み込んでいない。

　また，監査調書と監査要領の監査内容が同一であるため，監査調書は省略することとしたので，各社で作成されたい。用語例については129頁を参照。

⒀　期中会計監査実施要領

　前にも述べたように会計監査は期末に集中するものであるが，期中においてもできれば会計に関する監査を行いたい。ただ時間との関係もあって期末の会計監査は形式面を重視さぜるを得ないと思われるが，期中には若干の時間が許されようことから特定の科目の中身につき深度を深く監査を行うことがよいのではないかと思われる。後に示す実施要領の内容をよく検討してみると会計監査といっても，やや業務監査の色彩が強いように思われる。ただ実施要領に掲げたような事項を一度に実行することは難しい場合もあるから，その時は全体を分割して数年にわたって実施する方式も考えられよう。また会計監査人の実施した監査結果を利用させてもらうのも一方法といえよう。それと期中ではどの時点を選んでもよいと考えられるが，中間決算期末を選定するのもきわめて自然であり，資料も集めやすいので良いタイミングと思われる。

　なお中間決算監査実施要領と合わせて両者を同一時点（中間決算期末）で一つのものとして扱ってもよいと思う。

　次に監査実施要領を示すと第Ⅲ－12図のようになる。

第Ⅲ-12図　　　　　　　　　　　　　　　　　　　第　期監査要領　B－

期中会計監査実施要領

Ⅰ　監査方針
　　期中における会計監査については，例えば棚卸監査のように業務監査の色彩が出てくるものが多くある。しかし会計事項と直接的に繋がらなくとも重要視すべきであると考えられるものについては，監査項目として取り入れることとした。

Ⅱ　内　容
　1．期中監査の基本的視点
　　　　次の基本的視点により監査項目を定める。
　　1）重要取引事故賠償責任
　　2）財産管理状況
　　3）内部統制状況
　　4）法令・定款違反
　2．定常的監査項目
　　1）現金・預金
　　　(a) 大口出金の領収書に問題はないか。
　　　(b) 出金手続のルールに問題はないか又は内部牽制は十分に働いているか。
　　　(c) 領収証用紙，小切手帳，印鑑の管理状況はどうか。
　　　(d) 証憑，小切手控，書損じ控等は適切に保管されているか。
　　2）売掛金
　　　(a) 売掛金回収率は落ちていないか，又回収は契約条件にあっているか。
　　　(b) 売掛金の年齢調べで異常なものはないか。
　　　(c) 売掛金残高確認の不突合などで異常なものはないか。
　　　(d) 売掛金残高は異常に減少していることはないか。
　　3）受取手形
　　　(a) 受取手形の保管・管埋状況は適切か。
　　　(b) 受取手形の期日は契約条件のとおりになっているか。
　　　(c) 融通手形などによる手形の受領はないか。
　　　(d) 不渡手形の時効中断，求償などの適切な処置はとられているか。
　　4）棚卸資産
　　　(a) 実地棚卸と帳簿残高は一致しているか。
　　　(b) 棚卸評価方法に変更はないか。

Ⅲ　会計監査と相当性意見の形成

　　　　(c) 棚卸数量，金額が異常に増加（又は減少）していないか。
　　　　(d) 評価損，廃棄損，消耗損等の処理は適切に行われているか。
　　5）支払手形
　　　　(a) 支払手形の発行システムにおいて内部牽制が十分に働いているか。
　　　　(b) 白地手形，仕損じ手形，発行控えの管理システムに問題はないか。
　　　　(c) 発行期日は契約条件によっているか。
　　　　(d) 領収書のチェック等により融通手形の発行はないか。
　　6）買掛金
　　　　(a) 購買部門における購入手続のシステムの内部牽制が働いているか。
　　　　(b) 現物の取扱部門における検収・保管・在庫管理システムは十分か。
　　　　(c) 買掛金の計上は規定に従っているか。
　　　　(d) 請求書のチェック等により異常な取引はないか。
　　7）固定資産
　　　　(a) 経営計画と有機的に連動しているか。
　　　　(b) 稟議書，見積書，契約書，請求書は整っているか。
　　　　(c) 付保，除却，売却等の処理は適切に行われているか。
　　　　(d) リース資産の管理並びに会計処理は適切に行われているか。
　　8）売　上
　　　　(a) 販売価額，値引条件等は定められた基準に従っているか。
　　　　(b) 与信限度の設定とその遵守の状況は如何になっているか。
　　　　(c) 押込販売，架空売上，簿外売上等はないか。
　　　　(d) 異常な売上の増減がある場合その理由は何か。
3．非定常的監査
　　1）重大な法令違反又は違反の可能性ある事実を知った時その調査を行う。
　　2）会社の財産又は損益に重大な影響を及ぼす事実を知った時その調査を行う。
　　3）保証債務，手形遡及義務，重大な係争事件に係る損害賠償等の調査を行う。
　　4）子会社における異常な取引，累積赤字，偶発損失等を調査する。
　　5）取締役の競業取引・利益相反取引等を調査する。
　　6）内部統制の実施状況を監査する。
4．会計監査人との連携
　　　　期中においても会計監査人と連携をとり，会計監査人の調査済の事項については会計監査人にその報告を求めることによって調査に代えることができることとする。

⑭　期中会計監査調書

　監査実施要領に基づき一通り全部行ったものとして監査調書を作成することになる。ただどの時点で行ったものかを説明しておく必要がある。思うに全項目が同一の時点である必要はない。期中監査はその点で都合のよい時点を選んでよいと思う。何となれば期中監査の主たる狙いは業務内容の正確性，適法性，妥当性，効率性等を調査することにあるからであり，したがって特定の時点にこだわる必要はない。一般論としては特定の時点は必要条件ではないが，監査役の人数的制約や監査スタッフがいない場合等を考えると監査の効率面からいって中間決算期に照準を合わせて行うことが望ましいと考えられる。

　なお，監査調書と監査要領の監査内容が同一であるため，監査調書は省略することとしたので，各社で作成されたい。用語例については129頁を参照。

⒂　中間決算監査実施要領

　中間決算においても決算担当部門からの決算内容の説明をもとに，一通りの監査を行っておく必要がある。とくに会計方針の変更など通期に必要な変更については，中間決算時に変更の手続を経ておく必要があるので注意を要する。

　会社法453条によれば会社は何時でも剰余金の配当をすることができるとされている。しかし剰余金の配当には株主総会の決議が必要である（会454）。そこで取締役会設置会社においては一事業年度の途中において一回だけ取締役会の決議で中間配当を行うことができることとした。ただし中間配当のできる旨を定款に定めておかなければならない（会454⑤）。

　なお会計監査人設置会社で監査役会設置会社である場合，取締役の任期を1年と定款に定めれば，剰余金の配当は何時でも取締役会の決議で可能となるので（会459），この場合にはあえて中間配当の定款の定めを置く必要はない。

　以下実施要領を示すと第Ⅲ－13図のようになる。

第Ⅲ-13図   第　期監査要領　B-

中間決算監査実施要領

Ⅰ　中間決算監査
　1．経理部中間決算説明会（会計監査人同席），及び中間決算取締役会（全監査役出席）にて，中間決算及び中間配当についての説明を受け，法令・定款に適合していることを確認する。
　　　特に次の事項に留意する必要がある。
　　1）会計方針等の変更の相当性の確認
　　2）当期予測数値の妥当性の確認
　2．会計監査人の中間監査実施説明書を受領し，説明を受ける。
　3．下記書類を入手閲覧し，確認する。
　　1）中間報告書（株主宛）
　　2）中間決算短信
Ⅱ　中間配当手続の監査
　　　中間配当の手続が法令・定款に従って行われることを確認する。
　　1）中間配当事務日程（総務部作成）
　　2）中間配当に関する定款の定め（定款第　条）
　　3）中間配当の株主確定手続
　　4）中間配当に関する取締役会決議
　　5）中間決算，中間配当の公表と株主への通知
　　6）中間配当可能限度額算定は「分配可能額の算定一覧表」(139頁参照)の計算による。

Ⅲ　会計監査と相当性意見の形成

(16)　中間決算監査調書

　中間決算の場合は期末本決算とは違って，監査手続も一通り行っておけばよいと考えられる。決算担当部門による中間決算の説明のほか一般には会計監査人からも中間監査報告が行われるので，両者をチェックしておくことになる。その他中間配当に関連して手続や内容のチェックを怠ってはならない。

第Ⅲ－14図

第　期監査調書 C－

中間決算監査調書

	監査項目	監査手続・結果
中間決算監査	経理部中間決算説明会出席(全員)	月　　日
	中間決算取締役会出席（全員）	月　　日
	会計監査人中間監査実施説明書	月　　日報告及び受領
	中間報告書（対株主）	月　　日確認
	中間決算短信	月　　日確認
	会計方針変更	変更なし
	当期予測数値の妥当性	妥当
中間配当等監査	中間配当事務日程	確認
	中間配当に関する定款の定め	確認（定款　　条）
	中間配当の株主確定手続	基準日決定取締役会　月　　日 基準日　月　　日 基準日確定広告　月　　日
	中間配当に関する取締役会決議	月　　日
	中間配当の公表・株主通知	公表　月　　日 発送　月　　日
	中間配当可能限度額算定等	相当
添付資料	1．中間配当可能限度額計算等	
別添資料	1．第　期中間配当事務日程　2．第　期中間決算書類　＜省略＞ 2．取締役会議事録　＜省略＞ 3．監査法人　中間監査実施説明書　＜省略＞	

Ⅲ　会計監査と相当性意見の形成

⒄　連結四半期報告書監査実施要領

　金融商品取引法で有価証券報告書を提出しなければならない会社は平成20年4月以降開始の事業年度より四半期報告書を内閣総理大臣に提出することが義務づけられた。その概要は次の通りであるが監査役としても通年の計算書類だけではなく期中監査にはなるが四半期報告書にも関心を深め監査を行う必要がある。
　そこで監査の必要項目を実施要領に定めることとした。

〔制度の概要〕
1. 四半期報告書の提出義務のある会社
　金商法に基づき有価証券報告書を提出する会社でかつ上場会社（金商法24の4の7①）
2. 四半期報告書と半期報告書との関係
　四半期報告書を提出する会社は半期報告書を提出する必要はない（金商法24の5）。
3. 四半期報告書の記載内容
　内閣府令65号，四半期連結財務諸表規則，四半期連結財務諸表規則ガイドラインに規定されている。
4. 四半期報告書の提出期限，適用時期
　各四半期終了後45日以内，特定事業会社は60日以内（金商法24の4の7①）であり，平成20年4月以降開始の事業年度より適用となる。
5. 経営者の確認書提出義務
　期末有価証券報告書の金商法に基づく適正の確認書と同様に四半期報告書の場合も確認書の提出が準用されている（金商法24の4の8①）。
6. 公認会計士（又は監査法人）の監査証明
　四半期報告書には監査法人等の監査証明（レビュー）が必要となる（金商法193の2①，⑤）。

7．四半期連結財務諸表の範囲

　企業会計基準第12号「四半期財務諸表に関する会計基準」（平成23年3月）5項によれば，四半期連結財務諸表の範囲は企業会計基準25号「包括利益の表示に関する会計基準」に従い，1計算書方式による場合，四半期連結貸借対照表，四半期連結損益及び包括利益計算書，並びに四半期連結キャッシュフロー計算書とする。また，2計算書方式による場合，四半期連結貸借対照表，四半期連結損益計算書，四半期連結包括利益計算書及び四半期連結キャッシュフロー計算書とする。株主資本等変動計算書は不要である。

8．四半期連結財務諸表の開示対象期間等

　「四半期財務諸表に関する会計基準」7項によれば，

① 貸借対照表：当四半期連結会計期間末現在及び前四半期連結会計年度末現在

② 損益計算書：当四半期連結累計期間及び前年同四半期連結累計期間

③ 包括利益計算書：当四半期連結累計期間及び前年同四半期連結累計期間

④ キャッシュフロー計算書：当第2四半期連結累計期間及び前年同四半期連結累計期間

　（注）　改正により，3か月情報は不要となり累計情報のみでよいとされた。またキャッシュフロー計算書では第1四半期と第3四半期は開示の省略が可能となった。新しくは包括利益計算書の開示が加わった。さらに注記事項が減り簡素化された。

第Ⅲ-15図

第　期監査要領　B-

連結四半期報告書監査実施要領

Ⅰ　目　的

監査役は四半期報告書が金融商品取引法に従って企業集団の経理の状況等を正しく示しているか否かの監査を行い計算書類の監査の一助とするために監査要領を次のように定める（金商法24の4，24の5，193の2等）。なお有価証券報告書を提出しなければならない会社は平成20年4月以降開始の事業年度より，連結の四半期報告書の内閣総理大臣に対する提出が義務づけられている。

Ⅱ　監査項目

1．基本事項

① 各四半期終了後45日（＊特定事業会社は60日）以内に四半期報告書を内閣総理大臣宛に提出しているか（金商法24の4の7①）。

② 公認会計士（又は監査法人）の監査証明に関して当社に問題はなかったか（金商法193の2①，⑤）。

③ 四半期報告書に関する内部統制システムはできているか。

2．全般的事項

① 企業の概況の主要な経営指標の中で指摘すべき問題はないか。

② 事業の状況における，事業等のリスク，重要な契約，キャッシュフロー状況等に指摘すべき問題はないか。

③ 経理の状況における四半期連結貸借対照表，四半期連結損益計算書，四半期包括利益計算書等の中で特筆すべき事項はないか。

3．その他の事項

① 継続企業の前提に関する疑義はなかったか。

② 重要な会計方針の変更はなかったか。

③ 連結範囲の変更，連結会社の決算日の変更はなかったか。

④ 重要な内部統制の変化はなかったか。

⑤ 重要な偶発事象，後発事象は存在しているか。

⑥ 四半期会計特有の会計処理の適用はなかったか。（＊＊）

⑦ 四半期会計における簡便的取扱いは実施されたか。（＊＊＊）

⑧ その他特記すべき重要事項はあるか。

（注）
* 特定事業会社とは銀行，保険等の特定の事業を行う会社で連結の半期報告書の他に単体の半期報告書も必要となるため提出期限が60日と長くなっている（金商法24の4の7①）。
** 四半期特有の会計処理
　① 原価差額の繰延処理
　② 税金費用の計算（見積実効税率使用）
*** 簡便的な会計処理
　① 貸倒引当金（前年度末等の貸倒実績率等の合理的基準の適用可）
　② 市場なき有価証券（直近の財務諸表に後発事象等の修正を加味）
　③ 棚卸資産（前年度の実地棚卸高を基礎に計算可，実地棚卸は不要）
　④ 棚卸資産（原価差異の簡便的な配賦）
　⑤ 経過勘定（概算額の計上可）
　⑥ 減価償却（年間予算額より按分可）
　⑦ 税金費用（簡便計算可）
　⑧ 繰延税金資産（回収可能性につき前年度末の業績予測の使用可）
　⑨ 連結会社の法人税等（重要性のない場合前年度末の負担率使用可）
　⑩ 連結会社間の債権債務（差異調整を行わず概算消去可）
　⑪ 未実現利益の消去（在庫につき直前の損益率等の合理的見積可）　等

なお簡便的会計処理の具体的規定はない。

⒅ 連結四半期報告書監査調書

　連結四半期報告書の監査では従来の中間決算にともなう半期報告書がなくなり，代わって四半期報告書が実質的に2回（第1四半期，第3四半期）増えることとなる。会計処理等も簡便な方式がとられる項目が増えることになる。これらの内容は経理部門あるいは会計監査人に聞いてみることが早道であろう。スタートの第1四半期で聞いておけば後はその応用編となるので苦にならなくなると思われる。

　なお，企業会計基準第12号「四半期財務諸表に関する会計基準」（平成23年3月25日改正）により連結四半期報告書が相当簡素化された（連結四半期報告書監査実施要領7，8参照）ので注意を要する。

　監査役としては会計監査人に総ての会計事項を任せたままでは不完全燃焼となるので，自身の会計監査への納得性を高める上でも会計の基礎的知識を身につけておくことが必要であろう。

　さらに付言するならば，連結四半期報告書監査調書は年に3回（第1四半期，第2四半期，第3四半期）作成することが必要である。

　なお，監査調書と監査要領の監査内容が同一であるため，監査調書は省略することとしたので，各社で作成されたい。用語例については129頁を参照。

(19) 連結キャッシュフロー計算書監査実施要領

　連結キャッシュフロー計算書は金融商品取引法により作成を義務づけられているが，往時と異なり今日では計算書類の中でも損益計算書よりも貸借対照表の方に重点が移され，とりわけキャッシュフローには重点が置かれている。利益はオピニオン（意見）キャッシュはファクト（事実）といわれるように会社の血液のようなキャッシュは最重要テーマといってもよい。

　そこで監査役としてもキャッシュフローに関心を持ち，会社のキャッシュフローの状態を一通り理解しておくべきものと思われる。

　今日わが国で使用されているキャッシュフロー計算書は間接法であり，次の3区分を主体としている。

　　1．営業活動によるキャッシュフロー
　　2．投資活動によるキャッシュフロー
　　3．財務活動によるキャッシュフロー

　ここで間接法による営業活動によるキャッシュフローは最終結論となる税金等調整前当期純利益からスタートして特別損益や営業外損益等を調整して導く方式であるから，本当の営業活動によるキャッシュフローをみることができないという難点を持っている。この間接法は簡易に営業活動によるキャッシュフローの金額を算出できるところから欧米で用いられるようになり，わが国でも同様に利用している方式である。

　キャッシュフロー計算書は金融商品取引法の範疇とはいえ，決算短信にも開示が義務づけられており，監査役としてもかなり重要視しなければならない開示書類といえる。

　ともあれ監査役として監査できる範囲で監査項目を要領にまとめることとした。

第Ⅲ-16図

第　期監査要領　B-

連結キャッシュフロー計算書監査実施要領

Ⅰ　目　的

　　金融商品取引法により作成が義務づけられているキャッシュフロー計算書の内，連結キャッシュフロー計算書につき前期と対比して大きく変動した項目につき監査を行うこととする。その対象は有価証券報告書，四半期報告書（いずれも連結のみ）とし，その監査の要領を次のように定める。

　　ただし連結キャッシュフロー計算書は間接法によるものとする。

Ⅱ　監査項目

　1．基本事項

　　① 連結キャッシュフロー計算書の税金等調整前当期純利益は損益計算書の額と一致しているか。

　　② 営業活動，投資活動，財務活動，換算差額のキャッシュフローの合計額は現金及び現金同等物（注ⅰ）の増加（又は減少）額と一致しているか。

　2．営業活動によるキャッシュフロー

　　① 減価償却費は損益計算書の売上原価，一般管理販売費に含まれている減価償却費の額と一致しているか。

　　② のれん（旧連結調整勘定）の償却額は損益計算書の額と一致しているか。

　　③ 貸倒引当金の増加額は正しく表示されているか。

　　④ 退職給付引当金の増加額は正しく表示されているか。

　　⑤ 受取利息・配当金は損益計算書の額と一致しているか。

　　⑥ 支払利息は損益計算書の額と一致しているか。

　　⑦ 売上債権の増加額（又は減少額）は正しく表示されているか。

　　⑧ 棚卸資産の増加額（又は減少額）は正しく表示されているか。

　　⑨ 仕入債務の増加額（又は減少額）は正しく表示されているか。

　　⑩ その他（注ⅱ）

　3．投資活動によるキャッシュフロー

　　① 定期預金の預入による支出は正しく表示されているか。

　　② 定期預金の払戻による収入は正しく表示されているか。

　　③ 有価証券の取得による支出は正しく表示されているか。

　　④ 有価証券の売却による収入は正しく表示されているか。

　　⑤ 有形固定資産の取得による支出は正しく表示されているか。

⑥　有形固定資産の売却による収入は正しく表示されているか。
⑦　その他（注ii）
4．財務活動によるキャッシュフロー
①　短期借入による収入は正しく表示されているか。
②　短期借入金の返済による支出は正しく表示されているか。
③　長期借入による収入は正しく表示されているか。
④　長期借入金の返済による支出は正しく表示されているか。
⑤　株式の発行による収入は正しく表示されているか。
⑥　配当金の支払額は正しく表示されているか。
⑦　その他（注ii）

（注ｉ）　現金同等物とは要求払預金（普通預金，当座預金，通知預金等）その他容易な換金可能性と価値変動リスクの僅少性を備えたもので償還日が3か月以内の定期預金，譲渡性預金，コマーシャルペーパー，売戻し条件付き現先，公社債投資信託等をいう。
（注ii）　その他は金額の大きな項目または前期と比較して大きく変動した項目を取り出して原因等を調査する。

⒇ 連結キャッシュフロー計算書監査調書

連結キャッシュフロー計算書では投資活動によるキャッシュフローおよび財務活動によるキャッシュフローのいずれもが理解しやすいが，営業活動によるキャッシュフローは間接法による理由もあって増減した原因が計算書から読むことができない。その理由は損益計算書の売上，売上原価，一般管理費，販売費等の増減や売掛金，買掛金の増減等により推測するより他ない。

特に貸借対照表や損益計算書からキャッシュフローの金額を算出する原理を勉強しておくことも大事なことと考えられる。

〔簡単なキャッシュフローの構造（直接法）〕

① 営業収入　売 上 高　　a（全額キャッシュで入金したとする）
　　　　　　期首売掛金　＊b（前期分は当期にキャッシュ入金している）
　　　　　　期末売掛金　－c（売上高の内，期末分は翌期入金となる）
　　　　　　営 業 収 入　a＋b－c（＝A）
② 営業支出　当期仕入高　－d（全額キャッシュで支払ったとする）
　　　　　　期首買掛金　－e（前期分は当期キャッシュで支払っている）
　　　　　　期末買掛金　　f（仕入高の内，期末分は支払っていない）
　　　　　　営 業 支 出　－d－e＋f（＝B）
③ 営業活動キャッシュフロー＝A－B

（注）＊　流動資産にある売掛金や流動負債にある買掛金等は1年以内に入金（キャッシュイン）したり支出（キャッシュアウト）する。
　　　　これをワンイヤールールという。

第Ⅲ-17図   第　期監査調書　C－

連結キャッシュフロー計算書監査調書

Ⅰ　概　　要
　監査要領C－により連結キャッシュフロー計算書の内容につき監査を行った。その監査の内容と結果については次の通りである。

Ⅱ　監査事項と結果

監　査　項　目	監査結果
1．基本事項	
①　連結キャッシュフロー計算書の税金等調整前当期純利益は損益計算書の額と一致しているか。	一　致
②　営業活動，投資活動，財務活動，換算差額のキャッシュフローの合計額は現金及び現金同等物(注i)の増加（又は減少）額と一致しているか。	一　致
2．営業活動によるキャッシュフロー	
①　減価償却費は損益計算書の売上原価，一般管理販売費に含まれている減価償却費の額と一致しているか。	一　致
②　のれん（旧連結調整勘定）の償却額は損益計算書の額と一致しているか。	一　致
③　貸倒引当金の増加額は正しく表示されているか。	適　法
④　退職給付引当金の増加額は正しく表示されているか。	適　法
⑤　受取利息・配当金は損益計算書の額と一致しているか。	一　致
⑥　支払利息は損益計算書の額と一致しているか。	一　致
⑦　売上債権の増加額（又は減少額）は正しく表示されているか。	適　法
⑧　棚卸資産の増加額（又は減少額）は正しく表示されているか。	適　法
⑨　仕入債務の増加額（又は減少額）は正しく表示されているか。	適　法
⑩　その他(注i)	な　し
3．投資活動によるキャッシュフロー	
①　定期預金の預入による支出は正しく表示されているか。	適　法
②　定期預金の払戻による収入は正しく表示されているか。	適　法
③　有価証券の取得による支出は正しく表示されているか。	適　法
④　有価証券の売却による収入は正しく表示されているか。	適　法

Ⅲ　会計監査と相当性意見の形成

⑤ 有形固定資産の取得による支出は正しく表示されているか。	適	法
⑥ 有形固定資産の売却による収入は正しく表示されているか。	適	法
⑦ その他（注i）	な	し

4．財務活動によるキャッシュフロー

① 短期借入による収入は正しく表示されているか。	適	法
② 短期借入金の返済による支出は正しく表示されているか。	適	法
③ 長期借入による収入は正しく表示されているか。	適	法
④ 長期借入金の返済による支出は正しく表示されているか。	適	法
⑤ 株式の発行による収入は正しく表示されているか。	適	法
⑥ 配当金の支払額は正しく表示されているか。	適	法
⑦ その他（注i）	な	し

5．問題点の指摘

① 営業活動によるキャッシュフローに問題点はないか。	な	し
② 投資活動によるキャッシュフローに問題点はないか。	な	し
③ 財務活動によるキャッシュフローに問題点はないか。	な	し
④ 公認会計士による問題点の指摘はなかったか。	な	し

（注i） その他は金額の大きな項目または前期と比較して大きく変動した項目をとり出して原因等を調査する。

(21) 連結貸借対照表・連結損益計算書監査実施要領

I 連結計算書類作成対象会社等

　連結計算書類を作成しなければならない会社は大会社のうち，有価証券報告書提出会社に限定されており，平成17年3月期から対象会社は毎期作成を義務付けられることとなっている。

II 包括利益計算書と事業報告との関係

① 有価証券報告書における連結財務諸表

　平成22年6月30日に企業会計基準委員会より公表された企業会計基準25号「包括利益の表示に関する会計基準」につき平成23年3月31日終了事業年度より，有価証券報告書における連結財務諸表に適用されることとなった。包括利益は国際会計基準（IFRS）の流れにそうもので，包括利益は少数株主損益調整前当期純利益（平成27年3月期より「当期純利益」と表示）にその他の包括利益を加算したものであり，その他の包括利益には親会社と非支配株主の分が含まれている。また計算方式には1計算書方式と2計算書方式があり，会社のオプションでいずれを用いてもよい。

② 会社法の事業報告における連結計算書類

　事業報告における連結損益計算書は従来どおり当期純利益で完結しており，包括利益の表現はない。他方で連結貸借対照表の純資産の部では従来「評価・換算差額等」としていた表現を「その他の包括利益累計額」の表現に変えている。

　ところで平成22年9月改正の会社計算規則76条により「評価・換算差額等」の他に「その他の包括利益累計額」の表示も可能になった経緯があり，一方では有価証券報告書の連結貸借対照表で「その他の包括利益累計額」の表現を使用していることとのバランス上「その他の包括利益累計額」の表現を使用しているとのことである。連結損益計算書を通さない従来どおりの方式で連結貸借対照表上で計算されたものを「その他の包括利益累計額」とする表現には違和感があるが，いずれ会社計算規則等が改正されるものと考えられる。

III 会計監査と相当性意見の形成

第Ⅲ-18図　　　　　　　　　　　　　　　第　期監査要領　B-

連結貸借対照表・連結損益計算書監査実施要領

Ⅰ　目　的
　　会計監査人の行った連結計算書類監査の方法及び結果につき相当であるか否かの意見形成を行うために連結貸借対照表・連結損益計算書に関する監査実施要領を定める。
Ⅱ　監査項目（連結貸借対照表）
　1．非支配株主持分
　　1）非支配株主持分がある場合，純資産の部に「非支配株主持分」の科目で区分掲記されているか。
　2．取立不能見込額
　　1）金銭債権等につき取立不能のおそれある場合，その取立不能見込額は控除形式で記載されているか。
　3．減価償却累計額
　　1）有形固定資産の減価償却累計額は控除形式で記載されているか。又控除後残高を記載している場合には減価償却累計額は注記されているか。
　4．無形固定資産等
　　1）無形固定資産，繰延資産，繰延税金資産，繰延税金負債は償却額を控除した残額が記載されているか。
　5．負債性引当金
　　1）計規6条2項の引当金がある場合，適当な名称を付して記載されているか。又法令等で強制される引当金・準備金は引当金の部を設けて記載されているか。
　6．のれん
　　1）のれん（従来の連結調整勘定）が投資の金額超過の場合には無形固定資産の部に，資本の金額超過の場合には固定負債の部に記載されているか（計規85）。
　7．純資産の部
　　1）　純資産の部は株主資本，その他の包括利益累計額，新株予約権，少数株主持分に区分掲記されているか。
　　2）　株主資本は資本金，新株式申込証拠金，資本剰余金，利益剰余金，自己株式，自己株式申込証拠金に区分掲記されているか。
　　3）　資本剰余金は資本準備金，その他の資本剰余金に，利益剰余金は利益準備金，

その他の利益剰余金に区分掲記されているか。
　　4）　その他の包括利益累計額は，その他有価証券評価差額金，繰延ヘッジ損益，土地再評価差額金，為替換算調整勘定に区分掲記されているか。
　8．繰延税金資産等
　　繰延税金資産及び繰延税金負債は適正に計上されているか。
Ⅲ　監査項目（損益計算書）
　1．のれん償却額等
　　1）　資産の部に計上されたのれん償却額と負債の部に計上されたのれん償却額と相殺した場合，その差額は販売費及び一般管理費又は営業外収益として記載されているか。
　　2）　持分法による投資利益と投資損失が生じた場合，その相殺差額は営業外収益又は営業外損失として記載されているか。
　2．特別損益
　　1）　特別損益の部には固定資産売却益等の内容を示す適当な科目を付した記載がなされているか。
　3．当期純利益（又は純損失）
　　1）　税金等調整前当期純利益金額（又は純損失金額）の後には次の記載がなされその加減した額が当期純利益金額（又は純損失金額）として表示されているか。
　　　①　法人税その他の税の額
　　　②　法人税等調整額
　　　③　税金等調整前当期純利益金額（又は純損失金額）の少数株主持分の額

1．作成　平成　年　月　日				
	担当監査役	氏　名		㊞
2．承認（於監査役会）平成　年　月　日				
	常勤監査役	氏　名		㊞
	監査役	氏　名		㊞
	監査役	氏　名		㊞

（注ⅰ）　連結計算書類とは従来の連結貸借対照表と連結損益計算書の他に連結株主資本等変動計算書及び連結注記表が加わった。
（注ⅱ）　会計監査人の連結計算書類の監査報告は原則として連結計算書類の受領日から4週間経過した日までということになっているが，特定取締役，特定監査役及び会計監査人の間で合意のある時はその合意日を優先する（計規130）。

（注ⅲ）　監査役の監査報告は連結に関する会計監査人の監査報告受領日から１週間を経過した日までとなっているが，特定取締役と特定監査役の間で合意日がある場合には合意日を優先する（計規132）。

（注ⅳ）　従来の商法と大きく異なるところは計算書類の提出期限がなくなったことである。しかし株主に対する招集通知は２週間前までに行わなければならないので，従来とほぼ似たスケジュールをたてることが一番無難と考えられる。

（注ⅴ）　従来の連結調整勘定（商法施行規則137条）が「のれん」（計規85）に表示変更となったので注意を要する。

（注ⅵ）　平成21年４月１日改正の計算規則11条により負の「のれん」は計上できなくなった。計規11にいう「適正な額ののれんを資産又は負債として計上することができる」とある中の適正な負債ののれんの額とは零の意であり即ち計上できないとされている。他方損益計算書には特別利益として計上しなければならない（計規88②）。

（注ⅶ）　純資産の部における「その他の包括利益累計額」の表示は，平成22年６月30日企業会計基準委員会が公表した企業会計基準25号「包括利益の表示に関する会計基準」が平成23年３月31日終了事業年度より有価証券報告書における連結財務諸表に適用されることとなったことに伴い，事業報告（会社法）の連結貸借対照表に適用するものである（計規76）。

　　なお，単体における貸借対照表では従来どおりの評価・換算差額等の表示による。

⑵ 連結貸借対照表・連結損益計算書監査調書

　監査実施要領に従って監査調書が作成されることになるが，連結計算書類（連結貸借対照表・連結損益計算書）はかなり専門的な要素が多く監査役が独自に監査することは大変なことである。したがって担当の経理ないし財務部門の人に聞く方がよいと考えられる。何しろ連結が主体となる時代であるから，一度は持分法やのれん（旧連結調整勘定）等の連結特有事項の原理をざっと理解しておくことが必要と思われる。

　第Ⅲ－19図に監査調書のサンプルを示しておく。

第Ⅲ-19図　　　　　　　　　　　　　　　　第　期監査調書　C－

連結貸借対照表・連結損益計算書監査調書

監　査　項　目	監査結果
Ⅰ　連結貸借対照表 　1．非支配株主持分 　　①　非支配株主持分がある場合，純資産の部に「非支配株主持分」の科目で区分掲記されているか。	区分掲記
2．取立不能見込額 　　①　金銭債権等につき取立不能のおそれある場合，その取立不能見込額は控除形式で記載されているか。	控除形式記載
3．減価償却累計額 　　①　有形固定資産の減価償却累計額は控除形式で記載されているか。又控除後残高を記載している場合には減価償却累計額は注記されているか。	残高記載 注記あり
4．無形固定資産等 　　①　無形固定資産，繰延資産，繰延税金資産，繰延税金負債は償却額を控除した残額が記載されているか。	残高記載
5．負債性引当金 　　①　計規6条2項の引当金がある場合，適当な名称を付して記載されているか。又法令等で強制される引当金・準備金は引当金の部を設けて記載されているか。	適法記載
6．のれん 　　①　のれんが投資の金額超過の場合には無形固定資産の部に，資本の金額超過の場合には固定負債の部に記載されているか。	適法記載
7．純資産の部 　　1）　純資産の部は株主資本，その他の包括利益累計額，新株予約権，少数株主持分に区分掲記されているか。	適法記載
2）　株主資本は資本金，新株式申込証拠金，資本剰余金，利益剰余金，自己株式，自己株式申込証拠金に区分掲記されているか。	適法記載
3）　資本剰余金は資本準備金，その他の資本剰余金に，利益剰余金は利益準備金，その他の利益剰余金に区分掲記されているか。	適法記載
4）　その他の包括利益累計額は，その他有価証券評価差額金，繰延ヘッジ損益，土地再評価差額金，為替換算調整勘定に区分	適法記載

掲記されているか。	
8．繰延税金資産等	
繰延税金資産及び繰延税金負債は適正に計上されているか。	適法記載
Ⅱ　連結損益計算書	
1．のれん償却額等	
①　資産の部に計上されたのれん償却額と負債の部に計上されたのれん償却額と相殺した場合，その差額は販売費及び一般管理費又は営業外収益として記載されているか。	適法記載
②　持分法による投資利益と投資損失が生じた場合，その相殺差額は営業外収益又は営業外損失として記載されているか。	適法記載
2．特別損益	
①　特別損益の部には固定資産売却益等の内容を示す適当な科目を付した記載がなされているか。	適法記載
3．当期純利益（又は純損失）	
①　税金等調整前当期純利益金額（又は純損失金額）の後には次の記載がなされその加減した額が当期純利益金額（又は純損失金額）として表示されているか。 　　（ⅰ）　法人税その他の税の額 　　（ⅱ）　法人税等調整額 　　（ⅲ）　税金等調整前当期純利益金額（又は純損失金額）の非支配株主持分の額	適法記載
1．作成　平成　年　月　日 　　　　監査意見　　相当と認める 　　　　　　　　　　　　担当監査役　　氏　　名　　　㊞ 2．承認（於監査役会）平成　年　月　日 　　　　　　　　　　　　常勤監査役　　氏　　名　　　㊞ 　　　　　　　　　　　　監査役　　　　氏　　名　　　㊞ 　　　　　　　　　　　　監査役　　　　氏　　名　　　㊞	

（注）　最初の貸借対照表・損益計算書監査実施要領及び調書には末尾に作成・承認等を記載し，以降は末尾記載を省略してきたが注意を喚起する意味で最後の監査実施要領及び調書には作成・承認等を記載することにした。

⑵ 連結株主資本等変動計算書監査実施要領

　連結株主資本等変動計算書と個別株主資本等変動計算書の異なるところは基本的な区分項目に個別の株主資本，評価・換算差額等，新株予約権の他に少数株主持分の区分が加えられることである。その他自己株式が会社所有の自己株式帳簿価額の他連結子会社，関連会社等が所有する当該会社の自己株式帳簿価額の持分割合相当額を合計した額であるとしている。さらに為替換算調整勘定としては外国にある子会社等の資産等の換算に用いる為替相場と純資産の換算に用いる為替相場との換算差額であるとしている点が異なる。

　なお資本金，資本剰余金，利益剰余金，自己株式については当期変動額と各変動事由を明示する必要がある（計規96⑦）。他方その他の包括利益累計額，新株予約権，非支配株主持分については期中の増減差額を明示する必要はあるが変動事由ごとの記載は強要されていない。これらの諸点に留意して監査を行う必要がある。

第Ⅲ－20図

第　期監査要領　Ｂ－

連結株主資本等変動計算書監査実施要領

Ⅰ　目　的
　監査役は連結株主資本等変動計算書が法令等に従って会社の状況を正しく示しているか否かの監査を行い監査報告に記載する必要があるので監査要領を次のように定める（会436，計規96）。

Ⅱ　監査項目
1．株主資本等変動計算書は株主資本，その他の包括利益累計額，新株予約権，少数株主持分に区分表示されているか。
2．株主資本は資本金，新株式申込証拠金，資本剰余金，利益剰余金，自己株式，自己株式申込証拠金に区分表示されているか。
3．2の自己株式は次の①と②の合計額になっているか。
　①　会社が所有する自己株式の帳簿価額
　②　連結子会社，持分法を適用する非連結子会社及び関連会社が保有する当該会社の株式の帳簿価額のうち持分に相当する額
4．その他の包括利益累計額はその他有価証券評価差額金，繰越ヘッジ損益，土地再評価差額金，為替換算調整勘定に区分表示されているか。ただしその他の適当な名称を付して項目を細分できる。
5．4の為替換算調整勘定は外国の子会社又は関連会社の資産・負債の換算に用いる為替相場と純資産の換算に用いる為替相場とが異る時生じる換算差額であるが適正に計上されているか。
6．資本剰余金は資本準備金，その他資本剰余金に，利益剰余金は利益準備金，その他利益剰余金に区分表示されているか。ただしその他資本剰余金，その他利益剰余金は適当な名称を付し項目を細分できる。
7．新株予約権から自己新株予約権は控除され表示されているか。
8．資本金，資本剰余金，利益剰余金，自己株式については①前期末残高，②当期変動額，③当期末残高の金額が明示されているか又②については変動事由が明らかにされているか。
9．その他の包括利益累計額，新株予約権につき①前期末残高，②当期変動額，③当期末残高の金額が明示されているか。又主要な当期変動額について変動事由が明らかにされているか。
10．各項目について①前期末残高，②当期末残高の金額は貸借対照表と一致しているか。
11．資本金の払込み又は給付の額の1／2を超えない額は資本準備金として計上されているか（会445）。
12．剰余金の配当は分配可能額（剰余金と分配可能額149～152頁参照）の範囲内に収まっているか。

13. 剰余金の配当により減少した剰余金がある場合，準備金の額が基準資本金（資本金×1／4）に達していれば準備金の積立額は0，達していない場合は①基準資本金－準備金既積立額と②会446条6号の額×1／10のいずれか少ない額を資本準備金又は利益準備金として計上しているか（会445，計規22）。
14. 非支配株主持分（平成27年3月期までは少数株主持分）は適正に計上されているか。
15. 遡及適用，誤謬の訂正又は前事業年度における企業結合に係る暫定的な会計処理をした場合には当期首残高及びこれに対する影響額は適正に計上されているか。

⑷ 連結株主資本等変動計算書監査調書

　個別株主資本等変動計算書と同様に資本金，資本剰余金，純資産合計等の項目別金額の前期末残高と当期末残高が連結貸借対照表と一致しているかのチェックを行う。次に期中の変動がどうであったかについて，資本金，資本剰余金，利益剰余金，自己株式に関しては変動額とともに各変動事由ごとに記載されているか注意する。その他自己株式や為替換算調整勘定の内容について連結では特に規定（計規96⑨）を設けているので注意を要する。

　また配当が分配可能額の範囲内に収まっているかについては改めてチェックしておくべきであろう。これらについては馴れるまでは会計監査人や会計担当に聞くことでチェックに代えてもよいと思う。

　なお，監査調書と監査要領の監査内容が同一であるため，監査調書は省略することとしたので，各社で作成されたい。用語例については129頁を参照。

[記載例１]

連結株主資本等変動計算書（横型の例）
（自平成○年○月○日 至平成○年○月○日）

（単位：百万円）

	株主資本					その他の包括利益累計額					新株予約権	非支配株主持分	純資産合計
	資本金	資本剰余金	利益剰余金	自己株式	株主資本合計	その他有価証券評価差額金	繰延ヘッジ損益	土地再評価差額金	為替換算調整勘定	退職給付に係る調整累計額	その他の包括利益累計額合計			
平成○年○月○日残高	×××	×××	×××	△×××	×××	×××	×××	×××	×××	×××	×××	×××	×××	×××
連結会計年度中の変動額														
新株の発行	×××	×××			×××									×××
剰余金の配当			△×××		△×××									△×××
親会社株主に帰属する当期純利益			×××		×××									×××
自己株式の処分				×××	×××									×××
・・・・・・														
株主資本以外の項目の連結会計年度中の当期変動額（純額）						×××	×××	×××	×××	×××	×××	△×××	×××	×××
連結会計年度中の変動額合計	×××	×××	×××	△×××	×××	×××	×××	×××	×××	×××	×××	△×××	×××	×××
平成○年○月○日残高	×××	×××	×××	△×××	×××	×××	×××	×××	×××	×××	×××	×××	×××	×××

記載上の注意！
(1) 連結株主資本等変動計算書の表示。連結貸借対照表の純資産の部における各項目との整合性に留意する。
(2) 記載は連結財務諸表規則に定める様式に準じているが、記載例中の「平成○年○月○日残高」を「前期末残高」、「結会計年度中の変動額」を「当期変動額」と記載することもできる。
(3) 連結株主資本等変動計算書の様式は規程されていないが、XBRL導入後の連結株主資本等変動計算書の様式に準じて、縦並び形式で作成することも考えられる。
(4) 連結株主資本等変動計算書においては、「評価・換算差額等」または「その他の包括利益累計額」のいずれかの項目に区分する。
(5) 改正計算規則第96条第7項（株主資本等変動計算書に係るもの）について、当連結会計年度より適用し、同日前の連結会計年度に係るものについては、同項の規定を適用することができるとされている。
連結株主資本等変動計算書に関する当連結会計年度の前連結会計年度の期首残高の訂正または当連結会計年度の前連結会計年度の期首残高の確定に係る場合には、
(6) 下記の記載例のように、当期首残高および上記これに対応して、会計方針の変更による累積的影響額を記載する。
下記の記載例は、遡及適用をした場合の記載例である。「会計方針の変更」および「遡及処理後当期首残高」および「遡及処理後当期首残高」を用いている会計基準等が、会計基準等の経過的な取扱いにより、会計方針の変更による影響額を当期首残高に加算することとされている場合や、企業会計基準第21号「企業結合に関する会計基準」等に従って企業結合に係る会計処理の確定が企業結合年度の翌年度に行われ、企業結合年度の翌年度の期首残高のみの表示がされる場合には、下記の記載例に準じて、期首残高に対する影響額を表示するとともに、当該影響額を適用当期首残高に加算することが定められている「遡及処理後当期首残高」を「会計方針の変更を反映した当期首残高」と記載することもできると考えられる。

[記載例2]

連結株主資本等変動計算書（横型の例）
（自平成○年○月○日 至平成○年○月○日）

（単位：百万円）

	株主資本					その他の包括利益累計額					新株予約権	非支配株主持分	純資産合計
	資本金	資本剰余金	利益剰余金	自己株式	株主資本合計	その他有価証券評価差額金	繰延ヘッジ損益	土地再評価差額金	為替換算調整勘定	退職給付に係る調整累計額	その他の包括利益累計額合計			
平成○年○月○日残高	×××	×××	×××	△×××	×××	×××	×××	×××	×××	×××	×××	×××	×××	×××
会計方針の変更による累積的影響額			×××		×××									×××
遡及処理後当期首残高	×××	×××	×××	△×××	×××	×××	×××	×××	×××	×××	×××	×××	×××	×××
連結会計年度中の変動額														
新株の発行	×××	×××			×××									×××
剰余金の配当			△×××		△×××									△×××
親会社株主に帰属する当期純利益			×××		×××									×××
×××××														
自己株式の処分		×××		×××	×××									
株主資本以外の項目の連結会計年度中の当期変動額（純額）						×××	×××	×××	×××	×××	×××	△×××	×××	×××
連結会計年度中の変動額合計	×××	×××	×××	△×××	×××	×××	×××	×××	×××	×××	×××	△×××	×××	×××
平成○年○月○日残高	×××	×××	×××	△×××	×××	×××	×××	×××	×××	×××	×××	×××	×××	×××

連結株主資本等変動計算書(縦型の例)

株主資本
 資本金   前期末残高   ×××
       当期変動額   新株の発行   ×××
       当期末残高   ×××
 資本剰余金   前期末残高   ×××
       当期変動額   新株の発行   ×××
       当期末残高   ×××
 利益剰余金   前期末残高   ×××
       当期変動額   剰余金の配当   △×××
               当期純利益   ×××
               その他   ×××
       当期末残高   ×××
 自己株式   前期末残高   △×××
       当期変動額   自己株式の処分 ×××
       当期末残高   △×××
 株主資本合計   前期末残高   ×××
       当期変動額   ×××
       当期末残高   ×××
その他の包括利益累計額(*1)
 その有価証券評価差額金 前期末残高   ×××
       当期変動額(純額)(*3)   ×××
       当期末残高   ×××
 繰延ヘッジ損益   前期末残高   ×××
       当期変動額(純額)(*3)   ×××
       当期末残高   ×××
 為替換算調整勘定 前期末残高   ×××
       当期変動額(純額)(*3)   △×××
       当期末残高   ×××
 その他の包括利益累計額合計 前期末残高   ×××
    (*2)   当期変動額   ×××
       当期末残高   ×××
新株予約権   前期末残高   ×××
       当期変動額(純額)(*3)   ×××
       当期末残高   ×××
非支配株主持分   前期末残高   ×××
       当期変動額(純額)(*3)   ×××
       当期末残高   ×××
純資産合計(*2)   前期末残高   ×××
       当期変動額   ×××
       当期末残高   ×××

(*1) その他の包括利益累計額については,その内訳科目の前期末残高,当期変動額及び当期末残高の各金額を注記により開示することができる。この場合,その他の包括利益累計額の前期末残高,当期変動額及び当期末残高の各合計額を個別株主資本等変動計算書に記載する。

(＊2)　各合計欄の記載は省略することができる。
(＊3)　株主資本以外の各項目は，変動事由ごとにその金額を記載することができる。この場合，連結株主資本等変動計算書又は注記により表示することができる。
注ⅰ：期中における変動がない場合には，「前期末残高及び当期末残高」のみを表示することができる。
注ⅱ：有価証券報告書，四半期報告書等をEDINETで公表する場合，XBRL（Extensible Business Reporting Language）形式により提出することになっているため，システムの都合上縦型で公表することになった。

⑵ 連結注記表監査実施要領

連結注記表としては計算規則98条2項4号により下記の13区分について表示することが定められている。

1. 継続企業の前提に関する注記
2. 連結計算書類の作成のための基本となる重要な事項及び連結の範囲又は持分法の適用範囲の変更に関する注記
3. 会計方針の変更に関する注記
4. 表示方法の変更に関する注記
5. 会計上の見積りの変更に関する注記
6. 誤謬の訂正に関する注記
7. 貸借対照表等に関する注記
8. 連結株主資本等変動計算書に関する注記
9. 金融商品に関する注記
10. 賃貸等不動産に関する注記
11. 一株当たり情報に関する注記
12. 重要な後発事象に関する注記
13. その他の注記

上記は省略可能な項目を総てカットした結果を記載した。当然に個別注記表と重複する内容となるが基本的には個別注記表の中から重要な項目をとり出すことになると考えられる。

なお貸借対照表に関する注記では計算規則103条1項6号の関係会社に対する金銭債権及び債務の項目は除かれている。グループで取り扱えば相互間の債権と債務は相殺される関係にあるので除外されたものと考えられる。さらに同7号から9号までの取締役等との金銭債権等の注記も除かれている。

第Ⅲ-21図　　　　　　　　　　　　　　　　　　第　　期監査要領　B-

連結注記表監査実施要領

Ⅰ　目　　的
　監査役は連結注記表が法令等に従って会社の状況を正しく示しているか否かの監査を行い監査報告に記載する必要があるので監査要領を次のように定める（会436，計規97～116）。
Ⅱ　監査項目
1．継続企業の前提に関する注記（計規100）*
　① 継続企業の前提に重要な疑義を抱かせる事象（以下，当該事象という）又は状況が存在する旨及びその内容
　② 当該事象又は状況を解消し，又は改善するための対応策
　③ 当該重要な不確実性が認められる旨及びその理由
　④ 当該重要な不確実性の影響の連結計算書類への反映の有無
2．連結計算書類の作成のための基本となる重要な事項に関する注記（計規102）
　① 連結の範囲に関する次の事項
　　イ．連結子会社の数及び主要な連結子会社の名称
　　ロ．主要な非連結子会社の名称，非連結子会社を連結から除いた理由
　　ハ．議決権の過半数所有の会社を子会社としない時名称と理由
　　ニ．計規63条１項により非連結とした会社が連結損益等に影響を与えると認められる重要なものがある時その内容
　　ホ．開示対象特別目的会社（施規４）があるときは当該会社の概要，当該会社との取引の概要と金額
　② 持分法の適用に関する次の事項
　　イ．持分法を適用した非連結子会社又は関連会社の数及びその中の主要な会社等の名称
　　ロ．持分法を適用しない非連結子会社又は関連会社の内主要な会社等の名称，持分法を適用しない理由
　　ハ．議決権で20％以上50％以下所有の会社等を関連会社としなかったの理由
　　ニ．持分法の適用の手続につき特に示す必要のある事項とその内容
　③ 会計処理基準に関する次の事項
　　イ．重要な資産評価基準及び評価方法
　　ロ．重要な減価償却資産の減価償却の方法
　　ハ．重要な引当金の計上基準
　　ニ．その他連結計算書類作成のための重要な事項
　④ 連結子会社の資産及び負債の評価に関する事項
　⑤ 連結の範囲または持分法の適用範囲を変更した時はその旨と理由
　⑥ 会計処理の原則及び手続を変更した時その旨，理由，連結計算書類に与えてい

る影響の内容
　⑦　表示方法を変更した時はその内容
3．会計方針の変更に関する注記（計規102の2）
　①　当該会計方針の変更の内容
　②　当該会計方針の変更の理由
　③　遡及適用の場合当該事業年度の期首の純資産額に対する影響額
　④　遡及適用をしなかったとき、イ計算書類（又は連結計算書類）の主な項目に対する影響額、ロ遡及しなかった理由、会計方針変更の適用方法及び開始時期、ハ会計方針の変更が翌期以後の財産又は損益に影響する可能性があり注記することが適切な場合はその事項
　　（注）　連結注記表と注記事項が同一の場合は個別注記表の注記は不要
4．表示方法の変更に関する注記（計規102の3）
　①　表示方法の変更の内容
　②　表示方法の変更の理由
　　（注）　連結注記表と注記事項が同一の場合は個別注記表の注記は不要
5．会計上の見積もりの変更に関する注記（計規102の4）
　①　会計上の見積もりの変更の内容
　②　会計上の見積もりの変更の計算書類（又は連結計算書類）の項目に対する影響額
　③　会計上の見積もりの変更が翌事業年度以降の財産又は損益に影響する可能性があるときは影響する事項
6．誤謬の訂正に関する事項（計規102の5）
　①　誤謬の内容
　②　当該事業年度の期首における純資産額に対する影響額
7．貸借対照表等に関する注記（計規103）
　①　担保資産に関する次の事項
　　イ．資産が担保に供されていること
　　ロ．イの資産の内容
　　ハ．担保に係る債務の金額
　②　資産から引当金を直接控除した場合資産項目別の引当金の金額一括注記の場合は流動資産、有形固定資産等の区分毎の一括した引当金の金額
　③　直接控除した資産項目別の減価償却累計額、一括表示の場合は各資産別に一括した減価償却累計額
　④　減損損失累計額を減価償却累計額に合算し含めている場合にはその旨
　⑤　保証債務、損害賠償債務等（負債の部に計上したものを除く）がある時はその債務の内容及び金額
　⑥　取締役等役員に対する金銭債権がある時はその総額
　⑦　取締役等役員に対する金銭債務がある時はその総額
　⑧　親会社株式の各表示区分別の金額

8．連結株主資本等変動計算書に関する注記（計規106）
　① 連結会計年度末日における会社の発行済株式総数（種類株式の場合は種類毎の発行済株式総数）
　② 連結会計年度中に行った剰余金の配当に関する事項
　③ 連結会計年度末日後に行う剰余金の配当（株主総会後に会454条1項の事項を定めるものを除く）に関する事項
　④ 連結会計年度末日における会社が発行している新株予約権（会236条1項4号の期間の初日が到来していないものを除く）の目的となる株式数（種類株式の場合は種類毎の株式数）
9．金融商品に関する注記（計規109）
　① 金融商品の状況に関する事項（重要性の乏しいもの除く）
　② 金融商品の時価に関する事項（重要性の乏しいもの除く）
10．賃貸等不動産に関する注記（計規110）
　① 賃貸等不動産の状況に関する事項（重要性の乏しいもの除く）
　② 賃貸等不動産の時価に関する事項（重要性の乏しいもの除く）
11．一株当たり情報に関する注記（計規113）
　① 一株当たりの純資産額
　② 一株当たりの当期利益金額又は当期純損失金額
12．重要な後発事象に関する注記（計規114）
　① 重要な後発事象とは事業年度末日後，翌事業年度以降の財産又は損益に重要な影響を及ぼす事象をいう。
　② 連結注記表における重要な後発事象とは事業年度末日後，連結会社並びに持分法適用の非連結子会社，関連会社の翌事業年度以降の財産又は損益に重要な影響を及ぼす事象をいう。ただし会社の事業年度末日と異なる事業年度末日の子会社及び関連会社については当該子会社等の事業年度末日後に発生した当該事象とする。
13．その他の注記（計規116）
　前記の他貸借対照表等，損益計算書等及び株主資本等変動計算書等より企業集団の財産又は損益の状態を正確に判断するために必要な事項

（注）＊　継続企業の前提に関する注記（計規100）は，継続企業の前提に重要な疑義を抱かせる事象又は状況が存在しかつ疑義を解消すべく改善等の対応をしてもなお重要な不確実性が認められる場合に限り注記することとした（平成21年4月改正）。

⒵　連結注記表監査調書

　連結注記表は個別注記表に比べて開示項目が少ないのであるが，その分連結計算書類の作成のための基本となる重要な事項の開示が多く要請されており，監査についても神経を使うところでもある。

　会社法になって金融商品取引法（旧証券取引法）の支配力基準が導入されたため親子会社の定義が複雑になり同時に関連会社の定義にも似たような複雑さがあって，まずは自社の子会社や関連会社を明確に捉えるところからスタートしなければならない。もちろん会計監査人がよく把握しているところではあるが子会社から連結外しの問題がよく巷で議論されているところでもあるから，監査役としても改めて自社の子会社ないしは関連会社の範囲のチェックを行うことから始めたい。

　連結の内容は基本的には個別の内容とそう変わらないと考えられる。

　なお，監査調書と監査要領の監査内容が同一であるため，監査調書は省略することとしたので，各社で作成されたい。用語例については129頁を参照。

⑵7　会計監査人監査報告監査実施要領

　会計監査人から監査報告を受領する（計規130）とき，一般には監査実施説明書等を添えて内容説明が行われるものと思われる。監査役にとって会計監査人の行った監査の経過と結果について相当性の意見形成を行う上にもっとも重要なポイントとなるものであり，受領した監査報告等を監査役の立場から監査することになるのである。

　会計監査人は会計のプロであるから，監査役がその正否を監査するというよりは，その監査報告に記載されている内容をよくトレースして理解しておくということになろう。

　上記監査実施要領のサンプルを第Ⅲ－22図に示すこととする。

第Ⅲ-22図　　　　　　　　　　　　　　　　　　　　　第　期監査要領　B-

会計監査人監査報告監査実施要領

Ⅰ　目　的
　　会計監査人による会計監査の相当性の意見形成を行うため，会計監査人より提出される監査報告についての検討を行う要領を次のように定める。

Ⅱ　監査項目
　1．監査実施日程等
　　　監査の実施日数，実施場所等は計画通り行われたか。
　2．監査実施手続・結果
　　　監査において監査基準に準拠し通常実施すべき監査手続を実施しているか。
　　　又その結果において問題はなかったか。
　3．重点監査項目
　　　期初の監査計画に示された売上，売掛金，棚卸在庫，特定の関係会社等の重点監査項目の結果について報告を受け問題はなかったか。
　4．その他の事項
　　1）会計処理・手続等の変更につき報告を受けたか。
　　2）後発事象の有無につき報告を受けたか。
　　3）継続企業の前提に係る事項につき報告を受けたか
　　4）取締役の法令・定款違反等重大な事実がある場合に，その報告を受けたか。
　　5）その他重要事項につき報告を受けたか。
　　　　イ．独立性及び法令等遵守に関する事項（計規131）
　　　　ロ．監査業務契約の受任及び継続の方針に関する事項（同条）
　　　　ハ．監査業務遂行の適正確保に関する事項（同条）
　　　　ニ．その他の事項

別添資料
　　　　　1．会計監査人監査報告　　2．監査実施説明書　　　　＜省略＞

⒂ 会計監査人監査報告監査調書

　監査実施要領に従い監査調書が作成されることになるのであるが，とくに重点監査項目については十分理解しておく必要があろう。その中には今後の課題が示されていることがあり監査役としても心してフォローする必要のあるものが含まれている場合がある。また法令・定款違反に関するものがある場合には十分な意見交換を行っておくべきである。

　なお，実施要領Ⅱ4，5）ハは計算規則131条1項3号に定められたものであり，監査役の監査報告に記載を要するところ（計規127①四）であるから注意を要する。

　なお，監査調書と監査要領の監査内容が同一であるため，監査調書は省略することとしたので，各社で作成されたい。用語例については129頁を参照。

会計監査と相当性意見の形成

　監査報告を作成する中で，会計監査人の行った監査の方法および結果について相当と認める表現がある。監査役が専門家である会計監査人の監査結果に関して相当と認めるためには，会計監査人と同程度の監査を行うことは不可能だとしても，会計処理の根幹をなす部分については一応理解しておき，監査役自身が自信を持つ必要があろう。そのために前節で具体的な形で監査実施要領および監査調書の例をみてきた。もう一度これらを列挙してみると，

　　1．貸借対照表・損益計算書　　　　　　監査実施要領・監査調書
　　2．株主資本等変動計算書　　　　　　　　〃
　　3．剰余金と分配可能額チェックリスト
　　4．個別注記表　　　　　　　　　　　　監査実施要領・監査調書
　　5．継続企業の前提　　　　　　　　　　　〃
　　6．附属明細書　　　　　　　　　　　　　〃
　　7．期中会計　　　　　　　　　　　　　　〃
　　8．中間決算　　　　　　　　　　　　　　〃
　　9．連結四半期報告書　　　　　　　　　　〃
　　10．連結キャッシュフロー計算書　　　　　〃
　　11．連結貸借対照表・連結損益計算書　　　〃
　　12．連結株主資本等変動計算書　　　　　　〃

13. 連結注記表　　　　　　　　　　　　　〃
14. 会計監査人監査報告　　　　　　　　　〃

　ここで上記1，2，4は監査役及び会計監査人の監査の対象（会436）となる計算書類（会435）であり3は2のチェック資料である。一方で関連する6の附属明細書があり，あわせて7，8の中間監査も用意されている。さらに9～13は連結計算書類等であるからこれだけの監査実施を行い監査調書を作成すれば会計監査人の行った会計監査については一通り監査役として会計監査を網羅したことになろう。加えて会計監査人の監査報告についても監査を行い監査調書を用意することとなれば，監査役としては会計監査人の会計監査につき相当である（または相当ではない）との意見表明を自信を持って行うことができるといえよう。

　株主総会の想定問答の中で「会計監査人の行った監査の経過と結果を相当と認めた根拠を説明してほしい」との特殊株主の質問に対して「期中の伝票や帳簿をすべてチェックし，期末には棚卸等の実査に立ち会い，会計監査人からも監査報告及び説明を受ける等した結果相当と認めた」といった回答例が見受けられるが，回答の中身はどうみても空洞の観がある。さらにもう一段「簿記会計の分からない貴殿が帳簿をみて誤りの内容が分かるのか」などと突っ込まれると回答に窮することになろう。そこで監査役自らが自信を持つことが必要であり上記のような具体的な監査調書を用意することによりかなりの目的が達成できると信じている。

　以上の監査調書をもとに平易なまとめをすれば
（ⅰ）　会計関連事項につき監査役の立場から十分に監査を行い上記の14種類の監査調書にまとめた。
（ⅱ）　会社からも決算の説明を受け正しいとの結論に達した。
（ⅲ）　会計監査人から監査報告を受け，さらにその経過と結果につき説明を受けた結果，問題はないとの心証を得た。
（ⅳ）　全体を通じて会計事項に重大な法令・定款違反はないことを確認した。
これらの説明をもとに「相当」の意見形成が可能と考えられるのである。

なお会社法により本書が用意した監査調書はかなり膨大になるので，各社の事情に応じて調書の数を減らす（例えば中間決算関係は削除）とか，内容をもう少し簡略化ないし減らす等の工夫はなされてしかるべきと考えられる。

　最後に是非いっておきたいこととして監査調書には監査役自らが勉強し理解を深める目的もあるので減らすことを考えるよりも，会計監査人や経理等担当部門に尋ねることにより監査の手間を省略することが賢明であることを付け加えておきたい。

IV
期末の違法性監査

期末違法性監査の概観

(1) 監査要領に定型化できるもの

　元来監査役の監査は違法性監査が中心となっていることは累々述べてきたところであるが，違法性に関する具体的な監査については期末に集中している。もちろん期中においても監査は可能であるが，期中のみの監査で期末は同事項の監査について不要とするものはほとんどないといってよいであろう。したがって場合によっては期末にまとめて監査を行おうとする考え方がでてくることになる。第Ⅲ章でみてきた監査調書の中にも違法性監査の項目は含まれている。したがって第Ⅳ章でとり上げるものは第Ⅲ章に含まれている違法性項目以外の違法性項目ということにした。

　なお，旧商法で計算書類に含まれていた営業報告書は事業報告と改められ計算書類から外されたことは前に述べたとおりである。さらに事業報告は専ら監査役の監査対象となり，会計監査人の監査対象ではなくなった。旧商法では営業報告書の内容について会計部分は会計監査人の対象とされ，会計以外の部分は監査役の対象と切り分けられていたが，改正会社法（平成17年）後は，すべて監査役の監査対象となった（会436②2）。

　そこで事業報告の監査は第Ⅳ章に入れることとし，その中の内部統制は大きな項目と考えられるので別に監査対象としてとり上げることとした。

ところで違法性の内容は手続的なものと内容的なものとに分けられるが，いずれも違法性の視点からとらえているので分ける実益は少ない。

そこで内容を分類することなく必要と考えられる項目を列挙してみれば次のごとくなる。
- （ⅰ） 事業報告監査
- （ⅱ） 内部統制監査
- （ⅲ） 競業取引・無償利益供与等監査
- （ⅳ） 期末業務日程監査
- （ⅴ） 取締役忠実義務違反監査
- （ⅵ） 定時総会議案書類監査
- （ⅶ） 定時総会後法定事項監査

およそ以上の事項を監査すれば大筋はとらえているように思う。したがって上掲各項につき，如何なる点に注意を払いながら監査をすすめていくべきかを監査要領および調書にまとめながら述べることとする。

(2) 監査要領に定型化できないもの

監査要領に定型化できないものの中で監査を必要とするいくつかの例を以下に列挙する。これらは期中にも時間のあるときに行ってよく，とくに期末に限ることはない。ただ期末には全部が揃うので一括して監査を行えば効率的といえよう。また監査報告に「重要な決裁書類等を閲覧し」と書くことからも必要な監査であるといえる。

① 取締役会議事録の監査

取締役会議事録は最重要の書類であるから，監査役としては心してみておく必要がある。違法な決議や法定事項の欠落等，注意してみる必要がある。また書類上で取締役会を開催したことにした場合等，出席したはずの取締役が当日は海外出張で不在であった等，矛盾することがあるうえ法廷問題になったときには決議不存在となる可能性があるので避けるべき事項である。

ただし定款に定めることにより，取締役全員が同意を示した場合には書面（または電磁的記録）により決議することが可能となったので（会370），取締役会に出席したか否かといった事情はかなり緩和されると考えられる。

ただし書面決議を可能とする場合の条件として議決に加わることができる取締役全員が賛成の意思表示を行うほか，監査役の同意が必要であることに注意を要する（会370）。

② 稟議書の監査

稟議書は多くの場合，取締役会へ持ち込まれる前段の検討書と考えられ，詳細な内容が記載されている場合が多いので，違法性や非合理性等を監査するのには都合のよい書類である。取締役会へ提出された書類との整合性等もみておく必要がある。取締役会へ提出されない書類については十分監査しておく必要がある。

③ 契約書の監査

取締役会における決議事項となるような重要案件に関する契約書は一通りみておく方がよい。契約書の中には将来大きな損失が発生する可能性が大きい条項等が含まれていることがある。そうでなくとも現在の契約内容に問題がある場合がある。もちろん会社の法務部等で検討されているはずであるが，監査役としても一通りは目を通しておくべきと思われる。

事業報告監査実施要領

　事業報告は定時株主総会の招集通知とともに株主に送付される報告書の中で冒頭に掲記される期間業績等のハイライトであるが，その内容が会社法の改正で大きく変わったので注意を要するのである。

　その主な改正点を列挙すれば次のようになる。

1．事業報告（従来の営業報告書）は会計監査人の対象外となり専ら監査役の監査対象となった。
2．内部統制組織体制の決議内容についての開示が要請されることとなった。
3．事業譲渡，吸収合併等による事業継承等の記載が明示された（〔公開会社の特則1〕の5のハ～ヘ参照）。
4．後発事象の記載は〔公開会社の特則1〕の9に含まれる。
5．役員の報酬開示が従来の附属明細書から移された（〔公開会社の特則2〕の4）。なお従来は役員の責任軽減の定款の定めのある会社のみが開示を求められていた。
6．役員報酬の方針決定方法とその内容，監査役等の財務・会計に関する知見の事実等の開示が求められる（〔公開会社の特則2〕の5～9）。
7．期末の発行済株式の上位10名の株主名，株式数等の開示が求められている（〔公開会社の特則3〕の1）。
8．事業年度末日における新株予約権を有する内容等を役員の区分ごとに毎

期記載する。一方子会社の役員等に交付した新株予約権の内容等を交付した事業年度に限り開示する等(〔公開会社の特則4〕の1～3)が新設された。従来の有利な条件で新株予約権の発行を行った場合の開示とは異なっている。

9．社外役員の記述が規定された。取締役会における発言の状況，社外取締役を置かない場合その理由を開示する等が規定された(〔社外役員を設けた場合の特則〕の1～9)。

10．会計参与または会計監査人の記述が規定された(〔会計参与を設けた場合の内容〕の1と〔会計監査人を設けた場合の内容〕の1～10)。

11．企業買収の防衛策に関する基本方針の特則が規定された。M＆Aが盛んに行われる今日，事前にその基本方針を定めてことに備える主旨である(〔基本事項〕の3)。

12．旧附属明細書の一部が移された(220頁Ⅲ参照)。

13．平成26年会社法改正の主なもの

① 会社及び子会社から成る企業集団の内部統制の決議の他運用の状況の概要を記載する（施規118）。

② 期末に社外取締役を置かない場合，その理由を記載する。その場合社外監査役が2名以上いることのみを理由としてはならない（施規124）。

③ 子会社の親会社に対する報告体制，リスク管理の体制等を記載する例示規定が追加された（施規98，100）。

④ 会計監査人の報酬決定にあたり監査役が同意した理由を記載する（施規126）。

⑤ 親会社等との取引で会社の利益を害さないように留意した事項等を記載する（施規118）。等

第Ⅳ－1図　　　　　　　　　　　　　　　　第　期監査要領　B－

事業報告監査実施要領

Ⅰ　目　的

　監査役は事業報告が法令・定款に従って会社の状況を正しく示しているか否かの監査の結果を監査報告に記載する必要がある（会436，施規117，施規118）。その監査の要領を次のように定める。

Ⅱ　監査事項

〔基本事項〕（施規118）

1．当該株式会社の状況に関する重要な事項（計算書類，その附属明細書，連結計算書類の内容を除く）

2．内部統制組織体制の整備についての決定または決議の内容の概要及び運用状況の概要

3．会社の財務および事業の方針決定を支配する者の基本的あり方に関する基本方針の内容

　イ．基本方針の内容の概要

　ロ．次の取組の具体的な内容

　　(1)　会社財産の有効活用，適切な企業集団の形成，その他の基本方針実現に資する特別な取組

　　(2)　基本方針に照らし不適切な者により財務および事業の方針の決定が支配されることを防止する取組

　ハ．前号の取組の次の該当性に関する取締役（または取締役会）の判断および理由

　　(1)　当該取組が基本方針に沿うものであること

　　(2)　当該取組が株主の共同の利益を損なわないこと

　　(3)　当該取組が会社役員の地位の維持を目的としていないこと

4．特定完全子会社がある場合

　イ．当該特定完全子会社の名称及び住所

　ロ．当該株式会社及びその特定完全子会社における当該特定完全子会社の株式の当該事業年度末日における帳簿価額の合計額

　ハ．当該株式会社の当該事業年度に係る貸借対照表の資産の部に計上した額の合計額

5．当該株式会社と親会社等との取引がある場合

　イ．当該会社の利益を害さないように留意した事項

　ロ．当該取引が当該会社の利益を害さないかどうかについての取締役の判断及び理由

ハ．社外取締役を置く場合，ロの取締役の意見と異なる場合その意見
〔公開会社の特則1〕（現況に関する事項：施規120）
1．事業年度末日における主要な事業内容
2．事業年度末日における主要な営業所，工場，使用人の状況
3．事業年度末日における主要な借入先と借入額
4．事業の経過及び成果
5．次の事項の状況（重要なもの）
　　イ．資金調達
　　ロ．設備投資
　　ハ．事業譲渡，吸収分割又は新設分割
　　ニ．他社の事業譲受
　　ホ．吸収合併等による事業に関する権利義務の承継
　　ヘ．他社の株式等取得
6．直前3事業年度の財産及び損益の状況
7．重要な親会社及び子会社の状況
8．対処すべき課題
9．その他現況に関する重要事項
〔公開会社の特則2〕（会社役員に関する事項：施規121）
1．役員（直前株主総会の翌日以降在任していた者に限る）の氏名
2．役員の地位・担当
3．取締役又は監査役と当該会社との間に会427の契約を締結しているときは契約の内容の概要
4．役員報酬に関する次の事項
　　イ．役員の取締役，監査役等の区分ごとの当該事業年度の報酬総額及び員数
　　ロ．役員全部につき役員ごとの報酬を記載する場合，役員ごとの報酬の額
　　ハ．一部は役員ごとの報酬の額，他の一部は取締役，監査役等の区分ごとの報酬総額及び員数
5．当該事業年度に受ける又は受ける見込の役員報酬を4のイ，ロ，ハの区分で記載
6．役員報酬の方針決定方法および内容の概要
7．辞任または解任された役員の氏名，本人の意見等
8．役員の重要な兼職の状況
9．監査役・監査委員の財務・会計に関する相当の知見の事実
10．その他役員に関する重要事項

〔公開会社の特則3〕（株式に関する事項：施規122）
1．事業年度末日における発行済株式（除く自己株式）の上位10名の株主の氏名，株式数，株式の各割合
2．その他会社の株式に関する重要事項

〔公開会社の特則4〕（新株予約権等に関する事項：施規123）
1．役員（当期末日に在任の者に限る）が事業年度末日において新株予約権等を有している者の人数，内容の概要を役員の区分毎に記載
2．事業年度中に使用人（兼務役員を除く），子会社の役員および使用人に交付した新株予約権等の内容の概要と使用人等区分毎の人数
3．その他新株予約権等の重要事項

＊〔社外役員を設けた場合の特則〕（施規124）
1．社外役員が他社の業務執行者であることが重要な兼職に該当する場合は会社と当該他社との関係
2．社外役員が他社の社外役員その他これに類する者を兼務していることが重要な兼職に該当する場合は会社と当該他社との関係
3．社外役員が会社の親会社等（自然人）又は特定関係事業者の業務執行者等の配偶者，三親等以内の親族その他これに準ずる者であることを会社が知っているときその事実
4．各社外役員の当該事業年度における取締役会への出席状況，発言状況，意見により決定が変更されたときその内容，法令定款違反等に対し予防措置や事後対応を行ったときその概要
5．社外役員の当該事業年度における報酬総額等
　イ．社外役員全部の報酬等の総額を掲げる場合，総額と員数
　ロ．社外役員ごとの報酬等を掲げる場合，役員ごとの報酬等の額
　ハ．社外役員の一部が総額表示の場合，総額と員数，他の一部が社外役員ごとの表示の場合，各役員ごとの報酬等の額
6．社外役員の当該事業年度における5以外の報酬総額等，当該事業年度において5以外の報酬を受け，又は受ける見込みの額が明らかな場合，5のイ～ハの区分により定める事項
7．社外役員が当該事業年度に親会社等から受けた報酬等総額
　イ．親会社等がある場合：当該親会社等又は当該親会社の子会社等から受けた報酬等総額
　ロ．親会社等がない場合：当該株式会社の子会社等から受けた報酬等総額
8．5～7につき社外役員の意見があればその意見

9．監査役会設置会社が事業年度末において社外取締役を置かない場合には，置かないことが相当である理由を記載しなければならない。この場合社外監査役が2名以上あることのみを理由としてはならない。

〔会計参与を設けた場合の内容〕（施規125）
1．会計参与と責任限定契約を締結しているときはその概要

〔会計監査人を設けた場合の内容〕（施規126）
1．会計監査人の氏名または名称
2．当該事業年度における会計監査人の報酬等の額及び監査役が同意した理由
3．会計監査人に非監査業務の対価を支払っているときその内容
4．会計監査人の解任または不再任の決定の方針
5．会計監査人が業務停止処分を受けている期間中の場合その処分事項
6．会計監査人が過去2年間に業務停止処分を受けた場合，事業報告への記載が適切と判断した事項
7．会計監査人と責任限定契約を締結しているときその概要事業報告監査調書
8．イ．公認会計士または監査法人に支払うべき会社および子会社の金銭等の合計額
　　　（ただし当該事業年度中の連結損益計算書に計上する額）
　　ロ．会社の会計監査人以外の監査法人等が子会社の計算書類の監査を行っているときその事実
9．当該事業年度中に辞任又は解任された会計監査人があるときその氏名・名称その理由，意見等（但し総会決議による解任と前事業年度に係る場合を除く）
10．会459①の定款の定めあるとき，取締役の権限の行使の方針

Ⅲ　附属明細書の監査事項（施規128）
（原則）　事業報告の内容を補足する重要事項
（公開会社）　次の事項
1．会社役員の他社の業務執行取締役，執行役等で重要な兼職に該当する場合は兼務状況の明細及び他社の事業が会社と同一の部類のものである時はその旨を付記
2．親会社と当該株式会社との間の取引であって，個別注記表において計算規則112条1項の注記を要するものがあるときは，当該取引に係る計算規則118条5号イ～ハに掲げる事項を記載する。

（注）＊　この場合の社外役員は直前の株主総会の翌日以降存在している者に限る。

事業報告監査調書

　監査要領に従って事業報告は監査されることになるが，特にこのたびの会社法においては事業報告は監査役の監査のみが法的に義務づけられているので心して監査を行わなければならない。

　従来の考え方では事業報告の中で会計に属する部分は会計監査人の監査エリアとし非会計部分を監査役のエリアとして切りわけたが，会社法ではすべて監査役の監査エリアとされた。

　従来と異なり盛り沢山の記述があるので，しばらくの間は相当な注意をはらって監査を行う必要がある。特に内部統制の記述や，事業譲渡，その他の現況に関する重要事項（もれがないか），監査役等の財務・会計に関する相当の知見，発行済み株式の上位10名の株主名・株式数等，社外監査役等の取締役会での発言状況等，M＆A関連，附属明細書等の記述等監査項目が多い。附属明細書は計算書類関係の附属明細書とは独立しているので法定の記載事項のもれがないか注意しておきたい。

　なお，監査調書と監査要領の監査内容が同一であるため，監査調書は省略することとしたので，各社で作成されたい。用語例については129頁を参照。

内部統制構築・運用監査実施要領

内部統制構築強化は近年の世界的な傾向である。米国の企業改革法（サーベンズ・オクスレー法）の影響もあって，わが国でも会社法362条4項に内部統制構築が取締役会の専決事項とされ，また大会社である取締役会設置会社においてはその構築が義務とされた。他方金融庁の企業会計審議会，内部統制部会からは「財務報告に係る内部統制の評価及び監査の基準のありかたについて」(17年12月)が公表された。また，平成18年6月には証券取引法の一部改正が公布され，平成20年4月以降開始の事業年度より有価証券報告書提出の大会社に対して財務に関する内部統制の自己評価報告書を提出させ，この報告に基づく公認会計士の内部統制監査報告書を作成させることになった。したがって経営者にとって内部統制報告書の作成は責任ある経営を裏づけるものであり，まさに言行一致を強要されることでもある。

監査役としては内部統制を執行実務の問題であると傍観することなく，内部統制の仕組みに問題はないのか，また内部統制組織は立派であってもその機能に問題はないのか監査をしていかなければならない。経済産業省が17年8月に公表した「コーポレートガバナンス及びリスク管理・内部統制に関する開示・評価の枠組について」の中で内部統制が有効に機能するために監査役の環境を整備することを重要視し監査役に大きな期待をよせていることからも監査役としては重要な役割を果たしていかなければならない。

内容としては，まず内部統制委員会のような全社的組織ができているかどうかを監査項目とし，次に会社法施行規則100条の内容を監査項目とした。その他ＣＯＳＯの内部統制の要素や金融庁の財務報告の内部統制案等にも留意し，統制環境やＩＴ等の項目も取り入れることとした。

　なお付言すれば，J―SOX関連の一巡した今日では財務報告（J―SOX）以外の内部統制の監査が重要性を増してきたといえる。

　更に，平成26年の会社法改正にみられる大きな特徴として，子会社を含むグループ企業としての内部統制の充実が求められている（会348③４，362④６，施規98①５，100①５）。それは，とりもなおさず，企業不祥事が後を絶たない社会現象への法的措置であり，グループ企業全体に内部統制の網をかけることによって，企業不祥事を防ぐことを主眼とすることに他ならない（319頁参照）。

　本実施要領はこの視点を新たに加えた。

第Ⅳ-2図　　　　　　　　　　　　　　　　第　期監査要領　B-

内部統制構築・運用監査実施要領

Ⅰ　目　的

監査役は内部統制の構築等が法令等に従って行われまた円滑に運用されているか否かの監査を行い監査報告に記載する必要があるので監査要領を次のように定める（会362, 施規100条。なお委員会設置会社は会416, 施規112条, 取締役会設置会社以外の会社は会348, 施規98条）。

Ⅱ　監査項目

1．内部統制委員会
  ① 内部統制委員会等の全社的な委員会組織はできているか。
  ② 委員会のトップは権限のある人（例：社長, 副社長, 専務取締役等）が就任しているか。
  ③ 委員会の開催頻度に少なすぎる等の問題はないか。
  ④ 全社を網羅した委員構成になっているか。関連会社は含まれているか。
  ⑤ 決定や周知・運用に問題点はないか。

2．情報の保存及び管理（施規100①一）
  ① 文書管理規定はあるか。また有効に機能しているか。
  ② 文書作成の全社的な基本原則はあるか。
  ③ 重要文書の保管は各部署で行われているか。訴訟等の際には紛失等の危険はないか。（経営判断の原則に基づく文書の保管）
  ④ 社内の機密文書の漏洩対策は十分か。
  ⑤ ＩＴ関連の情報管理に問題はないか。

3．損失の危機管理に対する体制（施規100①二）
  ① リスク管理規定はあるか。
  ② 全社的リスクの把握はできているか。
  ③ 会社の存亡に関わるリスクの把握はできているか。
  ④ リスクの回避, 減少, 保険等特に③に対する十分な検討が行われているか。
  ⑤ リスクの対策は実行されているか。されていないとき, どういう実行スケジュールになっているか。

4．取締役の職務執行の効率性を確保する体制（施規100①三）
  ① 業務分掌規定等はできているか。
  ② 取締役会の他に常務会や特別取締役会等の組織はあるか。
  ③ 取締役と部課長で構成される業務推進会議や業革会議等はあるか。
  ④ 会議が多すぎたり, 長すぎて非効率なものはないか。
  ⑤ 従業員が業務の改善等提案ができる仕組みはできているか。

5．法令・定款遵守を確保する体制（施規100①四）
   ① コンプライアンス規定はあるか。
   ② 取締役，監査役，会計監査人間の不祥事に関する連絡体制は十分か。
   ③ 信賞必罰のシステムは機能しているか。
   ④ 得意先，消費者等のクレームは十分に把握し対応できているか。
   ⑤ 内部者通報システムは十分に機能しているか。
6．企業集団の業務の適正を確保する体制（施規100①五）
   ① 子会社の取締役，執行役等の職務の執行状況を親会社へ報告する体制はできているか。
   ② 子会社の損失の危機管理に関する規程等の体制はできているか。
   ③ 子会社の取締役等の職務執行の効率性を確保する体制はできているか。
   ④ 子会社の取締役及び使用人の法令・定款遵守の体制はできているか。
   ⑤ その他グループ会社の統括ないし連絡の体制はできているか。
7．監査役の補助体制（施規100③）
   ① 監査役の補助者（使用人）を置く場合，取締役からの独立性は確保されているか。
   ② 取締役および補助者が監査役に報告する体制はできているか。
   ③ その他監査役の監査の効率性に資する体制はあるか。
8．財務報告の信頼性
   ① 会計情報に関する業務処理能力に問題はないか。
   ② 粉飾決算が行われる余地はないか。
   ③ 法人税等の税務理解，処理能力に問題はないか。
   ④ 資材購買担当，資金運用担当等に牽制機能があるか。
   ⑤ 連結会計に関する業務処理能力に問題はないか。
9．統制環境の向上
   ① トップに進言や諫言ができる土壌はあるか。
   ② トップの意思や指令は組織の末端，子会社等に浸透しているか。
   ③ 組織の末端や得意先等の問題点がトップに伝わっているか。
   ④ ホットライン等はあるか。また機能しているか。
   ⑤ トップと監査役との定期的な会合は持たれているか。
10．ＩＴの活用
   ① 社内のＩＴ教育は徹底しているか。
   ② 無駄なアウトプットや情報コストの研究はなされているか。
   ③ 機密情報の漏洩対策はできているか。
   ④ ハッカー対策はできているか。
   ⑤ 地震等災害による情報破壊に対するバックアップシステムはあるか。

11. 内部統制報告書
    ① 内部統制報告書の内容は適正か。
    ② 重要な不備がある時, 是正措置は十分とられているか。

内部統制構築・運用監査調書

　内部統制は会社の基盤であり，最も重要な課題である。

　特に平成26年の会社法の改正では子会社を含む企業集団としての内部統制が強調されている。従来は子会社の内部統制はやや等閑視されていたきらいがあるが，法制面でも多重代表訴訟や子会社の親会社に対する報告体制等，子会社に対する強い関心が示されている。

　統制環境や子会社の内部統制など，どのように実効性を高めるか，これからの課題は多く，監査役としても心して監査に当たり内容ある監査調書を作成したい。

　なお，監査調書と監査要領の監査内容が同一であるため，監査調書は省略することとしたので，各社で作成されたい。用語例については129頁を参照。

競業取引・無償利益供与等監査実施要領

　旧商法施行規則133条には監査役が特に留意して監査を行うよう違法性監査の項目が列挙されていたが会社法ではこうした例示はなくなった。旧商法施行規則133条の中には無償の利益供与や利益相反取引等の無過失責任項目が含まれていた。一つには基本的な法の精神が無過失責任から過失責任に変わったこともあり，無過失で罰せられないのであればあえて例示する必要はないので会社法では外されたものと考えられる。

　しかし企業不祥事が後を絶たない今日において監査の内容を緩める考え方があると思えないし，少なくとも従来監査の対象として重要項目と考えられたものは新法でも当然引き継がれるべきもである。

　従って本書では表題の監査要領は監査役としては実施すべき項目として取り上げることとした。

①　取締役の競業取引・利益相反取引

　会社法356条に「取締役は，次に掲げる場合には，株主総会において，当該取引につき重要な事実を開示し，その承認を受けなければならない。」とあり続いて1項1号に「取締役が自己又は第三者のために株式会社の事業の部類に属する取引をしようとするとき。」と定めている。この条文はいわゆる競業取引といわれる条文である。また同365条では取締役会設置会社においては株主

総会ではなく取締役会の承認でよいこと，同2項で取締役は取引後遅滞なく取締役会に報告しなければならないとしている。

　ここで自己または第三者のためにという場合，第三者のための解釈として第三者の名においてつまり第三者の代表者や代理人としてという解釈があるが，今日では第三者（他の会社など）の代表者または代理人の計算においての意味であるとする考え方が通説といわれている。次に会社の営業という場合の営業とは，定款に定められた目的の中にあって現実に販売等の営業活動を行っているものが対象となる。さらに商品が同一でも，卸売業と小売業とか製造業と販売業という場合は競合関係にはない。また甲会社は関東で乙会社は関西で専ら営業を行っている場合などでは競業関係はみられないとされている。しかし業態も現今では複雑化しており，地域も関東と関西といった具合に単純に分けられることがむしろ稀であろう。したがって競業関係には十分に留意して競業避止義務を守らねばならない。なお取締役が競業取引を行う場合には取締役会の承認を必要とする。また留意すべきは事後報告も必要だということである。

　続いて同356条2項では「取締役が自己又は第三者のために株式会社と取引をしようとするとき。」とあり3項では「株式会社が取締役の債務を保証することその他取締役以外の者との間において株式会社と当該取締役との利益が相反する取引をしようとするとき。」と規定しているがこの条文は利益相反取引または自己取引とよばれている。

　ここで第2項は直接取引とよばれ，取締役が会社との間で自己の製品等又は会社の製品等の売買を行ったり，取締役が会社から金銭の借入れをしたり，第三者のために多くの場合は第三者の代表者または代理人として会社との間で売買取引や会社から金銭の借入を行うなどのケースを指している。

　次に第3項は間接取引とよばれ，双方の会社（たとえば親子会社）の代表取締役を兼務しているような場合に子会社の銀行からの借入債務を親会社が保証するような場合がこれにあたる。

　いずれにしても自己取引ないし利益相反取引の場合には取締役会の承認が必要であり，同時に取締役会に対し事後報告の必要なことを会社法は要求してい

る。

　なお代表取締役が兼務とはまったく関係のない相手会社（子会社なども含む）の多額の債務を保証する場合には会社法362条4項2号の多額の借財（債務保証を含む）に該当し取締役会の承認を要するので併せて注意しておきたい。

　また前述したように（42頁参照）兼務する両会社において代表取締役（表見代表を含む）であるのか，ヒラの取締役であるかにより執行権の有無が区分されるので取締役会の決議の要，不要が理論上区分される。しかしよく株主代表訴訟等にみられるようにヒラの取締役は執行権はなくても執行の監督義務を問われることになるので取締役を兼務している場合の双方代理の取引にはすべて取締役会の決議を行っておくことをお勧めしたい。

②　無償の利益供与

　無償の利益供与（総会屋に対する金品の供与）の禁止は昭和56年の商法改正にまで逆のぼるが，延々と今日まで引き継がれてきた。会社法120条には会社は何人に対しても株主の権利の行使につき，会社（又は子会社）の計算において財産上の利益の供与をしてはならないと規定されている。会社の計算とは会社の帳簿を通して会社から出金等がなされることを意味している。また同2項では特定の株主に無償で財産上の利益供与を行った場合も同様としており，特定の株主に有償で利益供与を行う場合であっても反対給付が著しく少ない時は無償の利益供与とされている。このケースは例えば総会屋が出版する購読者が限られた出版物に多額の広告料を支払うような場合で，出版部数と支払う広告料がつり合わないことを意味している。

　会社法970条には株主の権利行使に関する利益供与の罰則が規定されている。まず会社役員，支配人，使用人が会社又は子会社の計算において財産上の利益の供与をしたときは3年以下の懲役または300万円以下の罰金に処するとしている。また利益の供与を受けた者，第三者に供与させた者又は利益供与を要求した者も同様の罰を受ける。更に利益の供与を受けた者，第三者に供与させた者又は利益供与を要求した者が供与者に威迫の行為をすれば5年以下の懲役ま

たは500万円以下の罰金に加重される。威迫の証明は難しいが相手が威迫を感じたといえばそれまでのことで，加害者側の申し開きは通用しないようである。

なお情状により懲役と罰金が併科されることがあること（同条⑤），また新しい規定としては利益供与につき自首した場合には減刑や刑の免除もあり得るとする規定（同条⑥）が定められた。欧米によく見受けられる自首の規定でどのような効果を生み出すのか興味深い。

（注ⅰ）株主の権利の行使という場合の権利には共益権や自益権などすべてが含まれるが，株主総会の議決権や株主提案権，株主代表訴訟提起権等が問題となり得る。一般には株主総会における権利行使に関連している場合が多い。
（注ⅱ）利益供与に関しては，政治献金，公共機関への寄附，得意先の接待など広い意味で種々のものがあるが，会社法が最も問題にしているのは特殊株主への金品の供与である。

③ 子会社または株主との非通例的取引

子会社に対して親会社が恣意的取引を強要したり特殊株主等と異常な取引を行うなどの危険性を防止するためにとくに設けられた項目である。総論的には一般的な売買取引や金融取引，賃貸取引等すべての面で第三者との取引に比して異常性はないかにつき十分にウォッチする必要がある。子会社との取引はすべて非通例的取引だと思った方がよいと極言する人もいるほどで問題が起こりやすい。それは単に違法性の問題に止まらず，しばしば税務当局の摘発の対象となり思わぬ社外流出（課税による出金）を招くことになるので注意を要する。

株主との非通例的取引については支配株主と個人株主（法人も含む）に区分する必要があるが，株主平等の原則に反するような優遇措置を認め特殊な取引を行っていることはないか，総会屋などの特殊株主との間に利益供与の変型したような取引，たとえば総会屋から不要な高価な物品を購入したり，まったく利用しない海の家の利用料を総会屋に支払うような違法性の強いものに目を光らせる必要がある。時に会計監査人が手がけたものがあれば利用させてもらうとか，会社側に質問を寄せて回答を求めるなどの方式も検討してみては如何であろうか。監査役は人数が限られているので種々の工夫により監査の効率を高めることが肝要である。なお商法274条ノ3が平成11年に改正され，子会社調査

権に機動性が与えられた。同時に商法281条ノ3第2項に11号が新設され子会社調査の方法・結果を監査報告に記載することとなった。

新しい会社法では381条に引き継がれている。特に子会社の調査報告についてはひな型がないので各社で監査報告の記載には工夫をこらしている。

なお，平成26年の改正会社法により，一定の条件の下に親会社の株主が子会社取締役の損害賠償責任の追及ができる，いわゆる多重代表訴訟が規定されているので，子会社における遵法環境には心して整備を行う必要がある（378頁参照）。

④ 自己株式の取得等

自己株式の取得は原則自由となったが，それなりにさまざまな制限があるので自己株式を取得する際にはよく注意する必要がある。会社法では取得条項付株式等の特殊な場合（会155）や株主との合意による取得の場合（会156），あるいは特定の株主から取得する場合（会160），さらには子会社から取得する場合（会163）等千差万別である。子会社は原則として親会社の株式を所有できないが（会135），特別に吸収合併等の場合の緩和策（会800）等が講じられている。いずれにせよ自己株式は研究の余地がある。ここでは極めて一般的なケースをとり上げることにしたので，特殊な場合は事例にぶつかるなり興味を持つ等の場合に研究されたい。

第Ⅳ-3図　　　　　　　　　　　　　　　　　第　期監査要領　B－

競業取引・無償利益供与等監査実施要領

Ⅰ　目　的
　競業取引等の重要項目に関し次の監査を行う。

Ⅱ　内　容
　１．競業取引，利益相反取引
　　競業取引（会356①）及び，利益相反取引（会356②，③）に関する監査の実施要領を次のように定める。
　　１）監査実施期間
　　　一年決算終了後速やかに実施する。
　　２）資料収集
　　　経理ないし総務部門に対し次の資料提出を求める。
　　　　(a)　利益相反の取締役・執行役・監査役・第三者等間の取引（計規103①七，八）
　　　　(b)　取締役・執行役・監査役の他社の兼務状況（施規121，124）
　　　　(c)　競業取引（会356①）
　　　　(d)　その他参考となる資料
　　３）確認事項
　　　競業取引，利益相反取引事項につき確認を行う。
　　　　(a)　取締役会の承認を経ているか。
　　　　(b)　事後報告はなされているか。
　　　　(c)　取締役会議事録でチェックを行う。
　２．無償の利益供与
　　無償の利益供与（会120）に関する監査の実施要領を次のように定める。
　　１）監査実施期間（3月決算の例）
　　　対象期間を3か月と定め年4回（4／6，7／9，10／12，1／3）実施する。
　　２）資料収集
　　　経理ないし総務部門に対し次の資料明細の提出を求める。
　　　　(a)　寄附金
　　　　(b)　広告宣伝費
　　　　(c)　交際費
　　　　(d)　図書費

　　　　　(e) 雑費
　　　　　(f) 雑損
　　　　cf. 交際費，雑費については使途秘匿金に注意
　　3）内　容
　　　　一応の疑念が持たれる事項については次の内容を取り出し担当部門に確認する。
　　　　　(a) 実施年月日
　　　　　(b) 相手先
　　　　　(c) 趣旨内容
　　　　　(d) 金額　等
3．非通例的取引
　　子会社ないし株主に対する非通例的取引に関する監査の実施要領を次のように定める。
　　1）監査実施期間
　　　　一年決算終了後速やかに実施する。
　　2）資料収集
　　　　財務ないし総務部門に対し次の資料明細の提出を求める。
　　　　　(a) 附属明細書関連
　　　　　　・子会社に対する債権の明細（計規103①6）
　　　　　　・子会社との間の取引等明細（計規112）
　　　　　　・保証債務の明細（計規103①5）
　　　　　(b) 子会社との非通例的取引
　　　　　　・子会社との間の高額な不動産又は動産の売買
　　　　　　・子会社との間の異常な手形の振出
　　　　　　・子会社との間の有価証券，工業所有権等の買戻し条件付取引
　　　　　　・子会社との間の商品仕切り等の大幅な変更
　　　　　　・子会社との間の異常な債務免除　等
　　　　　(c) 株主との非通例的取引
　　　　　　・株主が発行する高価な出版物ないし広告料
　　　　　　・株主との間の独占的な取引
　　　　　　・その他単発的な取引でも株主との間の異常なもの
4．自己株式取得等
　　自己株式取得等（計規96）に関する監査の実施要領を次のように定める。

1）監査実施期間

　一年決算終了後速やかに実施する。

2）資料収集

　経理ないし総務部門に対し次の資料明細の提出を求める。

　　(a)　株主資本等変動計算書
　　　　・自己株式の明細（計規96）
　　(b)　注記表
　　　　・事業年度末の自己株式の明細（計規105①2）
　　(c)　自己株式取得・消却
　　　　・自己株式の取得には原則として定時総会の決議を要す（会156）。
　　　　・取締役会設置会社は定款の定めにより，取締役会の決議で市場取引等によって自己株式を取得できる（会165②）。
　　　　・自己株式の取得総額は分配可能額の範囲内（会461①3）。
　　　　・自己株式の取得は原則として市場取引又は公開買付による（会165）。
　　　　・自己株式の特定の者からの買受けには総会の特別決議を要す（会160，309②二）。
　　　　・自己株式の消却には取締役会の決議を要す（会178）。

5．監査役会への付議

1）提出資料に基づき検討を行った結果，不明の点等ある場合には資料提出部門ないしは直接取引を行った部門に問い合せを行う。

2）検討の結果法令等違反の虞れある場合には監査役会においてさらに検討を行う。

競業取引・無償利益供与等監査調書

　監査実施要領に従って監査を行うのであるが，合理的な方法として担当取締役に質問状を提出し回答をもらう方式が考えられる。ここでは非通例的取引について質問状を提出する形式をとり入れ調書の基礎資料とする場合を示してみた。無償の利益供与に関しても同様とすることはもちろん可能であるが，無償の利益供与の場合は該当する可能性のある課目について監査役自身が伝票等を調査する必要があろう。競業取引・利益相反取引については取締役に対する確認・回答の方式を考えるほか，取締役会の承認および報告を要する事項であるから取締役会の議事録等を平時からよくチェックしておくことが大切なことではないかと思う。

　自己株式については担当部門から情報をもらい，監査役がこれを基にチェックすれば十分ではないだろうか。ただ自己株式に関する項目は非常に多いこと，株主総会や取締役会の決議を要する法定事項は法定手続どおり行われているか等，注意事項が多い。

　ここで監査調書を第Ⅳ－4図に掲げることとする。

第Ⅳ-4図　　　　　　　　　　　　　　　　　　　第　期監査調書　C－

競業取引・無償利益供与等監査調書

監　査　項　目	監査結果
Ⅰ　競業取引，利益相反取引（会356） 　1．競業取引（会356①）につき取締役の法令・定款違反はないか。 　2．利益相反取引（会356②，③）につき取締役の法令・定款違反はないか。	違反なし 同上
Ⅱ　無償の利益供与（会120） 　　会社が無償でした財産上の利益の供与（反対給付が著しく少ない財産上の利益の供与を含む）につき取締役の法令・定款違反はないか。	同上
Ⅲ　子会社等との非通例的取引 　　会社がした子会社又は株主との通例的でない取引につき取締役の法令・定款違反はないか。	同上
Ⅳ　自己株式の取得，消却等の手続 　　自己株式の取得及び処分又は失効の手続につき取締役の法令・定款違反はないか。	同上
添付資料　①　子会社・株主との非通例的取引に関する調査 　　　　　②　寄附金等明細書 　　　　　③　監査の方法の概要	＜省略＞ ＜省略＞

＜添付資料1＞

平成　年　月　日

　　甲山取締役　殿

　　　　　　　　　子会社との非通例的取引に関する調査の件

　第××期において○○株式会社と子会社との間に下記に該当する非通例的取引が行われたか否かについて御回答を頂きたく御願い致します。

　　1．子会社との間における高額な不動産の売買　　　　　　（無し，有り）
　　2．子会社との間における異常な手形の振出　　　　　　　（無し，有り）
　　3．有価証券，工業所有権等の買戻し条件付等の取引　　　（無し，有り）
　　4．商品仕切り値等の大幅な変更　　　　　　　　　　　　（無し，有り）
　　5．子会社との間の異常な債務免除益　　　　　　　　　　（無し，有り）
　　6．決算前後における巨額の取引　　　　　　　　　　　　（無し，有り）
　　7．会社の定款外の商品販売又は役務提供　　　　　　　　（無し，有り）
　　8．多額の債務保証　　　　　　　　　　　　　　　　　　（無し，有り）
　　9．その他　　　　　　　　　　　　　　　　　　　　　　（無し，有り）
　　　注：　その他について「有り」の場合には下の余白に具体的に記入してください。

＜添付資料2＞

平成　年　月　日

　　乙川取締役　殿

　　　　　　　　　株主との非通例的取引に関する調査の件

　第××期において○○株式会社と株主との間に下記に該当する非通例的取引が行われたか否かについて御回答を頂きたく御願い致します。

　　1．株主との間における独占的ないし特別優遇措置を認めた取引　（無し，有り）
　　2．株主との間における不動産売買　　　　　　　　　　　（無し，有り）
　　3．特殊株主が発行する出版物の購入等の取引　　　　　　（無し，有り）
　　4．特殊株主が発行する出版物への広告掲載　　　　　　　（無し，有り）
　　5．特殊株主に対する金品の交付　　　　　　　　　　　　（無し，有り）
　　6．その他　　　　　　　　　　　　　　　　　　　　　　（無し，有り）
　　　注：　その他について「有り」の場合には下の余白に具体的に記入してください。

期末業務日程監査実施要領

　決算期末日が到来してから株主総会まで多くの業務が目白押しに並んでおり，よほど手際よく処理しないと処理しきれないと思われる。そこで監査役としても総務課等が作成する期末から総会までのスケジュール表を入手して，全体の日程に法的誤りがないか，その作業の進捗状況に問題はないかを監査する必要がある。ところで会社法では従来に比べて業務間の日程にはかなりの自由度を加えたので，馴れてくれば運用に弾力性があって使い勝手がよくなるように思える。

　しかし計算書類を監査役や会計監査人が受領するスタートのタイミングから自由になっているので最初は戸惑いを感じるはずである。株主総会を会社のオプションで早めることができるよう配慮したものといわれているが，それでなくとも年々複雑化している実務が従来より簡単に早まるものとは考えにくい。

　スケジュール全体が法的には柔軟化したとはいえ中身はかなり複雑になっているのでよく理解してかかる必要がある。そうはいっても最終の株主総会の直前に株主に送る招集通知は総会の2週間前と固定しており，ここだけは従来と変わっていないので注意しておきたい。

　当初は従来の8週間前に計算書類を受領するスケジュールで対応しておけば間違いはなくてすむと考えられる。

　なおタイムスケジュールについては120～122頁を参照されたい。

第Ⅳ-5図　　　　　　　　　　　　　　　第　期監査要領　B－

期末業務日程監査実施要領

Ⅰ　目　的
　期末から株主総会にかけての業務には法定業務が多く，取締役，監査役及び会計監査人の間の授受が多く含まれているので業務全体の流れにつき適法性を監査するために次のように監査要領を定める。

Ⅱ　監査事項
1．株主総会関係日程の監査
　1）　当期の「定時株主総会関係日程案」（総務部作成）を入手し，その諸手続きが法令・定款に適合していることを確認する。
　2）　次に日程の実施についての確認を行う。
2．法定業務の監査
　　下記の法定業務が正しく予定期限内に実施されたか否かを監査する。その関連で開催された監査役会，取締役会について議事録を確認する。
　1）　計算書類（及び連結計算書類）――監査終了後取締役会承認，監査役会受領，会計監査人受領
　　　　期限：取締役会で定めた日まで（会436）
　2）　株主提案権に基づく議案受領
　　　　期限：定時株主総会日の8週間前まで，又は定款に定めた下回る期間（会303）
　3）　附属明細書――監査終了後取締役会承認，監査役会受領，会計監査人受領
　　　　期限：取締役会で定めた日まで（会436）
　4）　会計監査人監査報告――特定取締役受領，特定監査役受領
　　　　期限：
　　　　　単体 ⎰ 計算書類受領日から4週間経過日　　　　　　⎱
　　　　　　　 ⎨ 附属明細書受領日から1週間経過日　　　　　　⎬ のうち最も遅い日
　　　　　　　 ⎱ 特定取締役，特定監査役，会計監査人の合意日 ⎰

　　　　　連結 ⎰ 連結計算書類受領日から4週間経過日又は
　　　　　　　 ⎱ 特定取締役，特定監査役，会計監査人の合意日（優先）
　　　　　　　　　　　　　　　　　　　　　　　　　　　（計規130）

5) 監査役監査報告──特定監査役受領，会計監査人受領

　　単体 $\begin{cases} 会計監査報告受領日から１週間経過日 \\ 特定取締役，特定監査役の合意日 \end{cases}$ のうち最も遅い日

　　連結 $\begin{cases} 会計監査報告受領日から１週間経過日又は \\ 特定取締役，特定監査役の合意日（優先）（計規132） \end{cases}$

6) 株主総会招集・議案──取締役会決議（会298）
7) 株主総会招集通知発送
　　期限：株主総会日の２週間前まで又は非公開会社は１週間前まで，ただし取締役会非設置会社では定款で更なる短縮可（会299）

期末業務日程監査調書

　この監査調書ではキーポイントとなっているところが監査報告の作成・提出にある。一方では株主総会招集議案等の受領，招集通知発送の確認は実務的には監査報告提出の後となる。そこで＊（243頁監査調書）のように後日の確認となるのである。監査報告は本章で説明したように，監査調書に基づいて作成されることにしてあるので日程監査調書では途中で切り上げざるを得ないのである。このサンプルでは株主総会日を6月26日とした場合を想定した。

　なお，計算書類や附属明細書の提出期限は法定されていないから取締役会で決定することになる。なお，計算書類等は会計監査人および監査役の監査終了後，取締役会において承認する手続きが必要であることに注意する（会436）。それと会計監査人の監査報告や監査役の監査報告には役員と会計監査人および監査役間の合意日があり得るので，単なる誤りと断ずるのは早計で合意日かどうかの確認が必要となることに注意する。

　次に監査調書を第Ⅳ－6図に掲げることとする。

第Ⅳ－6　　　　　　　　　　　　　　　　　　　第　期監査調書　C－

期末業務日程監査調書

期末における法定業務実施日程等の適法性監査の経過と結果は下記のとおりである。

	監　査　事　項	期　日 予　定	期　日 実　施	法定期日	根拠法規
1	計算書類等（取締役会承認）受領	4／24	4／24	期日規定なし	
2	附属明細書（取締役会承認）受領	5／8	5／8	〃	
3	会計監査人監査報告受領	5／20	5／20	5／29	計規130
4	監査役監査報告決定・提出	5／25	5／23	6／6	計規132
5	取締役会の計算書類等の承認及び定時株主総会招集議案等受領	5／29	＊	（注ⅱ）	会298,436
6	株主総会招集通知発送確認	6／8	＊	6／9（注ⅲ）	会299

＊　後日の確認とする

別添資料　1．第xx回定時株主総会関係日程（総務部作成），株主総会6／26
　　　　　2．取締役会議事録　　　　　　　　　　　　　＜1，2省略＞

（注ⅰ）　日付はすべて例示（仮定：株主総会6月26日）
（注ⅱ）　会計監査人および監査役の監査終了後，取締役会において計算書類，連結計算書類，事業報告，附属明細書，株主総会付議議案を承認する。
（注ⅲ）　6／9は6／26より2週間前6／11が日曜（仮定）であるため6／10(土)を更に遡って6／9としたものである。

取締役忠実義務違反
監査実施要領

　監査役による監査の主なものは，取締役の取締役会決議および業務執行に関する違法性の監査であり，取締役の忠実義務の監査ということもでき，非常に重要なところである。監査役はその責任の重さに比例してその地位も向上してきたといえようが，とくに社内監査役は取締役の一員として業務を行ってきた経歴の持主も多く，ぶしつけに取締役の違法性を問い難い面があることは否定できない。しかし監査役は会社から独立して監査する立場にあるからぜひ何らかの形で取締役に回答を求め，同時に取締役の自覚を促すこととしたいものである。それは監査役のためであると同時に取締役自身の安全のためでもあり，ひいては会社の安定につながるのである。ただ取締役全員から回答を引き出すことが困難であればはじめは総務担当の取締役，あるいは独禁法がらみで営業担当の取締役に限定するなどして回答を求めてもよいのではないかと考えられる。さらに回答を求める依頼文の表現などには十分相手の立場を考慮して礼を失せぬよう配慮する必要があるのでないかと思われる。

　次にどの程度の法令違反を問うのかが問題であるが，法令違反という場合の法令は世に存在する少なくとも日本国内に現在適用されているすべての法律を指すといわれており，すべての法律違反を監査することなど到底不可能である。そこでとりあえず最小限に必要と思われる項目を検討してピックアップし質問項目としなければならない。後は気がついた都度，新年度において改めたら如

何かと思う。当サンプルでは会社法，金融商品取引法（旧証券取引法），独禁法の一部に限定している。法律そのものの範疇も会社の事情や業態等により異なって当然であり，またその中の重要性を考える度合も各社別に異なって当然と思われるので，あくまでも一つの例としてみていただきたい。そこで各法律の一部をとりあげた趣旨，考え方を述べておきたい。

（ⅰ）　会社法については，会社法362条および462条等を中心に考えた。会社法362条4項1号，2号では重要事項は必ず取締役会にかけて承認を得ることとしているが，一般には取締役会に監査役が出席し議事録も見ていることだから問題は少ないと考えられる。ただ取締役会にかけられない事項のあることが問題で，そのあたりを確認する趣旨である。

　　次に会社法462条等は取締役が違法行為を行った場合の責任のとり方を規定しており，具体的に列挙した。これらの規定はある意味では前述の競業取引・無償利益供与等監査と重複するところがあるが，そのあたりは監査要領の作り方でよく調整すべきである。

（ⅱ）　金融商品取引法（旧証券取引法）についてはインサイダー取引（内部者取引）に重点を置いた。有価証券の募集等の届出等，届出関係を監査せよという意見もあるが，財務省等のチェックが入るものは欠落することがほとんどあり得ないと考えられるのであえて外した。

　　ただインサイダー取引に関しては何時の時点からインサイダー情報として取り扱われるのか，相当難しいのでナーバースに対応する必要がある。

（ⅲ）　独禁法についてはカルテルや談合等に重点を置くこととした。業態等により重点の置き方は異なると思われるので一例としてみていただきたい。

以上に基づき監査実施要領を作成すると第Ⅳ－7図のようになる。

第Ⅳ－7図　　　　　　　　　　　　　　　　　　　　　第　期監査要領　B－

取締役忠実義務違反監査実施要領

Ⅰ　目的・方法
　1．広義には取締役の忠実義務遵守（会355cf.民法644）の監査になるのであるが，会社法中とくに取締役会の決議を要する362条の監査等いくつかの重点項目を設定する。
　2．会社法462条等に定める取締役会の責任事項に関する違反の有無につき取締役に尋ねることとする。
　3．会社法429条に関する取締役の第三者に対する責任の有無につき取締役に尋ねることとする。
　4．会社法357条，384条，385条に関する取締役の違反の有無につき取締役に尋ねることとする。
　5．金融商品取引法については，インサイダー取引に重点を置くこととする。
　6．独禁法については談合等カルテル違反の監査に重点を置くこととする。
　7．監査は総務担当の取締役に調査書を渡し回答を求めることとする。

Ⅱ　監査事項
　1．会社法
　　①　会社法362条4項
　　　　1号：重要なる財産の処分及び譲受けに関する取締役会決議と決議資料の確認
　　　　2号：多額の借財・債務保証に関する取締役会決議と決議資料の確認
　　　　6号：内部統制組織の決議と運用に関する確認
　　　　7号：定款の定めに基づく取締役の責任軽減に関する取締役会決議と決議資料の確認
　　②　会社法462条
　　　　違法配当（中間配当含）の有無の確認
　　③　会社法120条
　　　　株主の権利行使に関する利益供与の有無の確認
　　④　会社法356条
　　　　競業取引・利益相反取引に関する取締役会決議と決議資料の確認
　　⑤　会社法423条

　　　　法令・定款違反等の任務懈怠の有無の確認
　⑥　会社法357条
　　　　会社に著しい損害を及ぼすおそれのある事実の有無の確認
　⑦　会社法384条
　　　　株主総会提出議案及び書類等の法令・定款違反等の有無の確認
　⑧　会社法385条
　　　　差止請求の対象となる取締役の法令・定款違反等の有無の確認
２．金融商品取引法
　①　金商法24条の6
　　　　自己株式買付状況──毎月内閣総理大臣への報告の遵法状況の確認
　②　金商法162条の2
　　　　相場操縦の禁止──内閣府令の遵法状況の確認
　③　金商法165条
　　　　自己株式の空売り禁止──役員・主要株主の遵法状況の確認
　④　金商法166条
　　　　自社株式の内部者取引の禁止──会社関係者の遵法状況の確認
　⑤　金商法167条
　　　　公開買付における内部者取引の禁止──公開買付者等関係者の遵法状況の確認
３．独占禁止法
　①　独禁法2条5項，6項，3条，8条
　　　　私的独占又は不当な取引制限禁止に関する遵法状況
　②　独禁法2条9号，19条
　　　　不公正な取引方法の禁止に関する遵法状況
　③　独禁法9条の2等（但し必要に応じて）
　　　　9条の2：大規模事業会社の株式保有総額規制の遵法状況
　　　　13条：役員兼任の制限の遵法状況
　　　　15条：合併の制限の遵法状況
　　　　16条：営業の譲受け等の制限の遵法状況

取締役忠実義務違反
監査調書

　監査実施要領に基づき監査調書の作成となるのであるが，調査洩れを防ぐ意味と取締役側の意識を高める意味から担当部門宛に質問形式で問いかけ回答を寄せる方式が考えられよう。サンプルは総務部御中となっており，最終欄は先方が回答しやすい形式をとっている。この場合回答者は総務担当の取締役であることが望ましい。社内の事情によっては総務部長が回答することもあろうが，それでもよいと思う。ただ回答者が部長の場合は口答でもよいから取締役に確認した結果が記されているのかどうかを尋ねておく方がよいと思われる。またそのことを余白に書き記すくらいの配慮が必要ではなかろうか。ただ一般には監査要領のところでも述べたように取締役全員に回答を求めることは至難の業であろうから，サンプルの添付書類程度のものでも取締役記名押印の回答がもらえれば当面はよしとしなければなるまい。

　監査調書および添付書類を第Ⅳ－8図に掲記する。

第Ⅳ-8図　　　　　　　　　　　　　　　　　第　期監査調書　C－

取締役忠実義務違反監査調書

Ⅰ　概　　要
取締役の法令・定款違反等に関する調査（情報・確認による）の内容及び結果は次のとおりである。

監　査　項　目		監　査　結　果
Ⅰ　会社法		
1．会社法362条4項1号：	重要な財産の処分等	取締役会決議有り
2号：	多額の借財等	取締役会決議有り
6号：	内部統制組織	取締役会決議有り
7号：	取締役の責任軽減	該当なし
2．会社法462条	違法配当	適　　法
3．会社法120条	利益供与	該当なし
4．会社法356条	競業取引	該当なし
	利益相反取引	取締役会決議有り
5．会社法423条	法令・定款違反	該当なし
6．会社法357条	著しき損害を与える事実	該当なし
7．会社法384条	総会議案の法令違反等	適　　法
8．会社法385条	取締役の法令・定款違反	該当なし
Ⅱ　金融商品取引法		
1．第24条の6	自己株式買付の毎月報告状況	適　　法
2．第162条の2	相場操縦禁止の遵守状況	適　　法
3．第165条	自己株式の空売り禁止の遵守状況	適　　法
4．第166条	自己株式の内部者取引禁止の遵守状況	適　　法
5．第167条	公開買付における内部者取引禁止の遵守状況	適　　法
Ⅲ　独占禁止法		
1．第3条，8条	不当な取引制限に関する禁止の遵守状況	適　　法
2．第19条	不公正な取引方法に関する禁止の遵守状況	適　　法
Ⅳ　取締役・監査役の総会決議に基づく報酬枠の遵守状況		実　施　済
Ⅴ　前期株主総会における重要決議事項の実施状況		実　施　済
添付資料　1．第　期　取締役忠実義務違反に関する確認書　総務部回答		

（注）　監査結果は例示である。

＜添付資料＞
総務部御中

平成　年　月　日
監査役会

取締役忠実義務違反に関する確認

第　　期の標題法令遵守の状況について，下記事項確認の上ご回答願います。

根　拠　法　規	確　　認　　事　　項
１．会　社　法	１．会社法362条４項 　　１号：重要なる財産の処分及び譲り受けに関し取締役会決議はあったか，また資料は保存されているか。 　　２号：多額の借財（含保証）に関し取締役会決議はあったか，また資料は保存されているか。 　　６号：内部統制組織につき取締役会決議はあったか，また資料は保存されているか。更に運用は円滑に行われているか。 　　７号：定款の定めに基づく取締役の責任軽減につき，取締役会の決議はなされているか，また資料は保存されているか。 ２．会社法462条 　　違法配当（含中間配当）の事実はなかったか。 ３．会社法120条 　　株主の権利行使に関し，利益の無償供与は行われなかったか。 ４．会社法356条 　　競業取引・利益相反取引に関し取締役会決議は行われ，事後報告はなされたか，また資料は保存されているか。 ５．会社法423条 　　法令・定款違反等の事実はなかったか。 ６．会社法357条 　　会社に著しい損害を与えるおそれのある事実はなかったか。 ７．会社法384条 　　株主総会提出議案及び書類に関し法令・定款違反等はなかったか。 ８．会社法385条 　　差止請求の対象となる取締役の法令・定款違反等の事実はなかったか。
２．金融商品取引法	１．金商法24条の６ 　　自己株式買付状況は毎月報告されたか。 ２．金商法162条の２

		相場操縦禁止違反はなかったか。
		3．金商法165条
		自己株式の空売り禁止違反はなかったか。
		4．金商法166条
		自己株式の内部者取引の禁止違反はなかったか。
		5．金商法167条
		公開買付における内部者取引禁止違反はなかったか。
3．独占禁止法	1．独禁法3条，8条	
	私的独占または不当な取引制限禁止違反はなかったか。	
	2．独禁法19条	
	不公正な取引方法の禁止違反はなかったか。	

監査役会御中
　1．上記会社法について違反（なし，あり＜要別紙添付＞）
　2．上記金融商品取引法について違反（なし，あり＜要別紙添付＞）
　3．上記独占禁止法について違反（なし，あり＜要別紙添付＞）
　　　（該当に○印を付してください）

　　　　　　　　　　　　　　　　　　　平成　　年　　月　　日
　　　　　　　　　　　　　　　　　　　記名押印

定時総会議案・書類
監査実施要領

　会社法384条に従い定時総会議案および書類を監査役は監査する義務がある。監査の主眼は法令・定款の違反であるが，著しく不当な事項についても留意する必要がある。もし法令・定款違反，著しい不当事項が判明すれば株主総会に報告しなければならない。

　したがって監査実施要領として定型化しておくことが望ましいと考えられる。ただ多くの場合，監査報告を作成するタイミングには間に合わない。そこで監査報告提出後に資料がまとまり次第監査役に提出してもらいこれを監査することになる。監査結果については監査報告に記載できないため口頭で報告することになる。

　できれば総会議案等を審議する取締役会の前に上提議題となる総会議案等の原案を監査役が入手して監査しておくことが望ましく，また取締役会開催後に取締役会議事録の内容と事前監査の内容に齟齬がないことを確認しておく必要があると思われる。なお注意すべき事項を若干掲げておく。

（ⅰ）　監査役の報酬

　監査役の報酬については昭和56年の商法改正により商法279条として取締役の報酬とは分離独立させ，定款にその額を定めてないときは株主総会で決議することとなったが会社法では387条に引きつがれた。したがって議題としては取締役の報酬（会361）とは別に独立した議題として監査役の

報酬の項を設けなければならない。
(ii) 取締役の報酬及び賞与の取扱

取締役の報酬については改正商法269条（15.4.1施行）から会社法361条に引きつがれ，定款で定めないときは次の事項を株主総会の決議で定めることとなった。

① 報酬中額が確定したものはその額
② 報酬中額が確定していないものについては具体的算定方法
③ 報酬中金銭でないものについては具体的内容

なお，②の例としては業績連動型報酬，③の例としては社宅の無償提供などがあり，取締役全体を一括して定めればよいとされている。

ちなみに，指名委員会等設置会社では報酬委員会が株主総会の承認を要せず，同じ内容の取締役報酬を決めることになっているが，個人別に報酬額や内容を決めるところが異なっている（会409）。

ここで特筆すべきは報酬等（会361）の中に賞与その他財産上の利益が入ったことである。したがって株主総会で決議した報酬枠の中に支払おうとしている賞与が収まるのであれば，取締役会の決議で決定することが可能となる。賞与についての取扱いは次の三通りとなる。

1） 報酬枠に収まるので取締役会決議とする。
2） 報酬枠に収まるが，株主総会の議案に入れて総会決議とする。
3） 報酬枠を超えるので株主総会の決議とする。

いずれにせよ，賞与は報酬に入るので利益の処分ではなく，該当する期の経費で処理することになる。

(iii) 退職慰労金

退職慰労金については取締役あるいは監査役に一任する議案となっていることが多い。この場合にはその算定基準の内容を記載しなければならない。ただしその基準を記載した書面が本店に常置されていて株主が常時閲覧できる状態になっている場合は，議案の中に基準の内容を記載しなくてもよいとされている（施規82②）。注目すべきは南都銀行の平成11年6月29

日の株主総会で，株主から役員退職慰労金の支給金額を教えてほしいとの質問に対し明示しなかったため訴訟に持ち込まれた。奈良地裁は株主の請求を認め，平成12年3月に総会決議の一部取消しの判決を下した。

したがって，退職慰労金を取締役会等に一任する議案の場合，株主から額の明示に関する質問が出されたときには，あらかじめ計算しておき金額の頭2桁程度の概算額をサービスとして口頭で回答する等の工夫が必要であろう。

(ⅳ) 監査役の選任，辞任

監査役の選任議案は監査役（または監査役会）の同意が必要であり，監査役（または監査役会）により議案提出の請求ができることとなったので（会343），議案が監査役（または監査役会）から提出された場合はその旨を記載しなければならず，また，辞任や解任となった監査役は株主総会で意見を述べることができることになっている（会343，345，施規76）。

(ⅴ) 総会議案の役員賞与

監査役には賞与を支給することができるか否かという議論がある。可とする説と否とする説とに分かれるが，通説は支給を可としている。さてこの場合でも会社法387条を類推適用して取締役の賞与分とは区分掲記しなければならないことに注意しなければならない。

(ⅵ) 剰余金の配当の取扱

剰余金の配当は年1回に限らずいつでもできるが（会453），原則として株主総会の決議による（会454）。しかし会計監査人設置会社であって取締役の任期が1年かつ監査役会設置会社（委員会設置会社を含む）に限り定款に定めることによって取締役会の決議で配当を行うことができることになった（会459）。いずれにせよ配当を行うには分配可能額（会461）という一定の制限枠を超えてはならない。今後は上場会社の場合取締役の任期を1年とすることにより，取締役会決議で配当を行う会社が増えてくると思われる。

次に監査実施要領のサンプルを第Ⅳ－9図に示すこととする。

第Ⅳ-9図　　　　　　　　　　　　　　　　　第　期監査要領　B－

定時総会議案・書類監査実施要領

Ⅰ　目　的
　1．総会議案及び書類の内容が法令・定款に適合し，著しく不当な事項がなくかつ取締役会の決議に合致しているか否かを確認する（会384）。
　2．定時総会口頭報告書（口上書）により上記の監査の結果が報告されるので，この監査が必要となる。
Ⅱ　監査方法
　1．報告・決議事項議題が法令・定款に適合するか否かを監査する。
　2．上記各議題が取締役会の決議と合致していることを取締役会議事録により確認する。
　3．報告・決議事項議題については，当該「監査調書」により監査結果が相当であることを確認する。
Ⅲ　監査事項
　1．報告事項議題
　　1）計算書類（会438，439）
　　　　「貸借対照表・損益計算書監査調書（及び連結貸借対照表・連結損益計算書監査調書）」，「株主資本（及び連結株主資本）等変動計算書監査調書」，「個別（及び連結）注記表監査調書」及び「附属明細書監査調書」（各調書参照）により相当であることを確認する。
　　2）事業報告（会438）
　　　　「事業報告監査調書」（217～221頁参照）により相当であることを確認する。
　2．決議事項議題
　＊1）剰余金の配当案（会453，454，459，461）
　　　　「剰余金と分配可能額チェックリスト」（149～152頁参照）により適法であることを確認する。
　＊2）役員賞与案（会361）
　　　　業界の動向やキャッシュフロー，末期の収益見通し等により妥当であることを確認する。
　　3）取締役の選任（会329，定款××）
　　4）監査役の選任及び監査役（又は監査役会）の承認（会329，343，定款××）
　　5）取締役の報酬（会361）
　　6）監査役の報酬（会387）
　　7）取締役の退職慰労金（会361）

Ⅳ　期末の違法性監査

8）監査役の退職慰労金（会387） 　9）会計監査人の選任・解任・不再任（会344） 　10）定款の変更（会466，309） 3．参考書類（会302） 　　総会招集通知全般につき会社法施行規73条〜95条に従っているか否かを監査する。

別添資料　　取締役会議事録（総会議案・書類決議）	＜省略＞

＊　253，254頁の解説を参照

定時総会議案・書類
監査調書

　前述監査実施要領に従って監査を行い，監査調書を作成するのであるが，招集通知添付書類に関しては十分な検討を行わねばならない。なお著しく相当でない場合（会384）に該当する項目はなかなか難しいところではあるが，旧商法281条ノ3第2項8号にいう利益処分案とくに配当が会社財産の状況その他の事情に照らし著しく不当なる時等が具体的に該当するものと考えられるので，配当等についてはよく検討しておく方がよい。

　この場合，会社財産の状況その他の事情とは，経済的動向，同業者の動向，自社の資金繰りの状況，キャッシュフロー，利益の見通し等を指すが，利益の見通しは一般的には決算短信等に利益等の予想が記載されているので参考にしてよいと考えられる。

　次に監査調書のサンプルを第Ⅳ－10図に掲げるが，決議事項については代表的なものを示すことにした。

第Ⅳ-10図   第　期監査調書 C－

定時総会議案・書類監査調書

	第　回定時総会（平成　年　月　日開催）の総会提出議案と書類（　月　日開催の取締役会にて決議）を前もって受領（　月　日）し，会社法384条に基づき監査を行った。 　監査の経過と結果については下記の通りであり，議案・書類の内容は法令・定款に適合し取締役会の決議内容と一致していることを確認した。 　なお監査役は定時総会において，この監査結果につき口頭にて報告を行う。 　（注）取締役会議事録（　/　）は後日の確認とする。	
１．報告事項	第　期事業報告，計算書類に関しては監査調書C－　，C－＊の通り，その監査結果については相当である。	
２．決議事項	1．第1号議案　第　期剰余金の配当議案承認の件 　　上記議案の監査結果は分配可能額チェックリストのとおり相当である。　　　　　　　　　　　　　　－会453，454，461－ 2．下記議案については法令・定款に適合している。 　　1）第2号議案　定款一部変更の件　－会466，309－ 　　2）第3号議案　監査役　名選任の件 　　　　　　　　　　　　　　　　　　－会329，343，定款××－ 　　3）第4号議案　退任取締役および退任監査役に退職慰労金贈呈の件　　　　　　　　　　　　　　　　－会361，387－	
３．参考書類	「議決権行使についての参考書類」は会社法施行規則第73条～95条に従い相当と認める。	
添付書類	1．第　回定時株主総会招集通知及び同添付書類	＜省略＞
	2．取締役会議事録（招集内容決議）	＜省略＞

（注）　監査結果は例示である。

＊　監査調書は監査要領に示した計算書類の監査調書および附属明細書の監査調書である。

定時総会後法定事項
監査実施要領

　定時総会が終了すれば一息つくところであるが，現実には追いかけるように法定事項の業務整理が待っている。一営業年度は監査役の立場からすれば，総会後の法定事項を監査し正しく行われたことを確認することにより一事業年度の監査が完了するといえよう。ただ総会後の法定事項は新しい改選後の監査役によるので，正確には新年度の監査役の業務といえよう。しかし監査役の中には旧年度から引き続いて業務を行う者もいるので監査の内容は主として旧年度の後始末が中心であることを考え，監査要領の一つとして用意しておく方がよいと思われる。多くの場合は監査実施要領に整理しておかなくとも，ある程度必然的な事務の流れとして慣習的に各担当部署で実行されるものばかりであるが，最終チェックの砦として監査役が機能すればそれに越したことはない。洩れをつねに防ぐ意味でも監査実施要領にまとめておくことをお勧めしたい。

　留意すべき事項としては，貸借対照表のみの要旨公告の場合には当期純利益金額を明示すること（計規136），有価証券報告書提出会社は公告が不要となったこと（会440），会計監査報告を受けたものとみなす場合，その旨を明示すること（計規148），不適正意見がある場合，その旨を明示すること（計規148）等をあげることができる。

　ここに監査実施要領のサンプルを第Ⅳ－11図に掲げておく。

第Ⅳ-11図　　　　　　　　　　　　　　　　　　　　　第　期監査要領　B－

定時総会後法定事項監査実施要領

Ⅰ　主　旨

　株主総会終了後直ちに実施されなければならない法定事項がある。したがってこれらの諸手続が洩れなく実施されているかどうかを監査するためここに監査要領を定める。

Ⅱ　監査項目

　1．監査役関連

　　①　各監査役の報酬額の協議決定（会387②）

　　②　退職慰労金に関する協議決定（会387②）

　　③　常勤監査役の選任の協議決定（会390①）

　　④　監査役会議長選任の協議決定（監査役会規則5条）

　2．総務・広報・経理関連

　　①　議決権行使書及び代理権を有する書面（委任状）の備置（会310⑥，311③）

　　②　株主総会議事録の作成と備置（会318①～③）

　　③　貸借対照表，損益計算書又はその要旨の公告（会440，計規136～148）

　　④　商業登記の変更申請（会911，915）

　　⑤　計算書類，事業報告，附属明細書，監査報告，会計監査報告の備置（会442，施規226，227）

　　⑥　有価証券報告書及び写しを内閣総理大臣等に提出（金融商品取引法24①，④，6）

定時総会後法定事項監査調書

　監査実施要領に基づき監査調書を作成することになるが，当調書は新年度の監査役によって行われることになる。時に監査役全員が旧年度と同一の場合もあり得ることであるし，また場合によっては一部新人の監査役を含むこともあろう。稀には全員新監査役ということもあり得ることである。いずれにせよ新年度の作業として登場する部分であるから，新年度の監査役会等で新年度の監査方針，計画等を作成する中に含まれるものと考えられる。これら監査内容の中には株主総会議事録のように本店に10年間支店に5年間備え置くことが義務付けられているものがある。したがって直前の総会議事録のみならず過年度分の議事録も適法に備置されているかどうかも監査しなければならない。多くの支店がある場合は総会直後に各支店をめぐってそのためにだけ監査にでかけるわけにもいかないであろう。支店の備置に関しては，まず本店で各支店に送付したことを確認するに止め，したがって調書の方は本店からの送付の確認をしておき，監査計画に従って支店往査を行う段階で監査することが現実に合っておりまた効率的であろう。蛇足ではあるが，次掲（第Ⅳ-12図）監査調書Ⅱ-2-⑥の有価証券報告書の関係は金融商品取引法に関する項目であるから，経理・財務部門あるいは主計部門等への確認事項である。なお監査調書Ⅱ-2の見出し総務・広報・経理関連としておいた部分は確認部門を明記すべきところであるから，実務上はたとえば「総務部（ただし⑥は経理部）」等の表現になるで

あろう。

なお，平成14年4月1日施行の商法等の一部改正により従来の書面による備置の他に，電磁的記録による備置方法もとり得るようになったので注意を要する。なお，会社法には442条，施行規則226条，227条に引き継がれている。

次に監査調書のサンプルを第Ⅳ－12図に掲げておく。

第Ⅳ－12図

第　期監査調書　C－

定時総会後法定事項監査調書

Ⅰ　監査概要
　監査実施要領（B－　）に従い監査を実施した結果いずれも適法に処理されていることを確認した。
Ⅱ　監査内容
　1．監査役関連
　　①　各監査役の報酬額の協議決定　（平成　年　月　日決定）
　　②　退職慰労金に関する協議決定　（平成　年　月　日決定）
　　③　常勤監査役の選任の協議決定　（平成　年　月　日決定）
　　④　監査役会議長選任の協議決定　（平成　年　月　日決定）
　2．総務・広報・経理関連
　　①　議決権行使書及び代理権を有する書面（委任状）の備置
　　　　　　　　　　　　　　　　　（平成　年　月　日確認）
　　②　株主総会議事録の作成と備置　（平成　年　月　日確認）
　　③　貸借対照表，損益計算書又はその要旨の公告
　　　　　　　　　　　　　　　　　（平成　年　月　日確認）
　　④　商業登記の変更申請　　　　　（平成　年　月　日確認）
　　⑤　計算書類，事業報告，附属明細書，監査報告，会計監査報告の備置
　　　　　　　　　　　　　　　　　（平成　年　月　日確認）
　　⑥　有価証券報告書及び写しを内閣総理大臣等に提出
　　　　　　　　　　　　　　　　　（平成　年　月　日確認）

有価証券報告書監査要領

　金融商品取引法24条によれば，有価証券の発行会社は事業年度ごとに当該会社および当該会社に属する企業集団の経理の状況等その他内閣府令に定める事項を有価証券報告書に記載し，事業年度経過後3か月以内に内閣総理大臣に提出しなければならないと定められている。

　一方，同法193条の2によれば，金融商品取引所に上場されている有価証券の発行会社（その他政令で定めるものを含む）は金融商品取引法により提出する貸借対照表，損益計算書その他内閣府令で定めるものには公認会計士または監査法人の監査証明を受けなければならないと定められている。

　したがって有価証券報告書は公認会計士の監査対象であり，基本的には会社法の監査を行う監査役の監査事項ではない。しかし監査役の対象となる法律は会社法に止まらず国内のすべての法律とされているところから，とくに会社法に近い金融商品取引法にも関心を寄せ監査を行うべきとする意見が多く見受けられる。他方で日本監査役協会では平成23年3月の監査役監査基準の改正で有価証券報告書の監査に関しては内部統制が十分に機能しているかを監査するようにとの方向性を打ち出した。したがって当監査要領も内部統制の監査に重点を置くものである。

　とはいえ，ひととおりのポイントは見ておくべきであろうとの立場もとっている。監査役は監査事項が多く大変であるが監査証跡を整える立場からも，後日のためにひととおりは見ておく必要があると考えられる。

第Ⅳ－13図

第　期監査要領　B－

有価証券報告書監査要領

Ⅰ　目　　　的

監査役は主として内部統制の見地から，会社の状況が正しく示されているかの監査を行うと同時に問題点について会社がフォローを十分に行っているかの追跡調査を継続する。

Ⅱ　監査項目

1．基本事項

1）当期の財務諸表および内部統制に関する公認会計士の監査意見は適正意見か。

2）当期の有価証券報告書等は法定期限（　月　日）までに内閣総理大臣宛に提出されているか。

3）有価証券報告書に関する内部統制システムはできているか。

2．全般的事項

1）〔企業の概況〕

① 最近5事業年度の経営指標等の推移表からみて連結・単体別に異常な変化はないか。またその原因は何か。

② 関係会社の状況の中で債務超過等の問題のある会社はないか。

2）〔事業の状況〕

① 当期の業績の概要およびキャッシュフローの状況の中で異常な状況はないか。

② 生産，受注，販売の状況の中で異常な変化はあるか。またその原因は何か。

③ 対処すべき課題に対して適切な処置が講じられているか。また前期から継続課題となっている事項はあるか。

④ 事業リスクに対して適切な処置が講じられているか。

⑤ 財政状態，経営成績，キャッシュフロー状況分析は適切か。

3）〔設備の状況〕

① 設備の新設や除却情報に漏れはないか。また有姿除却等はないか。

4）〔提出会社の状況〕

① 新株予約権，ライツプラン等の内容に問題はないか。

② 自己株式の取得状況等の理由は何か。

③ コーポレートガバナンスは適切に行われているか。

5）〔経理の状況〕
　　連結および単体の財務諸表につき特筆すべき項目・内容はないか。
　① 連結貸借対照表
　② 連結損益計算書・連結包括利益計算書
　③ 連結株主資本等変動計算書
　④ 連結キャッシュフロー計算書
　⑤ 連結附属財務諸表
　⑥ 貸借対照表
　⑦ 損益計算書
　⑧ 株主資本等変動計算書
　⑨ 附属財務諸表
3．〔その他〕
　1）重要な偶発事象および後発事象はあるか。
　2）内部統制報告書に問題点はあるか。
　3）その他の重要事項はあるか。

有価証券報告書監査調書

　有価証券報告書の原稿ができるタイミングは会社により千差万別であるが，一般には株主へ送付する事業報告が優先されることもあり，3月決算でいえば6月に入ってから原稿が入手できるケースが多いと推察される。となれば監査報告書を作成する前に入手できない可能性が高い。いうまでもなく監査報告書作成前に未完の状態であっても有価証券報告書の原稿が入手できることが望ましいことではあるが，監査報告書作成後であっても一応の監査は行うようにすべきと考えられる。

　それといちいち細かくチェックするのではなく，経理財務の担当者か公認会計士に質問する形で監査に代えるのが効率的でよいと思われる。さらに付言すると，内部統制ないしリスク管理の立場からすれば前期から改善が持ち越されている場合には，改善がしり切れトンボにならないように監査役が継続してウォッチしていく必要がある。

第Ⅳ-14図　　　　　　　　　　　　　　　　　第　期監査要領　C－

有価証券報告書監査調書

Ⅰ　概　　要
　　監査要領B―に従い有価証券報告書の監査を行ったが，その経過および結果は次のとおりである。

Ⅱ　監査項目と結果

監　査　項　目	監査結果
1．基本事項	
1）当期の財務諸表および内部統制に関する公認会計士の監査意見は適正意見か。	無限定適正
2）当期の有価証券報告書等は法定期限（　月　日）までに内閣総理大臣宛に提出されているか。	法定期限内 6月29日（例）
3）有価証券報告書に関する内部統制システムはできているか。	システム有り
2．全般的事項	
1）〔企業の概況〕	
① 最近5事業年度の経営指標等の推移表からみて連結・単体別に異常な変化はないか。またその原因は何か。	異常なし
② 関係会社の状況の中で債務超過等の問題のある会社はないか。	な　し
2）〔事業の状況〕	
① 当期の業績の概要およびキャッシュフローの状況の中で異常な状況はないか。	異常なし
② 生産，受注，販売の状況の中で異常な変化はあるか。またその原因は何か。	異常なし
③ 対処すべき課題に対して適切な処置が講じられているか。また前期から継続課題となっている事項はあるか。	継続課題なし
④ 事業リスクに対して適切な処置が講じられているか。	適切措置
⑤ 財政状態，経営成績，キャッシュフロー状況分析は適切か。	適　切
3）〔設備の状況〕	
① 設備の新設や除却情報に漏れはないか。また有姿除却等はないか。	該当なし

4）〔提出会社の状況〕		
① 新株予約権，ライツプラン等の内容に問題はないか。		該当なし
② 自己株式の取得状況等の理由は何か。		株価向上
③ コーポレートガバナンスは適切に行われているか。		適　切
5）〔経理の状況〕		
連結および単体の財務諸表につき特筆すべき項目・内容はないか。		
① 連結貸借対照表		特記事項なし
② 連結損益計算書・連結包括利益計算書		〃
③ 連結株主資本等変動計算書		〃
④ 連結キャッシュフロー計算書		〃
⑤ 連結附属財務諸表		〃
⑥ 貸借対照表		〃
⑦ 損益計算書		〃
⑧ 株主資本等変動計算書		〃
⑨ 附属財務諸表		〃
3．〔その他〕		
1）重要な偶発事象および後発事象はあるか。		後発事象有り（別紙）
2）内部統制報告書に問題点はあるか。		問題なし
3）その他の重要事項はあるか。		特になし

（注）　サンプルの別紙は用意されていない。

その他法定備置書類

　期末に発生する事項とはいえないが，ちなみにその他法定の備置義務のある書類としては次のようなものがある。

① 定　　　款　　　　常時本，支店備置（会31）
② 株式取扱規程　　　　〃　　　　（同上準用）
③ 株主名簿　　　　常時本店備置（会125）
④ 新株予約権原簿　　　〃　　　（会252）
⑤ 社債原簿　　　　　　〃　　　（会684）
⑥ 取締役会議事録　　10年間本店備置（会371）
⑦ 会計帳簿・書類　　10年間備置（会432）
⑧ 監査役会議事録　　10年間本店備置（会394）

　これらは常時株主等に対して閲覧・謄写の要請に応ずべく備置しておく必要のあるもの，取締役会議事録のように裁判所の許可の下に閲覧でき10年間備置を要するもの，また会計帳簿等のように発行済株式総数の3％以上所有する株主（会社法433条1項参照）の要請があれば閲覧可能で10年間備置を要するもの等である。これらの事項は常時日常業務の中で取り扱われているものであり，原則的にはあるとき忘却してしまったといった性格のものではない。また経営上基本中の基本事項といっても過言ではない。したがって監査の対象からは原則として外してもよい事項と思料される。ただ定款等が総会で改訂決議されたと

きなどは，後に定款が決議のとおり改訂されていることを確認しておくことは必要と思われる。監査役としては念頭に入れておいて必要に応じて監査を実施すればよいと考えられるので，監査実施要領，監査調書は作成しないこととした。

V
監査報告の作成

会社法の要請する監査報告

　会社法では従来の監査報告書の呼称を監査報告としたが，多くの点で変わっているので，馴れるまでの間は十分に注意しておいたほうがよい。ここでは主な改正のポイントをあげておくこととする。

(1) 監査報告作成の根拠条文

① 会社法381条（一般規定）
　　監査役は法務省令の定めに従い監査報告を作成しなければならない。
② 会社法389条（会計監査に限定した場合の規定）
　　監査役は法務省令の定めに従い監査報告を作成しなければならない。
③ 会社法390条（監査役会の権限等）
　　2項1号：監査報告を作成する。

(2) 事業報告における監査報告の定め

① 監査役監査報告の内容（施規129）
　　ⅰ）監査役の監査の方法（計算関係書類は除く）
　　ⅱ）事業報告（附属明細書含む）が法令・定款に従い正しいか否かの意見
　　ⅲ）取締役（又は執行役）に不正等があればその事実
　　ⅳ）監査ができなかったときはその主旨・理由

ⅴ) 内部統制の決定または決議の内容に対する意見
ⅵ) 企業支配に関する基本方針に対する意見
ⅶ) 監査報告の作成日
　（注）　監査範囲を会計に限定している場合には事業報告を監査する権限のないことを明らかにする（施規129②）。

② 監査役会監査報告の内容（施規130）

各監査役が作成した監査報告を基に監査役会の監査報告を作成する。この場合監査役会と監査役の意見が異なる場合には付記することができる。

ⅰ) 監査役及び監査役会の監査の方法及び内容
ⅱ) ①（施規129条）のⅱ)〜ⅵ)の事項
ⅲ) 監査役会監査報告の作成日
　（注）　各監査役は監査報告を作成すること，監査役会は1回以上会議または情報の送受信により同時に意見交換できる方法で審議することとしている（付記は除く，施規130②）。

(3)　計算書類における監査報告の定め

① 監査役監査報告の内容（会計監査人非設置会社，計規122）
　ⅰ) 監査役の監査の方法及びその内容
　ⅱ) 計算関係書類の財産及び損益の状況の適正表示に対する意見
　ⅲ) 監査ができなかったときはその主旨・理由
　ⅳ) 追記情報（＊）
　ⅴ) 監査報告の作成日

＊追記情報とは
　ⅰ) 正当な理由による会計方針の変更
　ⅱ) 重要な偶発事象
　ⅲ) 重要な後発事象

② 監査役会監査報告の内容（会計監査人非設置会社，計規123）

各監査役が作成した監査報告を基に監査役会の監査報告を作成する。こ

の場合監査役会と監査役の意見が異なる場合には付記することができる。

  ⅰ） ①（計規122条）のⅱ）～ⅳ）の事項
  ⅱ） 監査役及び監査役会の監査の方法及び内容
  ⅲ） 監査役会監査報告の作成日
  （注） 各監査役は監査報告を作成すること，監査役会は1回以上会議または情報の送受信により同時に意見交換できる方法で審議することとしている（付記は除く，計規123③）。

③ 監査役監査報告の内容（会計監査人設置会社，計規127）
  ⅰ） 監査役の監査の方法及びその内容
  ⅱ） 会計監査人の監査の方法・結果を相当と認めない場合，その旨と理由
  ⅲ） 重要な後発事象（会計監査報告記載のものは除く）
  ⅳ） 会計監査人の職務の適正実施を確保する体制に関する事項
  ⅴ） 監査ができなかったときはその主旨・理由
  ⅵ） 監査報告の作成日

④ 監査役会監査報告の内容（会計監査人設置会社，計規128）
  各監査役が作成した監査報告を基に監査役会の監査報告を作成する。この場合監査役会と監査役の意見が異なる場合には付記することができる。
  ⅰ） 監査役及び監査役会の監査の方法及び内容
  ⅱ） ③（計規127条）のⅱ）～ⅴ）の事項
  ⅲ） 監査役会監査報告の作成日
  （注） 各監査役は監査報告を作成すること，監査役会は1回以上会議または情報の送受信により同時に意見交換できる方法で審議することとしている（付記は除く，計規128③）。

監査報告作成の留意事項

(1) 監査報告の作成部数

　監査報告は監査役会設置会社では原則として1通作成することになる。その前提としては各監査役が作成した監査報告を基に審議し作成することになっている。もし監査役と監査役会の監査報告の内容につき意見が異なる場合には付記することが可能である（施規130，計規123，128）。監査役会を設置しない会社の場合に複数の監査役がいるときには，監査役の独任制の立場から各人別に作成する建前であるが，意見が一致すれば1通でよいといわれている。

(2) 反対意見等の付記

　反対意見等については付記できることは上述の通りであるが，付記の内容に関していえば必ずしも貸借対照表や損益計算書に関するものとは限らない。
　なお計算書類が報告事項とされる条件（会439，441④「承認特則規定」）としては①会計監査人の無限定適正意見が付いている，②会計監査人の監査につき監査役の相当でないとする意見が付いていない，③付記があるときは②に関係していない，④計規132条3項にいう監査を受けたものと見做すものではない，⑤取締役会を設置している（計規135）の条件が満たされなくてはならないので注意を要する。

(3) 事業報告と計算書類の監査報告

　法務省令では事業報告の監査報告は施行規則に，計算書類の監査報告は計算規則にと分かれているが監査報告は両方をあわせて1通作成すればよいと考えられるので，基本的には内容を別とすれば形式としてはまとめて1通作成することになる。

(4) 署名・押印

　従来の商法施行規則134条には監査報告に署名・押印が義務付けられていたが，会社法では削除された。理由としては法律効果が直接及ぶものには署名等の措置を講じたがそうでないものには特に規定を設けなかったとのことである。例えば会社法393条2項で監査役会の議事録に監査役の署名又は記名押印を義務付けているが，同4項で議事録に異議をとどめなければ決議に賛成したものと推定されるので，その識別には署名等が必要になる。そのためには署名等の義務を明記する必要があるからである。

　そのようなわけで，署名等の規定がないため監査報告は会社の任意で署名押印でも記名押印でも法的には何ら制約を受けないことになった。

(5) 常勤・社外の記載

　旧商法施行規則134条に署名・押印と同時に常勤の記載が義務付けられていたがこれも削除された。しかし従来規定はなかったが社外監査役は法定事項であるから監査報告には社外の注記は必要とされていた。その例にならって常勤と社外の区別は従来どおり記載すべきものと考える。

(6) 増加した記載事項

　会社法は監査報告の記載事項を相当に増やした。今後はこれらの記載事項をどのように監査報告にとりいれ表現していくのか，一般的に落ちつくまでには若干の時間的経過が必要となるであろう。どのような事項が増えたかその主な

ものを以下記しておく。

① 事業報告の監査報告
　ⅰ) 内部統制の決定・決議の内容に対する意見
　ⅱ) 企業支配に関する基本方針に対する意見
② 計算書類の監査報告（会計監査人設置会社の場合）
　ⅰ) 会計監査人の職務の適正実施を確保する体制に関する事項
　（注1) 会計監査人の職務の適正実施を確保する体制に関する事項については計算規則131条に次のような規定がある。骨子は会計監査人が会計監査報告を特定監査役に通知するに際しては次の事項を通知しなければならない。
　　ⅰ) 独立性その他法令・規定の遵守に関する事項
　　ⅱ) 監査等業務契約の受任および継続の方針に関する事項
　　ⅲ) 会計監査人の職務の適正実施を確保する体制に関する事項
　　上記ⅲ) の通知を受けて計算書類の監査報告に記載することになる。
　（注2) 特定監査役とは原則として複数の監査役がいる場合に監査報告の通知をすべき監査役を定めたときその監査役をいう（計規124⑤）。

(7) 追記事項としての継続企業の前提に係る事項

　会計監査人の監査報告の中（計規154) の追記事項として継続企業の前提（ゴーイングコンサーン）に関する事項があげられているが，もし会計監査人が監査報告の中で由々しき継続企業の前提に係る事項を記載したときには監査役の監査報告の中でどう取扱うのか十分に検討したほうがよいと考えられる。

(8) 虚偽の監査報告と損害賠償

　重要事項についての虚偽の監査報告が作成され第三者に損害を与えた場合には，監査役はその第三者に損害を賠償することになる（会429②三）。また監査役会の議事録に異議をとどめない監査役は監査役会の決議（監査報告作成）に賛成したものと推定される（会393④）こととなる。ただし，監査報告に異議の内容を付記すればこの限りではない。したがって会社に大きな問題が発生した場合には監査報告の記載には十分気をつけなければならない。(7)の記載に対する注意も虚偽記載による損害賠償の問題を想定するからである。

監査報告と監査調書

　監査報告案（284頁）の中の監査結果について監査調書との関係を一通り整理しておこう。そこで監査報告に記載されている監査の結果を項目別に区分して示すこととした。

　なお日本監査役協会から会社法の監査報告に関するひな型が出されたので多くの会社はこのひな型に従うこととなろう（283頁参照）。

監査の結果
(1)　会計監査人〇〇〇〇の監査の方法及び結果は相当であると認めます。
　　　監査調書　①　貸借対照表・損益計算書　監査調書
　　　　　　　　②　株主資本等変動計算書　監査調書
　　　　　　　　③　個別注記表　監査調書
　　　　　　　　④　期中会計　監査調書
　　　　　　　　⑤　中間決算　監査調書
　　　　　　　　⑥　連結貸借対照表・連結損益計算書　監査調書
　　　　　　　　⑦　連結株主資本等変動計算書　監査調書
　　　　　　　　⑧　連結注記表　監査調書
　　　　　　　　⑨　継続企業の前提　監査調書
　　　　　　　　⑩　会計監査人監査報告　監査調書
(2)　事業報告は，法令及び定款に従い，会社の状況を正しく示しているものと

認めます。
　　　監査調書　①　事業報告　監査調書
　　　　　　　　②　内部統制構築・運用　監査調書
(3) 内部統制の決議内容は会社の状況に対し適切に対応しているものと認めます。
　　　監査調書　①　内部統制構築・運用　監査調書
(4) 株主資本等変動計算書は法令に従い会社の状況を正しく示しているものと認めます。
　　　監査調書　①　株主資本等変動計算書　監査調書
(5) 注記表は法令に従い会社の状況を正しく示しているものと認めます。
　　　監査調書　①　個別注記表　監査調書
(6) 附属明細書は記載すべき事項を正しく示しており，指摘すべき事項は認められません。
　　　監査調書　①　附属明細書　監査調書
(7) 取締役の職務遂行に関する不正の行為又は法令若しくは定款に違反する重大な事実は認められません。
　　　監査調書　①　競業取引・無償利益供与等　監査調書
　　　　　　　　②　取締役忠実義務違反　監査調書
　　　　　　　　③　期末業務日程監査　監査調書
　　　　　　　　④　定時総会議案・書類監査　監査調書
　　　　　　　　⑤　定時総会後法定事項　監査調書

（注1）　(4)企業支配に関する基本方針の監査調書及び(8)会計監査人の職務実施の適正確保体制の監査調書は監査要領・調書を毎期必要としないと考えられるので作成しなかった。
（注2）　子会社の調査に関する記述はないが，一項目を設けて「子会社の調査の結果，取締役の職務遂行に関し指摘すべき事項は認められません」等の記述が多くみうけられるので各社の工夫に委ねたい。連結会計重視の結果子会社調査の記述は必要性が高くなると考えられる。ただ子会社の調査はあくまでも親会社の業務監査等に関連して必要なときに行うので調査という言葉が適切と思われる。

連結計算書類の監査報告作成と留意事項

(1) 連結計算書類の作成

 会計監査人設置会社は法務省令の定めるところにより,各事業年度に係る連結計算書類(当該会計監査人設置会社及びその子会社から成る企業集団の財産及び損益の状況を示すために必要かつ適当なものとして法務省令で定めるものをいう)を作成することができる(会444①),また電磁的記録により作成することもできる(同条②)と規定された。

 なお連結計算書類とは連結貸借対照表,連結損益計算書,連結株主等変動計算書及び連結注記表と規定され(計規61),従来の連結貸借対照表,連結損益計算書に連結株主等変動計算書と連結注記表が加えられた。

 また金融商品取引法24条の規定によれば有価証券報告書を提出する大会社は連結計算書類の作成が義務づけられている。ただし大会社以外の会計監査人設置会社については任意に作成することができることになっている(会444)。

(2) 連結計算書類の監査・承認等

 ⅰ) 連結計算書類は監査役(又は監査委員会)及び会計監査人の監査を受けなければならない(会444④)。

 ⅱ) 取締役会設置会社においては監査済の連結計算書類は取締役会の承認

を受けなければならない（会444⑤）。

ⅲ）取締役会設置会社においてはⅱ）の承認済の連結計算書類を株主に提供し、株主総会に提出又は提供して、取締役は監査の結果を株主総会に報告しなければならない（会444⑥，⑦）。

ⅳ）取締役会非設置会社においてはⅰ）の監査済の連結計算書類を株主総会に提出又は提供して、取締役は監査の結果を株主総会に報告しなければならない（会444⑦）。

(3) 監査報告作成の時期

　会計監査人設置会社の特定監査役は計算規則132条により、会計監査人より会計監査報告を受領した日から1週間を経過した日又は特定取締役及び特定監査役の合意した日があれば合意した日までに監査報告を作成してその内容を特定取締役及び会計監査人に通知しなければならない。

　なお上記通知すべき日までに通知をしない場合には、通知すべき日に計算関係書類については監査役（又は監査委員会）の監査を受けたものとみなすことになっている（計規132③）。

(注1) 特定取締役：監査報告を受ける取締役として定めた取締役又は監査を受けるべき計算書類等を作成した取締役をいう、会計参与がある場合は会計参与も該当する（計規124④，130④）。
(注2) 特定監査役：監査報告の内容を通知すべき監査役を定めた場合の監査役、定めてない場合はすべての監査役、また会計監査人設置会社の場合は会計監査報告を受けとる場合も含まれる（計規124⑤，130⑤）。
(注3) 計算関係書類：会社計算規則2条3項3号に規定する書類をいう。
　　　イ．成立の日における貸借対照表
　　　ロ．各事業年度に係る計算書類及びその附属明細書
　　　ハ．臨時計算書類
　　　ニ．連結計算書類

(4) 株主総会における報告

　連結計算書類の監査の結果については取締役が株主総会において報告すると会社法444条7項に明記されている。一方単体の監査報告については特に報告

の主体の明記がない。これらは従来の流れを踏襲しているものと思われる。

　単体の株主総会での監査報告は一般に監査役が行う場合が多いので単体とあわせて連結についても監査役が行うのが自然でありスマートでもあると考える。監査役は自分の行った監査の結果等を報告するので内容の報告については取締役から委任を受けたと考えれば別に問題はないと思われる。したがって単体は過去からの習慣で監査役が報告し，連結は取締役が法定どおり行うというのは，いかにも不自然であるしそこまで杓子定規に考えなくてよいのではなかろうか。

第Ⅴ－1図

株主に対して提供される監査報告書のひな型（日本監査役協会）
機関設計が「取締役会＋監査役会＋会計監査人」の会社の場合(注1)

平成27年9月29日最終改正

平成○年○月○日

○○○○株式会社
代表取締役社長○○○○殿(注2)

監 査 役 会(注3)

監査報告書の提出について

当監査役会は，会社法第390条第2項第1号の規定に基づき監査報告書作成しましたので，別紙のとおり(注4) 提出いたします。

以　上

監 査 報 告 書

当監査役会は，平成○年○月○日から平成○年○月○日までの第○○期事業年度の取締役の職務の執行に関して，各監査役が作成した監査報告書に基づき，審議の上(注5)，本監査報告書を作成し，以下のとおり報告いたします。

1. 監査役及び監査役会の監査の方法及びその内容(注6)
   (1) 監査役会は，監査の方針(注7)，職務の分担(注8) 等を定め，各監査役から監査の実施状況及び結果について報告を受けるほか，取締役等及び会計監査人からその職務の執行状況について報告を受け，必要に応じて説明を求めました。
   (2) 各監査役は，監査役会が定めた監査役監査の基準に準拠し(注9)，監査の方針，職務の分担(注10) 等に従い，取締役，内部監査部門(注11) その他の使用人等と意思疎通を図り，情報の収集及び監査の環境の整備に努めるとともに(注12)，以下の方法で監査を実施しました。
     ① 取締役会その他重要な会議に出席し，取締役及び使用人等からその職務の執行状況について報告を受け(注13)，必要に応じて説明を求め，重要な決裁書類等を閲覧し，本社及び主要な事業所において業務及び財産の状況を調査いたしま

した。また，子会社については，子会社の取締役及び監査役等と意思疎通及び情報の交換を図り，必要に応じて子会社から事業の報告を受けました。(注14)

② 事業報告に記載されている取締役の職務の執行が法令及び定款に適合することを確保するための体制その他株式会社及びその子会社から成る企業集団の業務の適正を確保するために必要なものとして会社法施行規則第100条第1項及び第3項に定める体制の整備に関する取締役会決議の内容及び当該決議に基づき整備されている体制（内部統制システム）(注15, 16)について，取締役及び使用人等からその構築及び運用の状況について定期的に報告を受け，必要に応じて説明を求め，意見を表明いたしました。(注17, 18)

③ 事業報告に記載されている会社法施行規則第118条第3号イの基本方針及び同号ロの各取組み(注19)並びに会社法施行規則第118条第5号イの留意した事項及び同号ロの判断及び理由(注20)については，取締役会その他における審議の状況等を踏まえ，その内容について検討を加えました。

④ 会計監査人が独立の立場を保持し，かつ，適正な監査を実施しているかを監視及び検証するとともに，会計監査人からその職務の執行状況について報告を受け，必要に応じて説明を求めました。また，会計監査人から「職務の遂行が適正に行われることを確保するための体制」（会社計算規則第131条各号に掲げる事項）を「監査に関する品質管理基準」（平成17年10月28日企業会計審議会）等に従って整備している旨の通知を受け，必要に応じて説明を求めました(注21)。

以上の方法に基づき，当該事業年度に係る事業報告及び附属明細書，計算書類（貸借対照表，損益計算書，株主資本等変動計算書及び個別注記表(注22)）及びその附属明細書並びに連結計算書類（連結貸借対照表，連結損益計算書，連結株主資本等変動計算書及び連結注記表）について検討いたしました。

2．監査の結果(注23)
(1) 事業報告等の監査結果
　① 事業報告及びその附属明細書は，法令及び定款に従い，会社の状況を正しく示しているものと認めます。
　② 取締役の職務の執行(注24)に関する不正の行為又は法令もしくは定款に違反する重大な事実は認められません(注25)。
　③ 内部統制システムに関する取締役会決議の内容は相当であると認めます(注26)。また，当該内部統制システムに関する事業報告の記載内容及び取締役の職務の執行についても，指摘すべき事項は認められません(注27)。

④　事業報告に記載されている会社の財務及び事業の方針の決定を支配する者の在り方に関する基本方針については，指摘すべき事項は認められません。事業報告に記載されている会社法施行規則第118条第3号ロの各取組みは，当該基本方針に沿ったものであり，当社の株主共同の利益を損なうものではなく，かつ，当社の会社役員の地位の維持を目的とするものではないと認めます(注28)。
　　⑤　事業報告に記載されている親会社等との取引について、当該取引をするに当たり当社の利益を害さないように留意した事項(注29)及び当該取引が当社の利益を害さないかどうかについての取締役会の判断及びその理由(注30)について、指摘すべき事項は認められません。
　(2)　計算書類及びその附属明細書の監査結果
　　　会計監査人○○○○(注31)の監査の方法及び結果は相当であると認めます(注32)。
　(3)　連結計算書類の監査結果
　　　会計監査人○○○○(注33)の監査の方法及び結果は相当であると認めます(注34)。

3．監査役○○○○の意見（異なる監査意見がある場合）(注35)

4．後発事象（重要な後発事象がある場合）(注36)

　　平成○年○月○日(注37)
　　　　　　　　　　　　○○○○株式会社　　監査役会
　　　　　　　　　　　　　　常勤監査(注38)　　　　　　○○○○　㊞
　　　　　　　　　　　　　　常勤監査役(社外監査役)(注39)　○○○○　㊞
　　　　　　　　　　　　　　社外監査役(注40)　　　　　○○○○　㊞
　　　　　　　　　　　　　　監査役　　　　　　　　　○○○○　㊞
　　　　　　　　　　　　　　　　　　　　　　　　　（自　　署）(注41)

(注1)　本ひな型は「事業報告等に係る監査報告書」,「計算書類等に係る監査報告書」及び「連結計算書類に係る監査報告書」のすべてを一体化して作成する場合のものである。「連結計算書類に係る監査報告書」を別途独立して作成することとする場合には，本ひな型の下線部分を削除する。
(注2)　会社法において，監査報告書の提出先は，「特定取締役」とされている（会社法施行規則第132条第1項及び会社計算規則第132条第1項。「特定取締役」の定義は会社法施行規則第132条第4項及び会社計算規則第130条第4項参照）。したがって，送り状の宛先には，特定取締役の肩書・氏名を記載することが考えられる。ただし，本ひな型では，①株主に対して監査報告書を提供する義務を負っているのは代表取締役であること，②監査報告書を備え置く義務は会社，

すなわち代表取締役が負っていること等の理由により，代表取締役社長を宛先としている（場合によっては，代表取締役社長と特定取締役を併記することも考えられる。）。送り状の宛先については，各社の実状に応じて検討されたい。
(注3)　送り状の監査役会の印の取扱いについては，各社の内規による。
(注4)　本送り状は，監査報告書を書面により提出した場合を想定したものである。監査報告書を電磁的方法により特定取締役に対して通知する場合などにおいては，「別紙のとおり」とあるのを「別添のとおり」など所要の修正を行うこととなる。
(注5)　「審議の上」の箇所については，「審議の結果，監査役全員の一致した意見として」など，適宜な表現とすることも考えられる。
(注6)　「1．監査役及び監査役会の監査の方法及びその内容」に関し，旧商法では監査の方法の「概要」の記載が求められていたが，会社法では「概要」ではなく，実際に行った監査について，より具体的な方法・内容の記載を要することに留意すべきである（会社法施行規則第129条第1項第1号，会社計算規則第128条第2項第1号ほか）。具体的な方法・内容を記載することにより，監査報告の利用者の理解を得ることも期待され，特に当期における特別の監査事項がある場合，例えば，監査上の重要課題として設定し重点をおいて実施した監査項目（重点監査項目）がある場合には，「監査役会は，監査の方針，職務の分担等を定め，○○○○を重点監査項目として設定し，各監査役から……」などと記載することが望ましい。
(注7)　「監査の方針」の箇所については，当該監査対象期間における監査方針に従った旨を明確に表す場合には，「当期の監査方針」と記載することも考えられる。
(注8)　各監査役の職務の分担を含めた監査計画を策定している場合には，監査上の重要性を勘案し，「職務の分担」に代えて，「監査計画」と記載することが考えられる。
(注9)　監査役会において監査役監査基準を定めていない場合には，「監査役監査の基準に準拠し，」の部分は省く。
(注10)　「監査の方針」の箇所について注7，「職務の分担」の箇所について注8参照。
(注11)　「内部監査部門」との表現については，適宜な部門名等を各社の実状に合わせて記載されたい。
(注12)　会社法施行規則第105条第2項及び第4項参照。会社に親会社がある場合には，「……取締役，内部監査部門その他の使用人，親会社の監査役その他の者と意思疎通を図り，……」とすることが考えられる。
(注13)　会社法施行規則第100条第3項第4号により取締役会において決議されている自社及び子会社の取締役及び使用人等が監査役に報告するための体制その他の監査役への報告に関する体制に基づいて，監査役が報告を受けた事項について言及している。監査の態様によっては，「取締役及び使用人等からその職務の執行状況について報告を受け……」の「使用人」の箇所を「内部監査部門」等と明記することも考えられる。

(注14)　子会社の取締役及び監査役等との意思疎通及び情報交換については，会社法施行規則第105条第2項及び第4項参照。子会社の取締役及び監査役等との意思疎通や情報交換において監査に影響を与える事項があった場合は，具体的に記載し，その後の対応を「2．監査の結果」で記載することも考えられる。

　　なお，会社法第381条第3項に定める子会社に対する業務・財産状況調査権を行使した場合には，「……子会社に対し事業の報告を求め，その業務及び財産の状況を調査いたしました。」などと記載することが考えられる。

(注15)　本ひな型では，会社法第362条第4項第6号による取締役会決議に基づいて現に整備されている体制を「内部統制システム」と言及している。事業報告における具体的な表題・頁数等に言及して記載することも考えられる。

(注16)　会社法施行規則第100条第1項第5号においては，「当該株式会社並びにその親会社及び子全社から成る企業集団」とされ，企業集団に親会社も含まれるが，会社法第362条第4項第6号では，取締役会が決定すべき業務執行事項として挙げられている企業集団の内部統制システムは当該会社と子会社に限定されていることから，本ひな型では当該会社と子会社に限定している。なお，企業集団の内部統制システムに親会社が含まれるのは取引の強要等，親会社による不当な圧力に関する予防・対処等を念頭に置いたもので（内部統制システムに係る監査の実施基準第13条第1項第3号参照），監査において当該リスクを特に勘案しなければいけない事情がある場合は，企業集団を，親会社を含めたものとした上で，具体的な監査方法や監査結果を記載することも考えられる。

(注17)　内部統制システムに係る監査役監査の実施基準を定め，それに従って監査を実施した旨を表す場合には，「……体制（内部統制システム）について，監査役会が定めた内部統制システムに係る監査役監査の実施基準に準拠し，取締役及び使用人等からその構築及び運用の状況について定期的に報告を受け，必要に応じて説明を求め，意見を表明いたしました。」などと記載することも考えられる。また，監査報告の利用者の理解の点から，説明を求めた事項や，意見を表明した事項のうち重要なものについては具体的に記載し，執行側の対応を「2．監査の結果」で記載することも考えられる。

　　なお，内部統制システムに関する取締役会決議は，大会社の場合には義務であるが，それ以外の会社については任意である。なお，注26及び注27も参照されたい。

(注18)　本記載における「取締役及び使用人等」は，当該会社の取締役及び使用人等を指している。子会社については，企業集団の内部統制システムの構築及び運用に関し親会社としてどのように対応しているかのチェックが主になるが，子会社から構築及び運用の状況について報告を受けた場合などは，「子会社の取締役及び使用人等からも必要に応じてその構築及び運用の状況について報告を受け，説明を求めました。」などの記載をすることも考えられる。

(注19)　会社がいわゆる買収防衛策等を策志している場合の記載である。事業報告に会社法施行規則第118条第3号に掲げる事項が記載されていない場合には記載

することを要しない。なお，注28も参照されたい。
(注20) 会社法施行規則第118条第5号の事項についての記載が事業報告にない場合には，監査報告へ記載する必要はない（会社法施行規則第130条第2項第2号，第129条第1項第6号）。
(注21) 監査役及び監査役会は，監査報告書において「会計監査人の職務の遂行が適正に実施されることを確保するための体制に関する事項」（会社計算規則第128条第2項第2号及び第127条第4号。以下，「会計監査人の職務遂行の適正確保体制」という。）を記載しなければならない。監査役及び監査役会は，会計監査人からその職務遂行の適正確保体制に関する事項（会社計算規則第131条。条文の文言は「会計監査人の職務の遂行が適正に行われることを確保するための体制に関する事項」）の通知を受けた上で（通知を受ける者は特定監査役である。），当該体制が一定の適正な基準に従って整備されていることについて確認を行うこととなる。本ひな型では，会計監査人の職務遂行の適正確保体制に係る通知事項とそれに対する確認の方法について，「会計監査人から……に従って整備している旨の通知を受け，必要に応じて説明を求めました。」と言及している。「一定の適正な基準」として，本ひな型では「監査に関する品質管理基準」（平成17年10月28日企業会計審議会）を挙げているが，ほかに日本公認会計士協会の実務指針（品質管理基準委員会報告書第1号「監査事務所における品質管理」，監査基準委員会報告書220「監査業務における品質管理」）等も重要である。

なお，会計監査人の職務遂行の適正確保体制に係る監査役及び監査役会の確認結果については，本ひな型では，独立した事項として記載されるのではなく，「2．監査の結果」の「(2)計算書類及びその附属明細書の監査結果」及び「(3)連結計算書類の監査結果」における「会計監査人の監査の方法及び結果は相当である」と認めた旨の記載に含まれている。会計監査人の職務遂行の適正確保体制について特に強調すべき事項又は明らかにしておくことが適切であると考えられる事項がある場合には，「1．監査役及び監査役会の監査の方法及びその内容」又は「2．監査の結果」の「(2)計算書類及びその附属明細書の監査結果」もしくは「(3)連結計算書類の監査結果」において具体的に記載されたい。
(注22) 「個別注記表」を独立した資料として作成していない場合には，「……当該事業年度に係る計算書類（貸借対照表，損益計算書及び株主資本等変動計算書）及びその附属明細書……」と記載する。「連結注記表」についても同様である（会社計算規則第57条第3項参照）。
(注23) 「監査の結果」の項に関して指摘すべき事項がある場合には，その旨とその事実について明瞭かつ簡潔に記載する。なお，監査のために必要な調査ができなかったときは，その旨及びその理由を該当する項に記載する。また，「1．監査役及び監査役会の監査の方法及びその内容」において，重点監査項目についての言及がある場合には，「監査の結果」において当該重点監査項目の監査結果等を記載することも考えられる。「1．監査役及び監査役会の監査の方法

及びその内容」に，内部統制システムに関して，説明を求めた事項や意見を表明した事項について記載した場合並びに子会社の取締役及び監査役等との意思疎通や情報交換において知り得た，監査に影響を与える事項を記載した場合も同様である。

「監査の結果」の記載にあたっては，継続企業の前提に係る事象又は状況，重大な事故又は損害，重大な係争事件など，会社の状況に関する重要な事実がある場合には，事業報告などの記載を確認の上，監査報告書に記載すべきかを検討し，必要あると認めた場合には記載するものとする。

(注24) 「職務の執行」の箇所は，法令上の文言に従って「職務の遂行」と記載することも考えられる（会社法施行規則第130条第2項第2号及び第129条第1項第3号参照）。本ひな型は「職務の執行」で用語を統一している。

(注25) 取締役の職務の執行に関する不正の行為又は法令もしくは定款に違反する重大な事実を認めた場合には，その事実を具体的に記載する。

なお，例えば期中に第三者割当が行われ有利発行該当性に関する監査役意見が公表された場合など，監査役がその職務において対外的に公表した意見がある場合には，必要によりその概要を記載することも考えられる。

(注26) 内部統制システムに関する取締役会決議の内容が「相当でないと認めるとき」（会社法施行規則第129条第1項第5号及び第130条第2項第2号）は，その旨及びその理由を具体的に記載することが求められる。

特に，監査役の職務を補助すべき使用人に関する事項，取締役及び使用人が監査役に報告をするための体制その他の監査役への報告に関する体制，監査役に報告をした者が当該報告をしたことを理由として不利な取扱いを受けないことを確保するための体制及び監査役の職務の執行について生ずる費用の前払又は償還の手続その他の当該職務の執行について生ずる費用又は債務の処理に係る方針に関する事項など，監査役の監査が実効的に行われることを確保するための体制（会社法施行規則第100条第3項各号に掲げる事項）に係る取締役会決議の内容については，監査役による実効的な監査の前提をなすものとしても重要であり，監査役が求めた補助使用人等の配置が決議されていないなど何らかの問題等が認められる場合には，積極的にその旨を記載することとなる。

(注27) 事業報告に記載されている内部統制システムの運用状況の概要が「相当でないと認めるとき」（会社法施行規則第129条第1項第5号及び第130条第2項第2号）は，その旨及びその理由を具体的に記載することが求められる。

なお，期中あるいは直前期において重大な企業不祥事が生じた場合には，その事実及び原因究明並びに再発防止策の状況は，多くの場合，事業報告においても記載すべき重要な事項であると考えられる。監査役としては，①事業報告における記載内容が適切であるか，②再発防止に向けた業務執行の状況が取締役の善管注意義務に照らして問題等が認められないかなどについて，意見を述べる。

(注28) いわゆる買収防衛策等及びそれに対する取締役会の判断についての意見の記

載である（会社法施行規則第130条第2項第2号，第129条第1項第6号。当該事項が事業報告の内容となっていない場合には，本号の記載は要しない。）。買収防衛策の適正さに関する監査役の判断・役割が重視されつつあることにかんがみ，指摘すべき事項があれば具体的に記載することが望ましい。なお，「事業報告に記載されている会社の財務及び事業の方針の決定を支配する者の在り方に関する基本方針」や「事業報告に記載されている会社法施行規則第118条第3号ロの各取組み」の箇所は，事業報告における具体的な表題・頁数等に言及して記載することも考えられる。

(注29)　親会社等との取引であって，計算書類の個別注記表に関連当事者との取引に関する注記を要するものについては，事業報告に当該取引をするに当たり会社の利益を害さないように留意した事項及び取締役会の判断及び理由を記載しなければならない（会社法施行規則第118条第5号）。また，事業報告に記載されている場合には，当該事項についての監査役会の意見を監査報告に記載しなければならない（会社法施行規則第130条第2項第2号，第129条第1項第6号）。なお，事業報告に会社の利益を害さないように留意した事項がない旨記載されている場合でも当該判断が適切かどうかについて監査役は意見を述べることになる。

(注30)　社外取締役を置く会社において，取締役会の判断が社外取締役の意見と異なる場合には，社外取締役の意見も事業報告に記載しなければならない（会社法施行規則第118条第5号ハ）。取締役会の判断と社外取締役の意見が異なる場合には，取締役会の判断及び理由並びに社外取締役の意見を勘案し，必要に応じて代表取締役や社外取締役と意見交換を行う等により，監査役及び監査役会として指摘すべき事項がないかどうか，十分検討することが必要である。

(注31)　監査法人の名称又は公認会計士の事務所名及び氏名を記載する。

(注32)　会計監査人の監査の方法又は結果を相当でないと認めたときは，その旨及びその理由を具体的に記載する。

(注33)　注31に同じ。

(注34)　注32に同じ。なお，連結経営が進展している状況にかんがみ，事業報告における連結情報の記載のあり方等も踏まえると，「連結計算書類の監査結果」を「計算書類及びその附属明細書の監査結果」より前に記載することも考えられる。

(注35)　監査役会と異なる意見がある場合には，当該監査役の氏名を記載し，異なる意見とその理由を明瞭かつ簡潔に記載する。

(注36)　法令上，監査役（会）の監査報告書に記載すべき後発事象は，計算関係書類に関するものに限られる（ただし，会計監査人の監査報告書の内容となっているものを除く。会社計算規則第127条第3号）。記載すべき事項があれば具体的に記載する。

　なお，事業年度の末日後に財産・損益に影響を与えない重要な事象が生じた場合には，株式会社の現況に関する重要な事項として事業報告に記載しなけれ

ばならないので（会社法施行規則第120条第1項第9号参照），留意を要する。
(注37) 監査報告書作成日は，法定記載事項とされていることに留意する（会社法施行規則第130条第2項第3号，会社計算規則第128条第2項第3号）。
(注38) 常勤の監査役は，その旨を表示することが望ましい。なお，常勤の監査役の表示は，「監査役（常勤）〇〇〇〇」とすることも考えられる。
(注39) 会社法第2条第16号及び第335条第3項に定める社外監査役は，その旨を表示することが望ましい。なお，「常勤監査役（社外監査役）〇〇〇〇」の箇所は，「常勤社外監査役〇〇〇〇」とすることも考えられる。
　　　　また，社外監査役の表示方法については，署名欄における表示に代えて，監査報告書の末尾に脚注を付し，「（注）監査役〇〇〇〇及び監査役〇〇〇〇は，会社法第2条第16号及び第335条第3項に定める社外監査役であります。」と記載することも考えられる。
(注40) 「社外監査役〇〇〇〇」の箇所は，「監査役（社外監査役）〇〇〇〇」とすることも考えられる。
(注41) 監査報告書の真実性及び監査の信頼性を確保するためにも，各監査役は自署した上で押印することが望ましい。なお，監査報告書を電磁的記録により作成した場合には，各監査役は電子署名する。

＜その他＞
　　期中に監査役が欠けた場合等は，監査報告書にその事実を具体的に注記する。

第Ⅴ-2図

株主に対して提供される監査報告書

機関設計が「取締役会＋監査役会＋会計監査人」の会社の場合の「連結計算書類に係る監査報告書」

平成○年○月○日

○○○○株式会社
代表取締役社長○○○○殿

監 査 役 会

連結計算書類に係る監査報告書の提出について

当監査役会は，会社法第390条第2項第1号の規定に基づき監査報告書を作成しましたので，別紙のとおり提出いたします。

以 上

連結計算書類に係る監査報告書

当監査役会は，平成○年○月○日から平成○年○月○日までの第○○期事業年度に係る連結計算書類（連結貸借対照表，連結損益計算書，連結株主資本等変動計算書及び連結注記表）に関して，各監査役が作成した監査報告書に基づき，審議の上，本監査報告書を作成し，以下のとおり報告いたします。

1．監査役及び監査役会の監査の方法及びその内容

　監査役会は，監査の方針，職務の分担等を定め，各監査役から監査の実施状況及び結果について報告を受けるほか，取締役等及び会計監査人からその職務の執行状況について報告を受け，必要に応じて説明を求めました。

　各監査役は，監査役会が定めた監査の方針，職務の分担等に従い，連結計算書類について取締役及び使用人等から報告を受け，必要に応じて説明を求めました。また，会計監査人が独立の立場を保持し，かつ，適正な監査を実施しているかを監視及び検証するとともに，会計監査人からその職務の執行状況について報告を受け，必要に応じて説明を求めました。また，会計監査人から「職務の遂行が適正に行われることを確保するための体制」（会社計算規則第131条各号に掲げる事項）を「監

査に関する品質管理基準」（平成17年10月28日企業会計審議会）等に従って整備している旨の通知を受け，必要に応じて説明を求めました。以上の方法に基づき，当該事業年度に係る連結計算書類について検討いたしました。

2．監査の結果
　　会計監査人〇〇〇〇の監査の方法及び結果は相当であると認めます。

3．監査役〇〇〇〇の意見（異なる監査意見がある場合）

4．後発事象（重要な後発事象がある場合）

　　平成〇年〇月〇日
　　　　　　　　　　　　〇〇〇〇株式会社　監査役会
　　　　　　　　　　　　　　常勤監査役　　　　　　　〇〇〇〇　㊞
　　　　　　　　　　　　　　常勤監査役（社外監査役）〇〇〇〇　㊞
　　　　　　　　　　　　　　社外監査役　　　　　　　〇〇〇〇　㊞
　　　　　　　　　　　　　　監査役　　　　　　　　　〇〇〇〇　㊞
　　　　　　　　　　　　　　　　　　　　　　　　　　（自　署）

（注）　監査報告書を単体と連結を別々に作成するのではなく，285頁のように単体と連結を一つに纏めた形式の監査報告書としている会社が多く見られる。

VI
株主代表訴訟と日常の対応

株主代表訴訟とは何か

(1) 株主代表訴訟の概観

　6か月前から引き続き株式を有する株主は，書面又は法務省令で定めるその他の方法により，役員等の責任を追及する訴えの提起を請求することができる（会847），とあるように，取締役がたとえば会社法423条に該当するような違法行為を犯し，会社に損害を与えたような場合に，株主（ただし株主となってから6か月以上経過していることが条件，ただし非公開会社の株主には6か月は不要）から，その取締役に対して損害を会社に賠償するよう求めることができるとした定めである。ここで株主代表訴訟というときの「代表」とは何を代表するのかについては，一般に会社に代わり「会社を代表」して株主が訴訟を起こすの意といわれている。元来損害を与えた取締役に対して，他の取締役ないし監査役は広くは忠実義務の立場からまた監視監督義務の立場から会社法423条等により会社に損害を賠償するよう求めるべきである。しかし同じ取締役の仲間としてまた時に会社のために行為した結果が損害につながった等の理由から損害賠償を求める矛先が鈍りがちと考えられる。そこで一般の株主にも損害賠償の提起権を与えたものといわれている。

　ところで平成5年の改正で訴訟を起こすために必要な印紙が訴額の大きさに関係なく8,200円となった。その根拠は取締役の責任に関わる訴えは財産上の

請求に非ざる請求に係る訴えとみなされることになり（会447⑥），最低の95万円に一定の率を掛けて8,200円としたのである。しかし平成16年4月に算定基礎額が95万円から160万円に改定されたため，印紙代は13,000円に改められた。したがって訴額が何百億円といった高額であっても，その訴訟に必要な印紙代は13,000円でよいのである（民事訴訟費用等に関する法律4②）。従来であれば訴額に法定率を掛けて印紙代を算定したためなかなか大きな金額の訴訟は起こし難かったのであるが，平成5年の改正後は簡単に訴訟を起こせるようになったのである。そもそも訴えを起こす株主の側からすれば，仮に勝訴しても賠償額はすべて会社に帰属するものであり，株主個人は何ら直接益することはない。したがって莫大な印紙代を払って訴訟を起こすことは平成5年改正前にはなかったといってよい。三井鉱山事件のようなケースでは会社に与えたとされる損害額約35億円のうち1億円だけ該当取締役は会社に損害を賠償せよといういわゆる部分訴訟として争われた。この裁判は10年を超える長期の争いとなりちょうど商法改正の行われた平成5年に最高裁で決着をみた。結果は株主の勝訴であった。いずれにしてもこのような部分訴訟で争われたのは印紙代の問題が改正前にはあったからにほかならない。

　平成5年の改正後は代表訴訟が華やかに繰り広げられ，年々訴訟の数と訴訟の額が大きくなってきている。したがって取締役および監査役にとっては受難の時代といわざるを得ない。

　米国の場合は代表訴訟の歴史は古く，19世紀の終わりころすでに代表訴訟が行われはじめていたとの記述がある。したがって代表訴訟に100年の歴史があり，取締役が万一訴訟を受けた場合に対しても，会社が保険を付すことが州法で認められていたり，万一引責退任となった場合でもさまざまな保証が約束されている。一方日本の場合は歴史も浅く，取締役はほとんどノー・ガードに近い。万一高額訴訟で敗訴となれば，ある日突然橋の下で生活しなければならなくなる。とくに取締役は非常にリスキーなポジションといわざるを得ない。しかも事件発生後，時効は10年とされており，過去に遡って訴訟を起こされることがある。その間当事者が死亡でもすれば遺族にまで損害責任が及ぶというこ

とであるから，よほど日常からガードを固めておかねばならない。そのためには取締役・監査役はどのような場合に責任を生ずるのか普段からよく研究しておかなければなるまい。今日取締役・監査役を引き受けるということは，めでたいことと喜ぶよりも，非常にリスクの大きい役目を引き受けることでよくよく身の締まる思いで引き受けるべきであろう。

(2) 遺族に及ぶ損害賠償

株主代表訴訟における消滅時効は民法167条の一般債権の適用で10年といわれている。

そこで損害発生の時より10年間は消滅時効にかからない。結局は取締役等が退任してから10年間は無罪放免とはならないことになる。

例えばある取締役が退任後3年経って死亡した時，退任の2年前の不祥事が発覚して，取締役死亡後1年経って株主代表訴訟が提起されたとする。この場合には事件後約6年で提訴されているので時効成立より前であるから，裁判となる。裁判で敗訴となれば遺族に損害賠償請求がなされる。

現在のところでは，対応策としては相続の時に限定承認（民法922〜927）の手続きを行うことが最善の策と考えられる。限定承認とは相続した財産の範囲内でのみ，将来発生する損害賠償に応ずるとする法的措置で死亡後3か月以内に行わねばならない。

(3) その他取締役側の対応策

一つは原告側の提訴に正当な理由がなく，被告取締役をおとしめる等悪意によるものである場合には，その旨に基づく原告側の担保提供請求を被告側が裁判所に申し出，裁判所が原告側の悪意に基づく訴えであると認めれば原告側に担保提供を命ずることが可能である（会847⑦）。

次に裁判になった場合，和解で決着することが明文化され可能となった（会850）。従来も和解で決着をみた例はあったが，取締役の責任免除に総株主の同意を必要とする条文（会424）があり，問題があった。というのはたとえ和解が

成立しても，会社法424条をたてに追加訴訟が可能といわれていた。

　しかし，和解の明文化で問題はクリアされ，会社法850条で和解が成立した場合には会社法424条の総株主の同意要件は適用しないこととなった。

　さらに，取締役（被告）側へ会社が補助参加することも可能になった。ただしこの場合には監査役全員の同意が必要である（会849②）。なお最終的には裁判所が補助参加を認めるか否かの決定を下すことになる。

(4) 会社法における主な変化

① 株主代表訴訟に参加した株主が，自分の属している会社が株式移転等により完全親会社の子会社になったために，完全親会社の株主に移行し元の会社の株主でなくなった場合，従来は訴訟の継続はできなかったが今回の改正で訴訟は継続できるようになった（会851①）。

② 従来，会計監査人は株主代表訴訟の対象からは外れていたが，今回の改正で取締役，会計参与，監査役，執行役（以上を役員という）と共に会計監査人も株主代表訴訟の対象に加えられた（会847）。

③ 株主から提訴請求を受け60日以内に提訴しない場合に，株主等より請求があれば書面または電磁的方法で請求者に不提訴理由を通知しなければならない（会847）。またその通知内容は調査の内容，対象者の責任の有無，責任ありと認めた場合は提訴しない理由となっている（施規218）。

④ 責任追及の訴えが当該株主もしくは第三者の不正な利益を図りまたは当該会社に損害を与えることを目的とした場合には株主代表訴訟を起こすことはできないとされた（会847①ただし書き）。

⑤ 平成26年の会社法改正で，株式交換（又は株式移転又は吸収合併）により完全親会社の株式を取得し，引き続き当該株式を所有する場合には，株式移転等の効力が発生する前にその原因となる事実が生じたものに限り訴訟の対象とすることができる。ただし公開会社の場合には効力発生日の6か月前から当該株式を所有する者に限るとの規程が設けられた（会847の2）。

⑥ 同年改正で最終完全親会社の発行済株式（又は総議決権数）の1％以上を

所有する株主は，最終完全親会社の有する完全子会社の株式の帳簿価額が最終完全親会社の総資産額の20％を超える場合，当該子会社の取締役の責任追及の訴えを提起できるとされた（会847の3）。

取締役の広範な第一次責任

(1) 取締役の広範な守備範囲

　第Ⅰ章で述べたように取締役の守備範囲は広範囲である。会社法362条に明定されているように取締役はまず重要な案件について決議しなければならない。決議に参加する以上はたとえ積極的な賛成でなくとも、反対意見を述べしかも議事録に反対意見をとどめない限り賛成したものと推定される（会369⑤）。株式会社の運用は取締役会の決議からスタートするといってもよいくらいであるから、取締役は広範囲の責任をまず決議の段階で負うことになる。

　次に代表取締役の執行に関する監視義務がある。執行に当たり取締役会の決議に基づき正しく経営されているか、あるいは決議を行わずに重要事項が執行されていないか等、監視監督する義務がある。この責任範囲も広大であるといわざるを得ない。

　さらに純法律的解釈は別としてヒラの取締役にも自己の守備範囲の中で、部下の行為に対する監督義務があり、目の届かぬ所で部下が犯した違法行為も結局は上司である取締役の責任に帰する場合が多々あるのである。

　戦後の民主化の過程で、弱者保護の思想が浸透し、債権者や株主など弱者の立場と考えられる者が手厚く保護されるようになった結果、その反対の立場として、企業や取締役の責任がことのほか重くなってきたように思われる。取締

役が意識的に招いた損害について責任を負うことは当然のことであるが，ほとんど関知していない不祥事等に伴い発生する損害についても時として責任を負わされることもあるということは，前述守備範囲の広さと責任から帰結されることと考えられる。

　取締役は特定の業務守備範囲のほか，他の取締役がどのような行動をとっているのか，部下の行動の実態はどうなっているのか，つねにアンテナを高く保ちしかも高感度のアンテナで洩れなく情報をキャッチしておかなければならない。もし法令等に違反し会社に重大な影響を及ぼす可能性ある事実を知ることになれば，差止めや監査役に報告する等の行動を直ちにとる必要があろう。

(2) 取締役の過失責任化

　会社法では取締役の責任は無過失責任から過失責任に変わったが（会423），過失責任とはいえ取締役会の決議に反対をしても議事録に異議を止めなければ決議に賛成したものと推定する（会369⑤）とする規定があり，言い換えれば行為ありたるものと推定される意味であるから，訴訟問題等が発生した場合には賛成した取締役が自ら無過失ないし善意軽過失であることを立証しなければならず無条件に楽になったわけではない。

　ときに営業担当の取締役所轄の某支店で，同業者の支店長クラスが秘密裡に談合して，販売に関する価格協定を行いヤミカルテル的な動きをしたとする。仮に本部からのノルマ達成のために支店長が苦肉の策として行った結果で当の取締役がまったく知らなかったとしても，独禁法違反で支店長が検挙され有罪になるような場合には，担当取締役は監督責任ないし忠実義務違反で責任を問われることになろう。また重過失から生ずる第三者の損害賠償責任等もあり，いずれの場合においても会社に生じた損害を賠償すべく株主代表訴訟の対象になり得るので緊張を緩めるわけにはいかない。

　今後はますます訴訟社会への速度を増していくことであろうことから考えても，取締役はその重責に思いをいたし細心の注意と洞察力で不祥事を未然に回避する努力をしなければならない。

監査役の第二次責任

(1) 監査役の第二次責任とは何か

　取締役は業務の決議および執行に責任を有することは累々述べてきたところである。そのうえ執行に関する監督責任まで負わされている。言い換えれば取締役は経営活動全般に責任を有するといってよいであろう。この取締役の執行を中心にした責任を第一次責任とした場合、監査役の責任は専ら監視監督責任であることから、これを一般には監査役の第二次責任と称している。

　会社法は監査役を最後の砦として歯止めをかけることの期待からか、会社の重大な不祥事について知り得た取締役は監査役に報告するよう義務付けている（会357）。さらには監査役は会社に著しき損害を与える虞れある違法行為を差止め請求をしたり、裁判所に仮処分を求めることができる（会385）。また株主総会への提出議案が法令・定款に違反したり、著しく不当なるときは株主総会に報告する義務を負っている（会384）。これら法規定にみられるように、法は監査役を監視監督の最後の拠り所として期待していると考えられるのである。

(2) 監査役が監視監督責任を問われる時（その1）

　監査役には監視監督責任があるといっても、現実問題として多くの場合せいぜい数名程度の人員構成でしかない。このような少人数で会社の隅々まで目を

行き届かせることは不可能である。であればこそ取締役が不祥事を知ったとき監査役に報告すべしとする規定（会357）等が設けられ，実効をあげようとしていると解されるのである。したがって監査役はまず如何に情報を集めるかということに注力しなければなるまい。取締役会や常務会に出席を求めたり，その他経営会議等に出席したりするのもそのためである。そして大事なことは会社の中で半ば周知の，あるいはかなり多くの人が知っている社内の秘密事項などは知っておくべきである。善良な管理者の注意をもってすれば当然知り得たことを知らなければ任務懈怠を問われることになる。しかしたとえばトップ等ごく一部の者しか知り得ない秘密事項等は知らなくても任務懈怠を問われることはないと思われる。

　次に不祥事等の秘密事項を知った以上は，万難を排して是正措置に取り組み実行することである。このポイントが欠けたためどれだけ多くの企業がそして取締役が監査役自身が不幸を招いてきたことか。

　たとえば過去の粉飾決算の事例をみても，会計監査人も監査役も知っていて見過ごしたケースが多い。しかも粉飾は違法配当や違法賞与や過大支払税金等となって麻薬のように企業を蝕み倒産に追い込んでいく。やがて粉飾が発覚し，取締役，監査役，会計監査人が連座してその罪を問われるのである。特別背任罪，違法配当罪，虚偽文書提出罪，詐欺罪などさまざまな罪状が待っている。どうして初期の段階でストップをかける勇気を持たなかったのか悔やまれるのである。最初にブレーキをかける勇気がすべてを救うのであり，その責任の重さを自覚したいものである。

　粉飾の例からも分かるように，監査役に課される責任は，ほとんどの場合事実を知った後に適切な措置をとらなかったことに起因している。

(3) 監査役が監視監督責任を問われる時（その2）

　念のために記しておきたいことは，監査役は最低限度行うべき義務をつねに果たしておかなければならないということである。

　そのうえで忠実義務の範囲内の問題かどうかが問われるのであって，もし何

も監査役としての責務を果たしていないならば，事件が発生したとき何のいい訳もできずまさに任務懈怠を問われることになる。最近聞いた話であるが，某会社で事件が発生し裁判となったのであるが，この会社の監査役は名前だけ貸していたため，何の責務も果たしていないということで責任を問われているとのことである。もし最小限度の責務を果たしていれば，有責性を問われることは恐らくはなかったと思われる事件であった。裁判官にも「勧進帳の情け」はあると思われるが，監査役が自らの職務を何ら果たしていないとなれば弁護の余地がない。何もしない監査役というのは現在では非常に稀なケースと思われるが，何もしないツケが如何に大きなものであるかということの今日的な意味合いをよく理解しておくべきであろう。

上記は何もしない不作為の罪または名板貸しのような場合であるが，特に気をつけなければならないことは監査役は少人数であるためともすれば情報が入りにくく洩れてしまい易い。そこでできるだけいろいろな場所へでかけて行き情報の収集に気を配る必要がある。課長クラスの者が皆知っている会社の問題を監査役が知らなかった場合，任務懈怠を問われることになる（会423）。善管注意義務違反を問われるといってもよい。

経営判断の原則と活用

(1) 経営判断の原則とは何か

　経営判断の原則（Business Judgement Rule）は米国の実務慣行の中から生まれたものであり，経済行為に関する民事裁判における裁判官の依拠基準となっている。経営判断の原則は基本的には①事実認識に重要かつ不注意な誤りがなく，②その意思決定の過程及び内容に対する経営上の判断が不合理・不適切ではない，と説明されているが，取締役会での決議等を考慮する場合は，次の三つに纏めるのが実用的と考えられる。
　①　取締役の行為が法令・定款に違反していない。
　②　取締役の行為が自己の利益のためではなく会社のために行ったものである。
　③　決定にいたるまでのプロセスにおいて十分な検討が行われ，合理的な内容を示す資料が保存されている。
　ここで①と②はつねにクリアされることが必要であり，そのうえで③が満たされる場合，いわば全項目がクリアされたとき，訴訟において取締役側が勝訴になる可能性が高くなることを意味している。
　米国の経済的訴訟において，元来裁判官は法律の専門家ではあるが，経済については専門外であり介入はできない，ないしは介入したくないとの考え方が

あったといわれている。

たとえば取締役会がある大きな投資の決定をし実行に移したが，結局は失敗に終わったとする。そこで一株主から損害を会社に賠償するよう取締役を相手どり株主代表訴訟を行ったとしよう。このような場合裁判官は前述のように経済については専門外であるから，不用意に最初の投資決定は誤りであったとの結論を下すわけにはいかない。裁判官の唯一の判断のベースは十分な検討が行われ整った資料が残されているか否かなのである。したがって資料が整っていれば，深く内容に立ち入らず当初の決定は正しかったものと認めようとするものである。しかし資料が十分に残っていないとか散逸して存在しないような場合には，十分な検討を行ったとは認め難く杜撰な意思決定とせざるを得ない。このように裁判官としては外形的に判断せざるを得ないとする米国の慣行により生まれたものが経営判断の原則なのである。

(2) 経営判断の原則に関する事例

① 福岡県魚市場事件

昭和55年の福岡高裁判決における福岡県魚市場事件では，親会社である福岡県魚市場が倒産しかかっていた子会社に対し融資や債務保証を行った。結果として子会社は倒産したのであるが，一株主から親会社の取締役を相手どり株主代表訴訟が起こされた。しかし裁判官は取締役を勝訴とした。その理由としては，親会社では融資等を行った場合の効果（積極案）と融資等を行わなかった場合の効果（消極案）との両面から検討し，さらに専門家の意見も併せて徴した。これら十分な検討を経て融資等の実行に踏み切ったことを挙げている。したがって取締役側の当初の決定に責められるべき問題はないとしたのである。

② 赤坂投資コンサルタント事件

グループ内の会社が倒産必至であるのに債務の連帯保証や債務免除を行ったがやはり倒産したとして代表訴訟が提起されたが，昭和61年東京地裁は保証等の時点では倒産必至とはいえず，再建計画や返済案を検討した上で実行したも

ので金額も巨額ではなく（訴訟額2,200万円）経営判断上不合理はないとして訴訟を棄却した。

③　ダスキン（ミスタードーナツ）事件

2000年4月〜12月にミスタードーナツが販売した肉まんに，無認可の添加物が使用された。同年11月頃取引業者から指摘を受けたが公表はしなかった。2005年5月大阪府の検査が入り公表することとなった。結果，社会的非難とともに加盟店に対する営業補償等105億円の支出が発生し，社長，専務等が引責辞任となった。その後株主代表訴訟が提起され，大阪高裁（最高裁支持）は次の判決を下した。

（ⅰ）　2006年，元社長等取締役10名及び監査役1名に計53億円の支払を命じた。
（ⅱ）　2007年，専務及び元取締役の両名に計53億円の支払を命じた。

(3)　経営判断の原則への対応

今日的には取締役にとって一番恐ろしいことは倒産の次に株主代表訴訟であろう。そして株主代表訴訟の種は身のまわりにゴロゴロころがっていると考えられるので，株主代表訴訟を受けないよう普段から対策を怠ってはならないのである。普段からの対策の中で一番基本的な事項は，経営判断の原則における検討資料の保管であろう。検討資料をしっかりと保管しておくことは会社の信頼性と取締役自身の安全のために必要な最低限度のことがらである。取締役は日常の業務に忙殺されてそこまで神経を使いきれないむきもあると思われるので，監査役の方から資料保管について進言しておくのも一方策ではなかろうか。

とくに取締役会で決議するときに配布される資料はダイジェストされたものであろうから，一般には各部門で基礎資料は保存される場合が多いと思われる。したがっていずれか一か所に集中保管し責任部門を決めて管理する等の工夫が必要と思われるのである。それと重要な決議案件については専門家の意見を聴取し記録に残しておくことが裁判時にかなり有利な支援材料となることを付け加えておきたい。

代表訴訟を防ぐ日常の心掛け

(1) 遵法精神の徹底

　今日ほど遵法精神が説かれている時代はないと思われる。それは今日ほど法を犯す人間が多い時代はないことの裏返しといえようが、見方を変えれば今日ほど法を犯したときの代償が大きい時代はないともいえよう。
　法を犯す場合も意図的なものと非意図的なものとがあるが、意図しない違法事件ほど情けないものはない。違法配当、粉飾決算による蛸配当、脱税による重課税、利益供与事件による刑罰などいずれも企業にとってまた取締役等役員にとって後の代償が大きすぎるといえよう。つまり法を犯さないことが消極的にみえても利益効率ないし経営効率が高いのである。それと遵法精神を徹底するためにはガラス張り経営に徹することが要請される。
　今日明るみにでた不祥事等のほとんどが企業の内部告発に基づいていることを考えると、企業の外からみて分からないだろうと思うことはまったくナンセンスといわざるを得ない。頭隠して尻隠さずと何ら変わらないからである。
　ガラス張りの経営に徹することが、遵法実現への近道であることを十分に理解し一刻も早く違法経営を軌道に乗せなければならない。

(2) 決議・承認案件等の徹底的検討

　決議案件や承認案件をなおざりに検討したばかりに後に問題となるケースの如何に多いことか。少なくとも取締役や監査役は案件に疑問を感ずる点があれば納得できるまで説明を求める必要があるしまたそうした習慣をつけておかねばならない。そのうえで問題点を発見しそれが重大であればなおさらのこと，たとえ今は小さくとも将来大きく問題化されそうな問題であれば積極的に取り組んでいかねばならない。皆が賛成ならまあいいかと妥協すべきではない。とくに契約書関係書類はその中に企業に致命傷を与えるような条項が含まれていることがあるので法務部門等の専門部門に任せきりでなくよく確認する必要がある。これらは危機管理の一端にぜひ加えておかねばならないものと考えられる。

(3) 問題点は初期に解決

　粉飾決算や利益供与などの事件はよく調べてみると初期対応が誤っていたことが多い。

　最初に粉飾決算を見逃したために次の回から中止勧告がし難くなりズルズル続いてしまうことになる。利益供与なども次々に担当が交代しても，途中で止めることはきわめて難しい。最初にキッパリと断れば問題は以降発生し難いのである。とくに継続的に行われる事項については最初の段階での対応にもっとも神経を使わなければならない。とくに上述した例にとどまらず企業に致命的打撃を与えるような違法事項（または非違法事項）に対しては取締役は申すに及ばず監査役としても敢然と阻止に立ち向かわねばならない。後の株主代表訴訟などを想定すれば阻止せざるを得なくなるのではなかろうか。

　これからは実行力もさることながら，とくに取締役・監査役はよく勉強しなければならないと思うのである。

(4) 粉飾決算にはとくに注意

　粉飾には逆粉飾という言葉もあるが、一般に粉飾は複式簿記の中で行われ、架空収益の計上または経費の過少計上を行うことに集約される。いずれにしても実体以上に利益の過大計上を行うことを意味している。一方で逆粉飾とは反対に収益の過少計上または経費の過大計上を行うことをいい、実体より少なく利益計上を行うことを意味している。真実ではないという点を除けば逆粉飾は社内留保を厚くするので問題はとくにはないとする見方もある。そこで一般には利益の過大計上となる粉飾決算の方を重要視している。粉飾は実質的には蛸配当や違法役員賞与の支払いを誘発するもので健全性の面からみても由々しい問題を内蔵しているといえよう。さらには民事責任のほかに刑事責任までも負う結果になるのでよほど注意する必要がある。とくに刑事責任としては特別背任罪（会960）や違法配当罪（会963⑤）、虚偽文書提出罪（金融商品取引法197①二）などが待っており、民事責任の方でも株主代表訴訟等により損害を会社に賠償する責任が取締役に生じてくるおそれがある（会423）。

　ところで粉飾が判明する場合の多くは倒産の後が多い。しかも粉飾の事実を会計監査人が承知の上で見逃していることも時々見受けられる。

　初期の段階で会社のトップから粉飾が表にでると社会的信用が失われ会社が倒産するとか、銀行から融資がストップされてしまう等といわれて見逃すことにしたケースが多い。

　最初が肝心で最初甘くするとついには差止めを求めるチャンスを逸することになる。

　監査役は直接粉飾を発見することはほとんど不可能に近い。したがって会計監査人とは普段から交流の機会を作り情報交換を積極的に行っておくべきである。こうした交流の中でもし粉飾が分かったときには、万難を排して会社に粉飾中止を敢然と申し入れなければならない。そこで躊躇すれば監査役自身はおろか会社も株主も債権者もすべて不幸にしてしまうことになる。よくよく粉飾には怠りなく注意しまた発見したときどう対処するのか心の準備をしておく方

がよいと思われる。

(5) オフバランス事項のチェック体制

　最近の大きな企業不祥事の一つにオフバランス項目の問題がある。デリバティブ（金融派生商品）等の先物取引の多くはオフバランス方式によって行われている。帳簿を通さず人目につき難い部分があるので，犯罪を生みだす素地を作っているともいえよう。そこでオフバランス（簿外取引）方式の不祥事を防ぐには大いに工夫が要る。例を挙げれば，
　① オフバランス取引を一人に委ねず複数のチェックないし仕事の分担体制とする。
　② オフバランス取引の内容を報告させるシステムを作る。
　③ オフバランス取引の相手方から定期的に送付されてくる取引契約残高報告書等の送り先を担当部門ではなく別のチェック部門にする。
　④ 担当者を固定せず適当な時期に交代する。
　⑤ 専門的に理解できる人を別に作っておき定期的にチェックさせる。
　こうした種々の工夫を行えばかなりの部分で不祥事は阻止できるのではないか。ところで人件費削減，リストラの時代に十分な内部統制システムを構築することは難しい。しかし今日大事なことは，少ない人員の中でも，特別な重要事項は手を抜かない知恵が必要なのであり，オフバランス取引はまさにこれに該当しよう。

株主代表訴訟マニュアルの作成

　会社法847条によって株主から株主代表訴訟が提起される手順は、まず同条1項によって会社に提起の請求を行うことからはじまる。この場合の会社とは監査役が会社を代表することになる（会386）。したがって株主は第一段階では監査役宛に当該取締役が損害賠償を会社に行う訴えの提起をするように監査役に請求する。第二段階では監査役が諸般の検討を行い、60日内に訴えを起こすべきか否かを決断することになる。もし60日を経過しても株主に返事がないまたは、訴えを起こさないという返事があったときには、今度は株主が改めて当該取締役を相手取り裁判所に提訴することになる。ここでもし訴訟の相手が監査役である場合および小会社である場合には代表取締役宛に株主から同様の手続を最初からとることになる。なお監査役が60日以内に訴えを起こさない場合、提訴請求をした株主から不提訴の理由説明を求められたときには、その理由を書面等で通知しなければならない（会847④）とする条項が新たに加えられた。

　株主代表訴訟対応は滅多に発生することではないが、万が一発生した場合にうろたえることのないように備えるものであり、危機管理の一種でもある。したがって初期段階の対応マニュアル程度のものは用意し普段から心の準備をしておくべきであろう。対応マニュアルについては実施要領の形にしておく必要はないと考えられる。ここに第Ⅵ－1図・第Ⅵ－2図として初期対応マニュアルとそのフローチャートのサンプルを掲げておくこととする。

第Ⅵ－1図

監 査 役 会

株主代表訴訟の監査役初期対応マニュアル

Ⅰ 趣 意
　表題は株主からの取締役に対する提訴請求があった場合，その受理後60日間の監査役の対応をマニュアルにまとめたものである。
Ⅱ 提訴に対する最終判断に至るまでの監査役の対応
　1．提訴請求書面等受理の連絡
　　　総務部担当役員経由により社長その他取締役（被提訴取締役を含む）に対し提訴請求書面又は電磁的方法による提訴請求受理の連絡を行う。
　2．提訴請求の形式要件審査
　　　総務部により下記の審査を行い，その結果報告を監査役会が受ける。
　　① 提訴請求は書面又は電磁的方法（施規217）により行われたのか確認を行う（会847）。
　　② 受理日（到着日）を確認する。
　　　　cf．60日の期間は到着日の翌日から計算する（民法97①，140）。
　　③ 提訴請求者の確認を行う（会847）。
　　　　cf．1　6か月前から引き続き株主
　　　　cf．2　1株以上の株主
　　　　cf．3　代理人の時はその資格（委任の有無）
　　④ 提訴請求の宛て先及び対象者氏名の確認を行う。
　　　　cf．1　宛て先＝監査役(社長宛は無効説あり：東京地裁4．2．13野村証券事件)
　　　　cf．2　被告となる役員が特定されているか。
　　⑤ 責任発生原因及び損害額の確認を行う。
　　　　cf．責任原因事実及び損害額が特定されているか。
　　⑥ 役員の責任追及の提訴請求となっているか。
　　　　cf．「〇〇取締役の責任を提訴せよ」とのことが文面から分かるか。
　　⑦ 提訴案件の時効が成立するか否かの確認を行う。
　3．形式審査後の対応
　　① 形式が整っていない場合
　　　a．監査役会において，提訴請求が受け付けられない旨の決議を行った場合には，その内容を総務部と協議・確認し関係部署に連絡を行う。
　　　b．提訴株主に対する連絡に関してはこの時に決定する。
　　　c．形式不備を知った提訴株主は改めて再提訴を行う可能性があるので実質審査に入ることを協議する。

② 形式が整っている場合検討体制を整備し実質審査を行う。
４．実質審査第１ステップ
　調査チームを設置する。
　① 早急に調査チームを設置する。構成メンバーは常勤監査役，総務担当取締役，弁護士，会計士とし事務局は総務部員とする。ただし必要に応じ追加等の変更は差し支えない。
　② リーダーは調査チームにおいて定める。
　③ 被提訴取締役には必要に応じて調査チームの会議への出席を依頼する。
５．実質審査第２ステップ
　調査チームは次の各項の審査を行う。監査役会は調査チームより結果の報告を受け，これを審議する。なお後日のため審議等の文書を作成し保管する。
　① 提訴請求に関わる事実の調査
　　ａ．情報・資料等を集め事実の有無を確認する。
　　ｂ．損害ある場合，損害発生の原因経過，金額等を明確にする。
　　ｃ．当該取締役と担当者の確定と取締役の責任の有無を調査する。
　　ｄ．提訴について別に意図があると推定される事実があるかどうかを調査する。
　　ｅ．提訴者の属性をよく調査する。
　② 違法性に関する調査
　　ａ．経営判断の原則等に照らし，法律上の責任が発生するか否かを調査する。
　　ｂ．社内基準，法令，定款等の遵守状況を調査する。
　③ 関連する諸調書
　　ａ．訴訟に伴う会社の不利益の調査を行う。
　　ｂ．裁判を想定した時，証拠となる資料の存否を調査する。
　④ 提訴の場合におけるコスト調査
　　ａ．会社が負担する印紙代
　　ｂ．弁護士，裁判等の費用
　　ｃ．保険塡補の範囲やその額等
Ⅲ　提訴を行うか否かを決定する手続等
　１．監査役会における取扱い
　　① 監査役全員の意見が一致し訴訟を起こす場合には会社の取締役への補助参加を打診しておく。
　　② 監査役の意見が不一致の場合には監査役個々の行動となることは勧めない。
　　③ 不提訴となった場合，株主から不提訴の理由を求められた場合は，書面又は電磁的方法で回答する（会847④，施規218）。
　２．社長及び取締役会への通知
　　① 結論に至るまでの途中経過及び最終結果につきそれぞれ適切な時期において社長及び取締役会に通知を行う。（別紙フローチャート参照）

第Ⅵ-2図

株主から提訴請求を受けてから60日間の対応

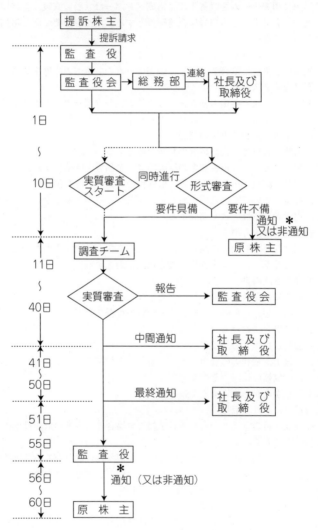

＊ 不提訴の場合，株主の請求があれば書面等でその理由を通知する（会847④）。

ここで初期対応マニュアルで準備しておく方がよいと考えられることは，調査チームおよび実質審査の体制であろう。たとえば調査チームには監査役のほかに法務部門とか総務部門の特定の人を加えるとか，実質審査の段階で弁護士を加えるとか日の高いうちから一応の心積りをしておく方がよいのではないかと思う。次に監査役の決定事項は全員一致が望ましく，よほどのことでない限り全員が一致するまで議論を戦わせて合意を見るべきであろう。
　とくに提訴に関しては，全員一致しなくとも，たった一人でも提訴可能といわれているが，その後の進行には種々の不都合が生ずるものと想像されるのでできる限り全員一致で行動することが望ましいと考えられる。
　さらに監査役の決定，行動の前提として監査役全員の一致があるのみならず会社側の了解を得ておくことが望ましい。もちろん監査役は会社の意見に左右されることなく，独自の立場と意見で行動すべきものであるが，会社の了解が得られれば，その後の協力が得られやすくすべてによいことはいうまでもない。
　したがってフローチャートにおける取締役への通知とした部分は会社側の了解を得られることが望ましくその前提が含まれていると理解されたい。
　後はいうまでもなく，必要な法定要件を整理しておくことになる。
　以上のほかに株主代表訴訟でとくに取締役側が敗訴となった事例について，普段から資料を集めておき，監査役がどのように行動したか，どういう点が敗訴の原因となったかについて調べておくとよいのではないかと思う。

VII
内部統制構築の揺るがぬ基盤

内部統制が法制化された背景

　内部統制の歴史をひもとけば産業革命の時代かもっと以前か定かではない。最初は会計監査のような形態であったと思われるが時代の経過とともに企業組織が複雑化してきて会計監査も精査ないし悉皆(しっかい)調査から試査(サンプリング)へ変化し，米西戦争(1898)後の頃になると内部統制の必要性が生じてきた。また単に会計統制だけではなく管理統制の必要性も認められるようになってきた。米国，連邦証券取引法(1934)ではＳＥＣ登録会社に内部会計システム構築義務を課した。ＡＩＡ(米国公認会計士協会)の特別報告書(1949)には内部統制の定義が明確に示され管理統制の必要性も説かれた。時代の経過とともに不祥事の規模も大きくなりウォーターゲート事件のように海外をも含む不祥事に拡大してきてFCPA(海外不正支出防止法)が制定される(1977)等内部統制の必要性が増してきた。

　企業不祥事の増加拡大を防ぐべくトレッドウェイ委員会が全米組織で作られ1987年に報告書が出されたが1992年にその下部委員会であるＣＯＳＯ(the Committee of Sponsoring Organization of the Treadway Commission)から内部統制に関する報告書が公表された。これが今日の内部統制のデ・ファクト・スタンダードといわれる基本的指針となっている。その後世界に衝撃を与えたエンロンやワールドコムといった米国超大企業の不祥事が2001から2002年にかけて発生した。この事件に対して素早くＳＯＸ法(企業改革法)が2002年7月にできて

SEC登録企業に様々の規制を加えた。

内部統制の歴史はヨーロッパやわが国にもあるが，今日の内部統制は米国主導であるからアメリカの歴史的展望が一貫性があって分かりやすいであろうとの配慮から米国の流れを簡単に追ってみた。

わが国の近時における内部統制の動き

　わが国の近時における内部統制の動きを整理してみると次のような主な動きがみられる。
(1) 委員会設置会社における内部統制構築義務
　　すでに旧商法特例法21条の7の1項2号で内部統制構築が委員会等設置会社に義務付けられており、内容は商法施行規則193条1項6号に委任されていた。
(2) 会社法における内部統制構築は大会社の義務
　　会社法362条4項6号で内部統制構築を取締役会の専決事項とし、同条5項で大会社における構築を義務とした。委員会設置会社では同様の規定が会社法416条1項に引き継がれている。
(3) リスク新時代の内部統制　　　　　　　　　　経済産業省公表（2003年）
(4) 有価証券報告書に内部統制の開示を求める　　　　　内閣府令（2003年）
(5) 決算短信に内部統制の開示を求める　　　　東京証券取引所（2005年）
　　ただし有価証券報告書に(4)の開示がない場合
(6) コーポレートガバナンス及びリスク管理・内部統制に関する開示・評価の枠組みについて－構築及び開示のための指針－

　　　　　　　　　　　　　　　　　　　　　経済産業省公表（2005年8月）
(7) 財務報告に係る内部統制の評価及び監査の基準のあり方について

金融庁企業会計審議会公表（2005年12月）

中でも金融庁が公表した内部統制の基準についてはＳＯＸ法の日本版として下記(8)のとおり施行されることとなった。簡単にいえば会社が財務報告の内部統制に対する有効性を自己評価して，内部統制報告書を作成開示し，公認会計士がこれを監査して内部統制監査報告書を作成する。従来の有価証券報告書に関する監査報告書と内部統制監査報告書を合わせて公表するという主旨のものである。

(8) 金融取引法関連の法律が公布される（2006年6月）

証券取引法の公布後1年6か月以内に金融商品取引法と改名され施行される。とりわけ金融庁が公表した財務報告に関する内部統制報告書の開示については四半期報告書の制度化とともに平成20年4月1日以降開始事業年度より適用されることとなった（金融商品取引法24条の4の4，193条の2第2項）。

(9) 内部統制システムに係る監査の実施基準を公表（2007年4月5日　日本監査役協会），その後2回の改訂を経て2015年最終改正を行った。

(10) Ｊ－ＳＯＸ法施行（2008年4月1日）

金商法に基づくＪ－ＳＯＸ法（財務報告の適正性を確保する体制の評価制度）が平成20年4月1日以降開始の事業年度より適用されることとなった。原則としてすべての上場企業を対象とし，事業年度ごとに内部統制報告書を有価証券報告書と併せて内閣総理大臣に提出する。

また，内部統制報告書には公認会計士の監査証明（内部統制監査報告書）が必要となっている。

なお内部統制報告書の虚偽記載には5年以下の懲役または500万円以下の罰金（または両罰）が課される。さらに法人が違反の罪に問われる時は5億円以下の罰金が課される。

2011年3月でＪ－ＳＯＸ法は3年を経過し一定の落着きをみせてきた。今日では業務の有効性・効率性に重点を置いた内部統制が重要になってきたと考えられる。

会社法改正等と内部統制への対応

(1) 背景の整理

　平成26年の会社法改正に伴い内部統制を取り巻く法的変化が多くみられる。

　先ず第一に，会社法362条4項6号で子会社を含む企業集団の内部統制の整備が明文化された。

　第二に，施行規則100条（又は98条）で子会社に関する例示規定が追加された。その内容は

　① 子会社の取締役の職務執行の親会社への報告体制
　② 子会社の損失のリスク管理規程その他の体制
　③ 子会社の取締役の職務執行の効率性を確保する体制
　④ 子会社の取締役及び使用人の職務執行が法令・定款を遵守する体制

　第三は，施行規則118条で内部統制の運用状況を事業報告に記載することを義務付けたこと等があげられる。

　その他にも，金融庁より平成26年2月にスチュワードシップコードが公表され，機関投資家と投資先企業との連携により，企業価値の向上と持続的成長を目論むべく，行動原則を定めている。更に続いて，金融庁と東証により平成27年3月に，コーポレートガバナンス・コードが公表された。当コードは会社が経営の受託責任者として意思決定の公正性と透明性を保持し，迅速かつ果敢な

事業活動を行う行動原則を示したものである。

更には，会計監査人の監査基準に監査役等との連携が改めて明記され，併せて不正対応基準が制定されており，平成26年3月期より実施されている等が特記事項といえよう。

このような背景の大きな変化の目指すところは
① 国内外の株主・投資家等のステークホルダーに対する経営責任を果たす。
② 企業不祥事を招かないよう，予め様々な仕掛けを用意しておく。
③ 特に子会社を含む内部統制を充実させ，経営者の違法意識を高める。
④ 併せて経営効率の向上をはかる。

等に集約されよう。

(2) 監査役の取組み

監査役としては企業不祥事を招く可能性のある事項には最大の関心を持ち未然防止に全力をあげたい。
① 重大な不祥事に繋がるリスクを分析，把握し，致命的な不祥事が絶対に起きないよう監査に努める。
② 統制環境に重大な関心を持ち，経営者の内部統制軽視，無視を防止するように行動する。
③ 利益相反，無償の利益供与，非通例的取引には日常から注視を怠らない。
④ 子会社の内部統制に関心を深め，会社法改正（平成26年）の主旨を踏まえて，子会社の対応行動を監査する。
⑤ 情報収集のため，内部統制委員会や監査連絡会等へ可能な限り出席し，社内外の情報を把握する

VIII
監査役の基本問題研究

監査役はライン業務を行えるか

　監査役は取締役を中心とした執行部から独立しており第三者的な立場に立って執行部の監査を行うものである。本来監査とは被監査対象からは独立しているから意味があるのであって，被監査対象に深く関わっていたのでは正しい監査は期待できない。会社法上の監査役は当然のこととして執行部から独立した存在と認めるものであり，ライン業務を行ってはならないと考えられるのである。もしライン業務を行えば，少なくともその部分に関する限り行われる監査は自己監査となり正当な監査は期待できない。会社法335条2項に，「監査役は，株式会社若しくはその子会社の取締役若しくは支配人その他の使用人又は当該子会社の会計参与若しくは執行役を兼ねることができない」と規定されているのも，被監査対象の業務を行うことによる自己監査を防止する目的があるのである。

　この条文に象徴的に示されているように，監査役はライン業務からは独立していなければならない。経営者の中にはこうした基本的立場をよく理解していないケースがあるように見受けられる。大方の場合以前に取締役であったり部長であったりした者が監査役となっており，部屋も会社の一角にあり，株主に配布する報告書にも取締役氏名の下に並べて監査役氏名が記載されている。どうみても会社の中に包含される者にみえるのであって独立したようにはみえない。まして社内監査役などといって社外監査役と区分けしたりするのでますま

す社内の一員のように錯覚するのではなかろうか。いうまでもなく社内監査役,社外監査役と呼ぶ場合の社内・社外は出身母体をいっているにすぎない。いずれも法的な立場は社外と考えられるのである。会計監査人のような場合はまったく外部の立場であることが明らかで誤解を生ずることはないが,監査役の場合は外見上時々誤解を人に与えるので注意を要する。

　もっといえば監査役がライン業務に携わることは会社法違反というべきことである。

監査役の監査は違法性監査に止まるのか

　監査役の監査は違法性監査に止まるか，妥当性監査に及ぶのかについてはさまざまな議論があるが，積極的な監査を展開していくにはどうしても妥当性監査にまで及ばざるを得ない。法律に違反していなくとも，ある決定ないし実行により会社が危機にさらされることが予想されるような場合，監査役としては違法ではないから看過してよいだろうか。答えはノーであろう。このような場面では監査役は敢然と助言するなり翻意を促すなりする必要があろう。またこうした積極的な助言等があってこそ信任を受ける監査役の立場が確立されていくのであって，経営判断等には立ち入らないと一線を画してしまってはなるまい。ただ一人監査役側の問題としてとらえるには，現行の経営トップの権力は強大であり，一般論的には経営トップの理解と協力が必要であることはいうまでもない。今日ではトップ層に相当な理解を示す経営者がおり，組織的な手当を加えながら舵取りに万全を期すケースがよく紹介されている。周囲の苦言や本当の実情を見たり，聞いたりしないトップを擁する会社はやがてこの激烈な競争に勝ち抜けない結果を招くに違いない。

　この難局・苦渋の時代にはどうしても有難い助言や衆智を結集することが最低の条件なのである。監査役はその意味でもアウトサイダー的立場から冷静に経営を観察できる立場にあるので，時に助言・提案等は妥当性に及んで当然であり少なくともトップは喜んで耳を貸さねばならない。それがトップの度量の

大きさであり会社安定のベースでもある。

　一方会社法の条文の中にも妥当性監査と考えられるものもある。たとえば会社法384条に「監査役は，取締役が株主総会に提出しようとする議案，書類その他法務省令で定めるものを調査しなければならない。この場合において，法令若しくは定款に違反し，又は著しく不当な事項があると認めるときは，その調査の結果を株主総会に報告しなければならない。」とあり後段の著しく不当な事項の監査はまさに妥当性監査である。

　一方で監査役監査は違法性の監査に限定すべきであるとする説がある。監査役は直接経営執行に関わっていないので経営判断には関わるべきではないとする立場かと思われる。

　さらに他方監査役は違法性監査に限定せず，妥当性全般の監査にも及ぶべきとする説がある。これは前述とは逆の考え方であるが，無限定に拡大していけば経営判断，経営執行そのものに近くなり取締役と大差がなくなってしまうと考えられる。ただ確かに大所高所から経営全般に目を光らせておく必要はあると思われるのではあるが。

　今日では監査役の監査は冒頭で述べたように，違法性監査を中心におき，会社に著しき影響を及ぼすおそれのある経営事項については妥当性監査にまで及ぶべきであるとする説が一般的である。

　なお，会社法362条4項6号の内部統制の構築整備・運用が取締役の専権事項となったために，監査役としては内部統制の状況を監査する必要が生じてきた。内部統制の監査はまさに妥当性に関するものが多いといえよう。

監査役の独任制とは何か

　監査役は独任制の基盤の上に成り立っているといわれている。その独任制とは一人一人が単独機関であり、それぞれの意思決定に従って職務を執行することができるという意味である。

　取締役の場合も昭和25年の商法改正前は一人一人が執行権限を持っていた。改正後は執行権限は代表取締役に移ったのである。

　監査役の場合は代表監査役という制度はないので各監査役が監査権を持っているのである。独任制について明文規定を会社法は定めてはいないが、会社法390条第2項の後段に「ただし、第三号（監査の方針等）の決定は、監査役の権限の行使を妨げることはできない。」という文言があり独任制が確認されている。この390条は監査役会の運営に関する条文であるが、よく議論されるのは監査役会で多数決で決定（会393）された内容を後段の独任制で反対する監査役は実行できないのか、または別内容のものを実行できるのかというものである。

　監査役の独任制と監査役会の多数決規定との間には理論上矛盾があり、純理論的には独任制の主張により多数決に従わない監査役がでてきた場合、多数決の意味が薄れるか、ときに意味がなくなることにもなりかねない。とはいえ390条2項の解釈については賢者がいて、多数決には従うのであるが、その決議に加えてさらに付加する内容のものがあれば独任制によって付加項目を実行してよいと解釈するのだという。八方を丸く収める名解釈である。しかしそれ

でも矛盾は拭い去ることはできない。本来多数決原理は反対者の意見を封殺するものであり，たとえ付加条項であっても多数決で決定した範囲を逸脱したものは許容しないというものであろう。そうでなければ統一的な行動はとれず綻びが生ずる可能性があるからである。元来独任制を持った監査役に対し後に監査役会が条文として加わったために本質的な矛盾が内包されることとなったと考えられる。

とはいっても現実には監査役の独任制と監査役の多数決によって大問題を生じたとの例にお目にかかったことはない。運用の面で監査役が賢明に対処しているからであろう。

よくいわれることであるが，反対の監査役がいれば徹底的に討議して合意点に達すべきであるという。これは良い指針である。矛盾を解消するにはこれ以外に良い方法はない。

それでも矛盾自体に目をつぶるわけにはいかないのではなかろうか。

監査役会は全員でなくとも開催は可能か

　会社法390条1項に「監査役会はすべての監査役で組織する。」と定められている。監査役会は組織体であって厳密には監査役会議とは区分されるものといわれている。したがって定足数の議論は厳密には監査役会議の方の議論といえるのであって，監査役会という組織体の議論ではない。ところで監査役は各個々人がそれぞれ単独機関であるため改めて監査役会を組織するよう法は要請したものである。一方では監査役会（厳密にいえば監査役会議）の成立要件には何ら触れられていないのである。

　さて，このように監査役会の成立要件はないとすればどのように考えるべきであろうか。このことは会社法393条1項で「監査役会の決議は，監査役の過半数をもって行う。」とする条文と深く関わってくる。

　同条文によれば一般の決議は監査役全員の過半数を以て行うと解されている。今仮に監査役規程（内規）で監査役会は過半数を以て成立し，決議は出席監査役の過半数を以て行うものと定めたとしよう。今監査役が全員で4名とすれば内規に従って監査役会は3名で成立することになり，決議はその過半数つまり2名の賛成を得て成り立つこととなる。

　これは監査役全員の過半数で決議が成立するとした393条1項に違反することになる。そこで内規はたとえば次のように改められなければならない。「監査役会は監査役の過半数で成立し，決議は監査役全員の過半数で行うものとす

る」。内規の作り方は種々考えられるので法の主旨が曲げられなければよいと思われる。たとえば「監査役会は監査役の半数以上で成立し，決議は監査役全員の過半数で行うものとする」としても一向に差支えない。4名の監査役が全員であるとして何らかの都合で2名の監査役が監査役会を開催する。そこでは報告や意見交換が行われるが決議を要する議題は取り扱うことはできない。決議には最低3名（全員の過半数）必要だからである。しかし2名でも立派に監査役会は開催可能といえよう。ただ一般的には「監査役会は過半数が定足数要件であり，かつ同時に決議要件」（酒巻・藤原「監査役会と代表訴訟」，東京弁護士会「監査役・監査役会ガイドライン」）とするものが多いようである。

ちなみに取締役会についての規定をみると，会社法362条1項に「取締役会は，すべての取締役で組織する。」とある。この場合の取締役会も組織体を指していて取締役会議の意味ではない。

従前の商法にはこのような規定はなかった。何故ならば株式会社はすべて取締役会を持ち取締役はすべて取締役会の構成メンバーだったからである。しかし新会社法では取締役が1人である場合も認められ，取締役会は必ずしも設置しなくてもよいことになった。そこで取締役会を設置する場合には全員がその取締役会の構成メンバーとなることを法は要請したものと考えられるのである。

協議事項と決議事項の差は何か

　会社法387条2項をみると「監査役が二人以上ある場合において，各監査役の報酬等について定款の定め又は株主総会の決議がないときは，当該報酬等は，前項の報酬等の範囲内において，監査役の協議によって定める。」とあり，第1項で監査役の報酬は定款に定めないときは株主総会で決議するとの規定を受けて，第1項により定めた報酬の範囲内で個別の監査役の報酬を決議することになっている。

　この例にみられるような協議の意味は協議決定するの意で決定を含むといわれている。まず第一にこの点が日常会話等で使われる協議の意味と異なるところである。第二に協議は全員の合意を以て決議する点である。

　上述会社法387条2項のように監査役の個別報酬を決定する場合は，監査役全員の同意が必要となる。

　次に決議事項の場合は会社法393条1項に「監査役会の決議は，監査役の過半数をもって行う。」と定められており，監査役会の決議は監査役全員の過半数で行うこととなっている。会社法390条2項3号には監査の方針，会社の業務および財産の状況の調査の方法，その他の監査役の職務の執行に関する事項については監査役会で決議することとされており，決議事項として監査役全員の過半数で決議することになる。

　なお会計監査人の解任決議については特別な場合，全員一致で決議するよう

例外として定めている（会340②, ④）。更に平成26年の会社法改正で，会計監査人の選任・解任・不再任に関する議案は監査役（又は監査役会）の決議事項となった（会344）。

　協議事項か決議事項かは決議の仕方が異なるので注意しなければならない。

監査報告の作成は1通で
よいか

　監査報告は監査役会で作成する（会390），したがって監査役会で作成する以上は監査役会の意見を統一して一通の型にまとめて報告書とすることがきわめて自然である。

　ここで計算規則128条をみると会計監査人設置会社の監査役会の監査報告について定めているが，まず各監査役が監査報告を提出し一回以上監査役会を開催し審議の上，監査役会の監査報告をまとめることとしている。この場合監査役会の監査報告と異なる意見は付記することができる。計算書類については監査役会の監査報告に会計監査人の監査の方法または結果を相当でないとする付記がある場合には株主総会の承認を受けることになる（会438②）。また相当でないとの付記がなければ株主総会における報告事項となる（会439，441④，計規135）。

　いずれにせよ，監査役会設置会社の場合は原則として付記が可能であるから1通作成すればよい。

　他方，監査役会非設置会社では監査役が複数人いる場合には各々が監査報告を作成することが原則であり，もし意見が一致した場合は1通でよいといわれている。

旧小会社の監査役はそのまま会社法の会計監査のみ行う監査役に移行できるか

　旧商法における小会社の監査役の守備範囲は会計監査のみとされていた。しかし会社法では原則として監査役の守備範囲は規模の大小を問わず会計監査と業務監査に拡大された。そこで旧小会社が会社法の適用会社となれば必然的に監査役の守備範囲は従来の会計監査のみならず業務監査にも及ぶことになる。しかし会社法389条によれば非公開会社（監査役会設置会社及び会計監査人設置会社を除く）の場合は定款に定めることによって監査役の監査範囲を会計監査に限定することができることとされている。

　したがって旧小会社の監査役は定款に監査範囲を会計監査のみとする定めがあればそのまま継続することが可能である。しかし，もし定款に何ら定めがなくとも整備法58条の経過措置により新株式会社の定款に会社法389条1項の定めがあるものとみなされるのでそのまま継続できることになっている。

　なお定款に監査範囲を会計に限定する旨を廃止した場合，監査役の任期は定款変更の効力が発生した時に満了となる（会336④三）ことから，監査役の自動継続は認められないことになる。

　したがって会社法施行後の最初の株主総会でいったん辞任し改めて同時に信を問うべく立候補をしなければならない。

　ちなみに会社法2条1項9号に監査役設置会社という用語の定義があるが，内容は監査役を置く株式会社であって会計監査に監査範囲を限定する定款の定

めのある会社は除くとされており，条文の中に監査役設置会社という言葉がよく使われているので注意を要する。

なお，平成26年の会社法改正で，監査役設置会社であって監査を会計に限定する場合には，定款の定めにより監査を会計に限定する旨の登記を要す（会911③17）とされたので，登記との整合性をとる意味で，整備法適用により定款記載を要しない場合であっても，定款に監査を会計に限定することを明記したほうがよいと考えられる。

監査役の監査報告における相当の意見表明の根拠は何か

　監査報告における監査役の意見表明の中で，会計監査人の行った会計監査の方法および結果は相当と認める文言がある。会社法439条，計算規則135条により会計監査人の監査の結果を相当でないと認めた旨の記載（各監査役の意見の付記を含む）がないときは計算書類につき株主総会の承認を要しないこととなっている。つまり「相当」と認める場合には監査報告に記載を要しないと解されるが，現下での各社の監査報告は日本監査役協会の雛形に従っているためそのほとんどが「相当」と認める旨が記載されている。もちろん記載する方が丁寧であることはいうまでもない。わが国では会計監査人の行った会計監査につき，監査役が改めて「相当」（または「相当」でない）とする意見表明を行う構造になっている。そこで監査役は何を根拠として「相当」か否かの意見表明を行うのかがときに問題となり監査役を苦しませるところとなっているのである。そこで監査役にお勧めしたいことは，

　１．貸借対照表・損益計算書の基本を理解しておく。

　２．会社法会計10のポイント（34頁）を理解しておく。

　３．その他のチェックポイント

　　① 14種類の監査調書等（208頁）

　　② 後発事象のチェック

　　③ オフバランス項目のチェック

④　翌期の見通し（決算短信）のチェック　等

　そして基本的に必要なことは少なくとも会計部門から決算内容の説明を受け，会計監査人から監査報告書受領に際して説明を受け，さらに内部監査部門から指摘事項があれば聞いておくなど密な連絡連携が必要である。棚卸立合いや伝票等のチェックも必要であるが，会計監査人や内部監査部門との連携および意見交換は意見形成の上でより重要なファクターである。その意味でも監査役は会計の基本を学び理解しておかねばならない。会計の仕組みを理解することは監査の道具を身につけることにほかならないからである。

監査役は株主総会へ出席する義務があるか

　一般には株主総会で監査役が監査報告を行う習わしであるが，このことはサービスとして行っているのであって法に基づいて行っていることではない。会社によっては議長が簡単に監査役から適正である旨の監査報告書を受領していることを述べて済ましているケースも見受けられる。とすれば監査役は株主総会へ出席する義務は果たしてあるのか。

　通説的には会社法314条を根拠として監査役は総会出席の義務ありと説く識者が多い。314条1項に「取締役，会計参与，監査役及び執行役は，株主総会において，株主から特定の事項について説明を求められた場合には，当該事項について必要な説明をしなければならない。……」と定めており説明を求められた場合に出席していなければ答えられないから当然に出席すべきものとする考え方に基づいている。

　昭和49年の改正前には商法275条は「監査役ハ取締役会ガ総会ニ提出スル会計書類ヲ調査シ株主総会ニソノ意見ヲ報告スル」トフ要ス」となっており監査役の株主総会出席義務が明定されていた。ところが改正後はやや義務規定としては曖昧な表現になっている感は否めない。ただ通説どおりに株主の質問に即応できるように監査役としては出席すべきであるとの説に従いたい。

　一方で会計監査人に対する規定としては，会社法398条2項に「定時株主総会において会計監査人の出席を求める決議があったときは，会計監査人は，定

時株主総会に出席して意見を述べなければならない」と規定しており，監査役の場合よりも出席を要する可能性は低い規定となっているが，外国等へ出掛けていて即応できなくては困りものである。そこで一般には株主総会の会場の近くに待機している場合が多いと聞いている。

監査役が総会日時が重なったため一方の総会を欠席することに問題はないか

　監査役が総会の日時が重なり一方の会社の総会を欠席することは正当な事由となる（東京弁護士会「監査役・監査役会ガイドライン」）との説がある。この場合でも総会の出席義務は本来説明義務をつくす目的であるから、監査役に質問が予想される会社、監査役相互に監査意見の異なった会社、他の監査役が欠席する会社等を優先させて出席すべきであるとしている。つまりは仕方のない場合であって消極的に認める立場をとっている。実務的には他の出席監査役が質問に対して十分に応答できる体制をとっておけば問題が生ずる余地は少ないと考えられる。

　ただその監査役が欠席したため株主の質問に対し説明義務がつくせないという事態があれば総会の決議取消の事由となるおそれはある。

　時としては出席義務を果たさぬことが任務懈怠とみなされ監査役解任の正当事由となり得る場合も考えられるとの説もある。他方でそのような多忙な大物監査役を選任した株主の方にも責任の一端はあるといえよう。いずれにしてもかかる場面に遭遇したときには、監査役間の意見統一を十二分に事前に行っておき、総会会場での質問には欠席監査役の分についても十分に回答できるよう万全を期しておかなければならない。

監査役の任期途中での辞任は合法的か

　監査役の任期は4年である（会336）が，期の途中で辞任するケースがしばしば見受けられる。そもそも株主総会は監査役を選任するとき，4年間は取締役の業務執行の監査を特定の監査役に委ねるのであるから株主総会の意思に反して期の途中で辞任することは不本意なことである。
　しかしながら法は任期途中での辞任について何らの規制も設けていない。したがって監査役個人の意思により辞任することに対しては何らの制約もないということになる（cf. 民法651　委任の解除）。
　ただそれゆえに自由勝手に辞任してよいというものではなかろう。
　たとえば監査役が病に倒れ長期入院となって職務遂行が不可能となったような場合には辞任も止むを得ないというべきであろう。
　ところで会社の一方的な意思で監査役を辞任させることはできるのか。少なくとも株主総会で選任された監査役が本人の意思に反して辞任を強要されるような場合は許されることではあるまい。株主総会の招集決定は特殊な場合を除いて取締役会が行う（会298）ものであり，その際には会議の目的事項を記載した招集通知を株主に発すること（会299）となっている。その決議議案の中には監査役の選任も含まれるから，監査役候補者の提案権は取締役会にあることになる。このことは監査役の独立性を弱めることとなっており，この弱点を補うために監査役は株主総会において監査役の選任または解任について意見を述べ

ることができる（商275ノ3）ことになっていた。しかし平成14年の改正商法で，辞任した監査役が本人の意思で辞任するとは限らないことに配慮し，辞任後最初の株主総会で監査役が自ら本当の理由等を述べることができることとした（商275ノ3ノ2）。商法275条ノ3との差は，途中で総会前に退任した場合は総会に出席する機会もなくなる可能性があるので，会社は退任した監査役に総会が招集される旨を通知しなければならないとし，出席を可能とする背景を定めたことと，他の監査役が本人に代わって本当の理由を述べることができるとした点にある（同条②，③）。ただこの条文を活用しない限り辞任の場合は本人の意思と推定されることになろう。

　株主総会において辞任の理由等につき詳述するケースはほとんどないようであるが，いつ質問されても納得のいく回答ができるように事前に辞任理由を明確にしておくことが肝要であろう。

　なお，旧商法275条ノ3及び275条ノ3ノ2の規定は会社法345条4項に引き継がれている。

予備監査役の選任は定款で定めておく必要があるのか

　予備監査役の問題は最近よくとりあげられてきたテーマといえるが，その基本的な考え方はたとえば監査役に不慮の事故があって本人が監査役から外れたとき，監査役全体の数が法定要件を満たさなくなる場合に備えることにある。現在の会社法によれば大会社の場合，監査役は3人以上でその半数以上は社外監査役でなければならないとされている（会335③）。

　各社ではコストの節減もあって監査役の数をできるだけ押さえるケースが多い。たとえば常勤監査役を1名（社内監査役）と社外監査役2名の構成であるとき，社外監査役が1名欠けると法定要件を満たさないことになる。

　そこで欠員を生じた場合には直ちに臨時株主総会を開いて監査役を選任して補充するか，裁判所に申し出て仮監査役を裁判所に選任してもらう必要が生じる（会346）。いずれにしても欠員補充の手間が大変であることから，前もって欠員に備え予備の監査役を決めておくことが考えられてきた。最初は商法に規定がないため定款でそのことを定めた会社が多かったと思われるが，新しく会社法に予備監査役を選任できることが定められたので（会329）定款の定めがなくても必要な時に株主総会で決定できることになった。しかし改めて定款に規定を設けることは一向に差し支えない。

交通事故で執行猶予付有罪となった監査役の地位は失われるか

会社法331条は取締役の欠格事由を次の四つの場合としている。

1項1号　法人

2号　成年被後見人，被保佐人，または外国法令で同様に扱われている者

3号　会社法，中間法人法，証券取引法（特定条文），民事再生法（特定条文），外国倒産処理手続の承認援助に関する法律（特定条文），破産法（特定条文）の罪で刑に処せられその執行を終え，または執行を受けることがなくなった日より2年を経過しない者

4号　前号に規定する法律の規定以外の法令規定に違反し，禁錮以上の刑に処せられ，その執行を終わるまでまたはその執行を受けることがなくなるまでの者（刑の執行猶予中の者を除く）

設問を具体的に説明するために，仮に某監査役が自ら自動車を運転中誤って交通事故を起こし懲役6か月執行猶予2年の判決を受けたとしよう。このケースでは4号該当となるので欠格事由にはならないことになる。刑法9条ないし19条によれば禁錮刑以上とは禁錮刑の他に懲役刑，死刑を指す。禁錮刑と懲役刑の差は双方共刑務所に収監されるのであるが，禁錮刑は用役を伴わないのに対し，懲役は強制労働を伴うという差がある。

ここで派生的に注意しておかねばならないことは3号の場合であろう。

たとえば総会屋に対する利益供与の罪で有罪判決を受けたような場合，たとえ執行猶予付判決であっても3号適用となり監査役の資格は剥奪される結果になる。会社法上の罪は重く罰せられるのである。取締役も監査役も違法行為には十分気をつけ自分も会社も可能な限り潔白に保つ努力をしなければならない。

社外監査役および社外取締役は登記事項か

　旧商法では社外取締役は登記事項であったので形式要件が満たされれば社外取締役となり登記が必要であった。しかし中小企業においては社外取締役の要件が満たされていても、社外取締役の自覚がなく登記されないケースが多くみられたという。そこで新会社法では原則として社外取締役も、社外監査役も登記事項とはしないこととした。

　ただし次のような法律効果が生ずるものに限定して登記の対象とした。

　例1　監査役設置会社では3名以上の監査役のうち半数以上の社外監査役が必要となる（会911③十八、会335）。

　例2　特別取締役制度を採用している時は、最低1名以上の社外取締役が必要となる（会911③二十一ハ、会373）。

　なお、商業登記法81条では取締役・監査役就任の場合その変更登記申請書に就任承諾の書面添付が必要であり、退任による変更登記申請書にはこれを証する書面添付が必要である旨を定めている。

　加うるに、登記内容に変更があれば、変更が生じた後2週間以内に本店の所在地において変更の登記をしなければならないと定められている（会915）。

非公開会社の監査役の選任議案を総会に提出するとき監査役の同意は必要か

　会社法343条によれば，監査役の選任に関する議案を株主総会に提出する時には，監査役（監査役が2人以上ある場合にはその過半数）の同意を得る必要があり，また監査役会設置会社においては監査役会の同意が必要である（同条③）。
　旧商法では取締役会で決めた監査役選任議案は大会社のみが監査役会の同意を必要としたが，今回の改正では会社の規模の大小を問わず監査役ないし監査役会の同意を必要とすることになった。この改正の主旨は取締役によく知っておいてもらいたい。うかつにも監査役の承認なしに株主総会の議案として提出し株主から監査役の同意を得たか否かの質問が出た場合，誰も気が付いてないことが判明すればその選任議案は無効となることに注意しなければならない。
　一方で監査役ないし監査役会では監査役の選任議案に前もって賛成した旨の記録ないし監査役会の議事録を作成しておくことが大切である。
　ちなみに監査役（または監査役会）は会社に対して監査役の選任を株主総会の目的とすること，つまり監査役の選任議案を出すように請求するこができる。あるいは具体的な候補者を入れた監査役の選任議案を作成して会社に対し株主総会へ提出するよう請求することもできるとしている（同条②）。

監査役は親会社または子会社の取締役を兼務できるか

　監査役の立場は第三者的中立の立場から取締役の業務執行を監査することにあることは再三述べてきたところであるが、会社法はこの立場を一貫して通している。この立場からすれば監査役が子会社の取締役になることは子会社の執行に加わることであり、その執行の経過や結果を監査することは自己監査をすることとなり監査役の主旨と矛盾する。したがって法はこれを禁じている。すなわち子会社の取締役の兼務は認められていない（会335②）。

　もう一つの親会社の取締役の方はどうか。子会社の監査役には親会社の調査権はない。そこで親会社の執行部に加わっても監査役としては何の影響も与えることもできないしまた影響を受けることもないことになる。したがって親会社の取締役を兼ねることは可能となる。

　一般事例でみれば最初取締役をしていた者が親会社の要請で子会社の監査役を兼務することはよくあることである。

　ちなみに監査役が属している会社の取締役や使用人を兼務することは許されない（会335②）。さらに海外子会社の取締役兼務は如何か。海外子会社はわが国商法の適用は不可であり、当該外国の法規が適用されるので、わが国会社法における監査の範囲外であれば取締役を兼務してもよいのではないかという考え方がある。理論の積み重ねでいけば一見よさそうにみえるのであるが、何といっても子会社であることを忘れてはならない。子会社であれば当然に監査す

る必要がある。たとえわが国会社法の適用外であっても監査を放棄するわけにはいかない。もし放棄せざるを得ないようなことがあれば，経営を放棄することと同じこととなる。たとえ海外の会計監査機関を使ってでも監査すべきことを考えるならば当然に監査の対象であることから，海外子会社の取締役を兼務することは禁ずべきであると考えられる。また兼務禁止が通説でもある。

監査役の退職慰労金は監査役会の多数決で決めてよいか

　まず退職慰労金の性格について触れておかねばならないが，退職慰労金については功労加算金部分について議論はあるものの一般的には職務執行の対価であり，報酬の後払いとの考え方が通説である。他方では功労加算金も加えて職務執行の対価と考え報酬の後払いとする考え方もある。
　そこで退職慰労金を報酬とする前提に立てば会社法387条により，
　１．監査役の報酬は定款に定めのない時は株主総会で決議する。
　２．各監査役の報酬額が定められてない時は監査役の協議によりこれを定める。
　この順序に従えば一般には株主総会で取締役とは別に監査役の退職慰労金の額を決議するのであるが，その多くは議案の中で「……具体的な金額，贈呈の時期および方法等は，取締役A氏については取締役会に，監査役B氏については監査役の協議によることにご一任願いたい……」と書いてある。次に株主総会がこれを認めれば退職慰労金の内規に従い監査役の協議に付することとなる。協議の考え方は全員一致であるから多数決で決定するわけにはいかない。監査役の協議とあり監査役会とあえていっていないのは監査役会の決議の基本は多数決であり協議になじまないからである。
　多数決でもよいとする説もないわけではないがやはり報酬の一部であるから全員一致で決議すべきであろう。

会社法施行規則82条2項によれば「……議案が一定の基準に従い退職慰労金の額を決定することを取締役，監査役その他の第三者に一任するものであるときは，株主総会参考書類には，当該一定の基準の内容を記載しなければならない。ただし，各株主が当該基準を知ることができるようにするための適切な措置を講じている場合は，この限りでない。」としている。したがって大会社の場合は一般に本店に退職慰労金の内規を備え置いて株主の閲覧に供することとした上で，退職慰労金の議案は簡略にしておくケースが多いのである。
　往時には退職慰労金に関する株主の質問に十分応答しなかったため，裁判の結果決議取消しとなったケースがあった。
　その後退職慰労金に関しては最近まで鳴りをひそめ沈静化していたが，平成12年3月奈良地裁の判決で総会における退職慰労金に関し会社側の説明不十分のかどで決議取消しとなりまたもや騒然となった（253頁参照）。
　監査役としても十分に研究をしておかねばならない事項である。

監査役を置かなくてよい場合とはどのようなケースか

　会社法は有限会社を株式会社に取り込んだ結果，新しいスキームが多くできることとなった。監査役は有限会社では任意に置くことができるとされていたが，会社法にもこの形が導入された。

　監査役をおかなくてもよい前提条件としては非公開会社（株式譲渡制限会社）でありかつ大会社ではないことが必要である。

　これらの条件を満たした上で次の二つのスキームが考えられる。

　①　取締役（1名以上）のみ設置する場合

　②　取締役会（3名以上）があり会計参与（1名以上）を置く場合

　この①は有限会社のスキームであるが，企業不祥事が後を絶たない昨今監査役を置かなくてよいとする法の規定は後ろ向きというより外なく，従来の株式会社が費用節減等を理由に監査役を廃止する動きがでてきはしないか心配するものである。大会社は従来と殆ど変わりはないが，遵法の精神は小会社のうちから徐々に培っていくもので大会社になった瞬間に突然変わるものではない。次に会計参与が参加する会社で監査役を置かなくてもよい場合というのも納得しがたい。何故なら会計参与は取締役と共同して計算書類等を作成する立場であり，業務執行を担う者であって監査とは異なる立場であるからである。会計等業務に精通していることと監査とは別次元のものである。法律は性善説にたつものではないので，会計参与という立場に全幅の信頼性を置く考え方であれ

ばはなはだ疑問といわざるを得ないのである。

株主代表訴訟の提起を受け他の監査役が反対のとき一人で提訴することは可能か

　ある株主から会社の不祥事等に関し，株主代表訴訟の提起をするよう監査役に要請があったところ，自分以外の複数の監査役は提訴することに反対した。こうした場合自分一人で提訴することは可能かという問題である。

　この問題に関しては多数決で提訴するか否かを決することはできないといわれている。その根底にあるものは監査役の独任制である。すなわち監査役が数人おり監査役会を構成しても監査役は各自独立して権限を行使できる独任制の機関である。したがって監査役がお互いに意見を異にする場合に多数決による拘束は許されない（会390②但し書）のであり，一人の監査役が単独で訴訟を起こすことは可能である。また一方で全員の意見が一致して提訴に踏み切る場合に，共同で提訴することになると思われる。ただ，あらかじめ代表する監査役を決めておくわけにはいかないといわれている。それというのも監査役はそれぞれが独任制の機関であるがゆえにほかならない。

　ただ実務的には一人の監査役が他の複数の監査役の反対を押し切って訴訟に踏み切るケースはほとんど考え難い。それと訴訟を起こした本人が訴訟の最中に監査役の任期が到来して退任するようなことになれば，訴訟は継続しないことになる（民事訴訟法124①五）。したがってそのあたりも十分考慮に入れて行動せざるを得ないのである。

取締役の過失責任化とはどういうことか

　旧商法では取締役は無過失責任を負うものとした条項が沢山あった。その代表的なものとしては商法266条に記載されていた。1項1号の違法配当を行った場合、2号の総会屋に利益供与を行った場合、3号の取締役に対する貸付金が回収できない場合、4号の利益相反取引を行った場合が具体的な無過失責任を問われる条項であった。5号は包括的な法令・定款違反の行為をなした場合で、過失責任の条項といわれていた。前者が無過失責任の条項といわれる所以は266条2項に決議に賛成した取締役は行為ありたるものとみなすとあり、行為を行った者と同じであると断じていたからである。なお同条3項には取締役会で決議に反対しても議事録に反対の記述がない場合には賛成したものと推定するとあり一応は行為ありとの嫌疑をかけるとされていた。

　ところが賛成しただけで行為者と同罪にすることはおかしいとの議論は前々からあり、会社法では旧226条2項は削除された。取締役の無過失責任から過失責任に変わったといわれる根拠はこの条文の削除にある。ただ例外として自己の為の利益相反取引を行った取締役の責任は無過失責任となっている（会428）。

　会社法における過失責任の定めとしては会社法423条で「取締役、会計参与、監査役、執行役または会計監査人はその任務を怠ったときは、株式会社に対し、これによって生じた損害を賠償する責任を負う」と規定している。しかし旧商

法266条2項の推定規定は残ったので（会369⑤）取締役会で賛成すれば一応行為ありとの嫌疑がかけられることになる。推定は反証をあげて覆すことができる意味を含んでいるので問題が発生すれば個々の取締役が自ら無過失であることを立証しなければならず，それなりに大変なことと思われる。

特別取締役と特定取締役とはどのように異なるのか

　特別取締役とは会社法373条に定める取締役である。会社法369条では取締役会の決議は原則として出席取締役の過半数で行うが，会社法362条4項1号（重要な財産の譲渡・譲受け）及び2号（多額の借財）に関しては予め取締役の中から選定した3人以上の取締役に一任して，その取締役が決議（参加取締役の過半数）を行うことができることとした（会373）。この取締役を特別取締役という。この場合取締役全体が6名以上であり，そのうち1名以上が社外取締役であることが条件となっている。

　特別取締役制度の前身は旧商法の重要財産委員会で形は大変類似している。重要財産委員会は取締役会とは別の組織であったが期待とは裏腹に機動性を欠いていたといわれている。そこで取締役会の決議の特別な一形体として，特別取締役の制度を設け決議の迅速性，機動性をはかった。なお特別取締役会には互選により選出した監査役が出席できることになっている（会383）。

　次に特定取締役とは計算規則124条1項4号に定める取締役であるが，計算規則の定める日までに取締役は監査報告を受けなければならない。この監査報告の通知を受ける取締役として予め定められた取締役を特定取締役という。また監査を受けるべき計算関係書類作成の職務を行った取締役も特定取締役とよばれる。なお会計参与設置会社においては会計参与も特定取締役に含められる。

その他の利益剰余金を減少させて資本金増加の原資とすることができるか

　会社法450条1項に「株式会社は，剰余金の額を減少して，資本金の額を増加することができる。この場合においては，次に掲げる事項を定めなければならない。1．減少する剰余金の額　2．資本金の額の増加がその効力を生ずる日」と規定されている。

　質問はこの条文を受けたものであるが，会社法では資本取引と損益取引は区別するものとして取扱っている。

　企業会計原則の一般原則第一の三に「資本取引と損益取引とを明瞭に区別し，特に資本剰余金と利益剰余金とを混同してはならない」としている。資本取引とは株主の払込額等であり，損益取引とは会社が営業活動等を通して得た利益や留保額等である。この両者が混同されていては会社の適正な財政状態や経営成績が示されないので峻別する必要があるという主旨である。

　利益剰余金は損益取引により生じた社内の留保額等であるから資本取引である資本金に振替えることは法の禁じているところであり，450条でいう剰余金には利益剰余金は含まれていないのである。このことは計算規則27条2項1号に明示されている。

　原則は上記の通りであるが，平成21年4月1日施行の改正会社法施行規則25条第1項では，利益準備金又はその他利益剰余金から資本金に振りかえることができることとなった。したがって，企業会計原則の中の資本取引と損益取引区分の原則は崩れたことになる。

剰余金の配当決議を取締役会で行うことができるのはどういう場合か

　従来配当は利益処分の一端として行われてきたが利益処分案が廃止され利益の配当から剰余金の配当に変わった。また剰余金の配当はいつでもできるようになった（会453）。ただ配当決議は原則としては株主総会の決議事項である（会454）。しかし会計監査人設置会社であり監査役会設置会社（委員会設置会社を含む）の場合で取締役の任期を1年とするときには定款の定めにより剰余金の配当を取締役会の決議事項とすることができることになった。ただし最終事業年度にかかる計算書類が会社の財産および損益の状況を正しく表示しているものとして法務省令所定の要件を満たしていることが必要である（会459）。

　このように取締役会に委ねた別の理由としては従来から委員会設置会社では取締役会の決議で普通配当を行っているので監査役会設置会社を差別する理由もないことから同様の規定を設け，委員会設置会社の取扱と平仄を合わせたといわれている。

株主代表訴訟の進行中,持株会社の株主になれば訴訟は継続できないか

　株主代表訴訟に参加した株主が訴訟の進行中に株主でなくなった場合でも次の場合には訴訟を継続することができることになった（原告適格が失われない，会851）。なお，平成26年の会社法改正で更に権利が拡大された（会847の2）。
　1．株主が属する株式会社の株式交換または株式移転により完全親会社の株式を取得したとき。
　2．株主が属する株式会社が合併により消滅する場合，合併により設立する株式会社または存続する株式会社または完全親会社の株式を取得したとき。
　また訴訟の進行中に一度完全親会社等の別の株主になった後に同様の合併等によりさらに別の株主になった場合にも適用される（会851②，③）。旧商法では表題のような場合には原告適格が失われ訴訟は打ち切りとなるとされていたが，それはおかしいとの意見が多かったので会社法はこうした意見を斟酌し手当したものである。
　念のため，表題の意味は仮にA社とB社があって，A社の株主がA社の某取締役を訴え株主代表訴訟が進行していたところ，A社とB社が株式移転により持株会社（完全親会社）を設立した。そこでA社とB社の株主は持株会社の株主に移行した。その結果A社の代表訴訟進行中の株主はA社の株主から持株会社の株主に変わってしまったということである。したがって旧商法ではA社の株主でなくなった時から訴訟は継続できないとされていた。

後発事象はどのように取り扱われるのか

　決算期末後から株主総会までのあいだに発生した事象で翌期の財産や損益に著しい影響を及ぼすと考えられるものを後発事象とよんでいるが，基本的には従来の取扱いと変わっていない。
　後発事象の開示の順番としては次のようになる。
　１．注記表に記載（計規98①10，93）
　２．事業報告に記載（施規89①9）
　３．会計監査人の監査報告に記載（計規126）
　４．監査役の監査報告に記載（計規122）
　５．株主総会へ口頭で報告
　ただし１および２は同時ということも十分考えられる。何故なら事業報告は従来は営業報告書として計算書類の一種であったから。
　また監査役としては会計監査人の監査報告に記載されていない重要な後発事象がその後発生して監査役の監査報告に記載可能である場合には記載を忘れないように注意したい（計規127）。

三角合併を容易にする親会社の株式所有が許されるのはどういうときか

　親会社の株式の所有は原則として禁止されている（会135）。しかし他社の事業全部を譲受けるとき親会社の株式がその中に含まれている場合，合併後消滅会社から親会社株式を承継する場合，吸収分割や新設分割により親会社株式を承継する場合，その他法務省令で定める場合には親会社の株式取得は認められている（同条②）。ただ相当の時期に所有の親会社株式は処分しなければならない（同条③）。

　これらの規定は旧商法にも存在していたが組織再編に際して子会社が他の会社を吸収合併等を行う場合に，存続会社（当該子会社）が消滅会社（当該被吸収合併会社）の株主に親会社の株式を交付することがあり，そのために合併の効力発生まで子会社は親会社の株式を保有することが認められることとなった（会800）。

　子会社が非上場会社であり親会社が上場会社である場合，消滅会社の株主は子会社の非上場株を取得しても後の取扱いが不便である。しかし親会社の上場株であれば都合がよい。そこでこのような規定がもうけられた。

　上例の被吸収合併会社，合併会社（子会社）および親会社のような合併の仕方を三角合併という。特に親会社が外国の企業で子会社が日本国内にある場合，親会社が日本国内の買収をかけるのは大変であるから，子会社を使ったこのような買収が今後は可能となる。実質的には親会社が買収を果たしたことになる。

対価の柔軟化が認められたのはどういう理由によるのか

　対価の柔軟化とは吸収合併や吸収分割等において消滅会社の株主に対して存続会社の株式を交付しないで，金銭その他の財産を交付できるとすることをいう。旧商法では合併，会社分割あるいは株式移転等に関して消滅会社の株主，分割会社の株主または完全子会社の株主等に対し存続会社，承継会社または完全親会社の株式に限定されていた。
　しかし近年国際化の影響もあって組織再編規定の多様化，これに伴う買収，事業統合等が促進されるよう株式以外の財産も対価とするに至った。合併等の対価として存続会社の親会社株式を交付する仕方を三角合併というが，これも組織再編の機動性を対価の柔軟化により実現できる手法といえる。対価の柔軟化の利用仕方は種々あって消滅会社の株主に金銭のみ与え実質的には株主から排除する方法もある。
　たとえば会社法749条の吸収合併の条文にみられるように消滅会社の株主に対する対価の交付として，社債，新株予約権，新株予約権付社債またはその他の財産等が規定されている。
　一方では合併等における対価の柔軟化は敵対的買収を容易にするものではないかと懸念する向きもある。そのような敵対的買収には各会社で黄金株，ポイズンピル，クラウンジュエル等普段から研究し備えておく必要があろう。敵対的買収等を危惧して会社法附則4で合併等に際し株主に交付する金銭等のうち

株式以外の社債，新株予約権，新株予約権付社債等，株式以外の財産については会社法施行後1年を経過するまでは見送ることにした。つまり対価の柔軟化は見送られたのである。

計算書類の公告の仕方はどう変わったか

　旧商法では公告の仕方は定款の絶対的記載事項であった（旧商166）。しかし会社法では絶対的記載事項ではなくなり公告の項目は削除された（会27）。一方会社法939条によれば会社の公告の方法としては次の三つのいずれかを定款に定めることができるとし相対的記載事項であることを定めた。すなわち会社法939条1項1号：官報に掲載する方法，2号：時事に関する事項を掲載する日刊新聞紙に掲載する方法，3号：電子公告

　この場合3号の電子公告については電子公告を公告の方法とする旨の記載で足りるが，事故等で電子公告ができなくなる場合の公告方法として上記1号または2号の方法を加えて定款に定めることができるとし（会939①三），定款に公告の定めを置かない場合には1号の官報によるものとみなされることとした（同条①四）。

　決算に関する計算書類の公告については次のように整理される。

1．公告を必要とする場合
　① 大会社で上記1号，2号による時（有価証券報告書提出会社は除く）
　　貸借対照表，損益計算書の要旨（会440①，②）
　② 大会社で上記3号による時（有価証券報告書提出会社は除く）
　　貸借対照表，損益計算書の全部（会940①，総会後5年間）
　③ 非大会社で上記1号，2号による時

貸借対照表の要旨（会440①，②）

④ 非大会社で上記3号による時

貸借対照表の全部（会940①，総会後5年間）

2．公告を必要としない場合

① 公告の方法によらないITによる開示

非大会社は貸借対照表の全部（大会社は他に損益計算書の全部）を5年間（会440③）＊

② 有価証券報告書提出会社（会440③）＊＊

③ 特例有限会社（整備法28）＊＊＊

＊　　既に電磁的方法で開示している会社を考慮した規定(会440③)。したがって公告の方法として定款に定めても，何ら定めなくても5年間公告（又は開示）の仕方は採用できる。

＊＊　　EDINET等で開示するため重複を避ける措置である。

　　なお，金融庁では「有価証券報告書等に関する業務の業務・システム最適化計画」に基づきEDINETを更に高度化したXBRLを導入し，平成20年4月1日より適用される。有価証券報告書提出会社に対して，平成20年度第1四半期に係る四半期報告書から導入され，原則として有価証券報告書，有価証券届出書等に含まれる財務諸表本体が対象となる。

＊＊＊　　整備法28条で，特例有限会社は440条（公告等）ならびに442条（計算書類等の備置等）の対象外としている。

国際会計基準(IFRS)はどう動いてきたか

　国際会計基準(IFRS)の総括的特徴は貸借対照表を重視し、公正価値(時価評価が中心)をもって評価し開示することにあるといわれている。

　IFRSの主な流れはEUが2005年に国際会計基準の採用(adoption)を公表したことに始まる。一方米国は独自の動きをみせ、2006年にIASB(国際会計審議会)とFASB(米国会計審議会)がヨーロッパ基準中心のIFRSと米国基準との間の調整項目MOU(Memorandom of Understanding)を公表して検討を継続してきたが、2011年5月にSEC(米国証券取引委員会)が米国基準をベースにIFRSを見直すことを改めて確認したため、今後5年程度の検討を行った後実施する模様であり大幅に遅れている。

　他方わが国では2007年にIASBとASBJ(企業会計基準委員会)が26項目につきIFRSに合わせることを公表(東京合意)し、以降2010年にかけて大部分を消化したためEUがIFRSと同等と認めた経緯がある。ただ米国の進捗の遅れもあり、2011年6月の金融庁担当大臣の延期発言や経団連会長の延期希望発言などもあって、米国に歩調を合わせる方向である。

　なお、わが国でIFRSの影響によりすでに改正の行われた主なものを示せば、
1．2008年4月以降開始事業年度より適用
　① 在外子会社を連結するときは親会社の会計基準を適用
　② 関連当事者の開示項目の拡大

③　棚卸資産の評価は低価法
2．2009年4月以降開始事業年度より適用
　①　工事進行基準を原則とし，見積りに信頼性のない場合は工事完成基準を使用
　②　金融商品の時価開示，定性情報も開示
　③　賃貸不動産の時価開示
3．2010年4月以降開始事業年度より適用
　①　資産除去債務の計上
　②　セグメント情報はマネージメントアプローチによる。
　③　合併等におけるプーリング法を廃止しパーチェス法による。
　④　棚卸評価の後入先出法を廃止
　⑤　包括利益計算書作成（2011年3月31日終了事業年度より）
4．2011年4月以降開始事業年度より適用
　①　過年度遡及会計実施　　　等

　　その後，数年を経て一定の国際基準の形成と強制適用を視野に入れながらIASB（国際会計基準審議会）をはじめFASBやASBJ等様々な団体で検討が重ねられてきたが，到底世界的な合意には至っていない。現在の我が国会計基準としては，日本基準，米国基準（SEC基準），任意適用の国際会計基準（ピュアIFRS），エンドースメント（承認の意）IFRS＜IFRSを若干修正＞の四つが存在している。平成27年7月に公表された日本版IFRS案（修正国際基準）もエンドースメント（承認の意）IFRSの一種である。いずれにしても当分の間は上記四つの会計基準（国際会計基準（ピュア）に近い基準）により進められていくものと推測される。

包括利益とは何か，また会社法にどう反映されたか

　近年，国際会計基準（Q29参照）の影響を受けて，従来の損益計算書重視の当期業績主義から，貸借対照表を重視する包括主義へ変化してきた。包括主義会計は貸借対照表のすべての資産を公正価値（時価中心）で評価するもので，期末における解散価値を示すものという見方もできる。企業におけるステークホルダー（利害関係者）はさまざまであるが包括主義会計は主として投資家なかんずく機関投資家を重視したものといわれている。

　期末資産を時価評価するには，一方で損益計算を行い評価益（または損）を計算する必要がある。包括主義会計は包括利益計算書において有価証券評価差益（損），為替換算調整益（損）等を計算する必要があり，結果として貸借対照表の資産が増減することになる。わが国では平成22年6月に企業会計基準25号「包括利益の表示に関する会計基準」が公表されたが，平成23年3月31日終了事業年度より有価証券報告書における連結財務諸表に適用されることとなった。

　包括利益とは，会計上の純利益（または純損失）に土地や有価証券等の未実現利益（または損失）のうち純利益（または純損失）に反映されないものを加算した利益（または損失）ということができる。連結損益計算書でいえば，少数株主損益調整前当期純利益（平成27年3月期より「当期純利益」と表示）にその他の包括利益を加算したものであり，その他の包括利益には親会社と非支配株主の両方の分が含まれている。また計算書の方式には1計算書方式と2計算書方式が

あり，会社はいずれかを選択する。

　上述は金融商品取引法における有価証券報告書に記載される表示内容のことであるが，一方で会社法における事業報告に表示される連結損益計算書には当期純利益のみの表示となっていて包括利益の表示はない。他方連結貸借対照表には純資産の部に「その他の包括利益累計額」として当期包括利益の増減結果が表示されており，連結損益計算書との連動がないため異様な感じが否めない。いずれ是正されるものと思われる。

社外取締役の要件はどう変わったか

 平成26年の会社法改正により社外取締役の資格要件が従前より一層厳しくなった。社外取締役の定義は会社法2条1項15号に規定されているが，その主な要件は次の通りである。

① 当該会社の取締役または親会社等の配偶者又は二親等内の親族でないこと。

② 当該会社または子会社の業務執行取締役等（業務執行取締役，執行役，支配人，その他の使用人）でなく，かつ就任前の10年間会社または子会社の業務執行取締役等でなかったこと。

③ 親会社等（自然人に限る）または親会社の取締役，執行役，使用人でないこと。

④ 親会社の子会社等（会社と子会社は除く）の業務執行取締役等でないこと。

 従来は，過去に於いて会社または子会社の業務執行取締役等でなかったことが条件であったが，基本的には過去10年内に緩和された。一方で，親会社の取締役や使用人等は社外に該当しなくなり厳しくなった。

社外監査役の要件は変わったか

　社外監査役については社外取締役と同様に平成26年の会社法改正で社外の要件が厳しくなった。社外監査役の定義は会社法2条1項16号に規定されている。その主な用件は次の通りである。
　① 当該会社の取締役または親会社等の配偶者又は二親等内の親族でないこと。
　② 就任前の10年間，会社又は子会社の取締役，会計参与，執行役，支配人，その他の使用人でなかったこと。
　③ 親会社等（自然人に限る）または親会社の取締役，監査役，執行役，その他の使用人でないこと。
　④ 親会社等の子会社等（会社と子会社は除く）の業務執行取締役等でないこと。
　ここで注意すべきは親会社の社外監査役であっても，当該会社の監査役に就任した場合には，当該会社の社外監査役には該当しないことである。つまり，親会社に属する者は総て社外要件から外したことになる。

多重代表訴訟とは何か

　平成26年の会社法改正で新設された規程で，完全子会社の不祥事に関する子会社の取締役の責任追及する権利を，一定の条件下で完全親会社の株主に与える主旨である。会社法847条の3によれば，最終完全親会社の株主は次の場合子会社の取締役等の責任追及の訴えを提起することができるとした。

① 　最終完全親会社の発行済み株式の1％以上（これを下回る割合を定款で定める場合はその割合）を所有する株主又は総議決権の1％以上（これを下回る割合を定款で定める場合はその割合）を所有する株主であること。ただし公開会社の場合は6か月以上前から株式を所有することを条件とする。

② 　原因となった事実が生じた日における最終完全親会社が有する完全子会社の株式の帳簿価額が最終完全親会社の総資産額の20％を超える場合

以上の二つの条件を満たした場合に提訴が可能になる。

　なお，多重代表訴訟の要件を満たす子会社（特定完全子会社という）に関する情報（名称，住所，帳簿価額の合計額等）は事業報告に開示しなければならないとされている（施規118）。

監査等委員会設置会社とはどのような制度か

平成26年の会社法改正で新設された制度で，従来株式会社の機関設計には監査役（会）設置会社と指名委員会等設置会社の二通りの選択肢であったが，第三の選択肢として監査等委員会設置会社が新設された。その主な特徴を挙げれば

① 取締役会設置会社である。
② 監査等委員である取締役を3人以上置き，その過半数が社外取締役である。
③ 監査等委員と他の取締役は区分して株主総会で選任される。
④ 監査等委員の任期は2年，他の取締役の任期は1年である。
⑤ 会計監査人は置き，監査役を置いてはならない。
⑥ 報酬については監査等委員である取締役と他の取締役とは区分して決定する。

等である。なお監査役には取締役会における議決権はないが，監査等委員は取締役であるから議決権を有する。

（参考）拙著：「監査等委員会設置会社の実務とQ＆A」（同文舘出版28.1）

IX
監査役の今後の課題

遵法はミニマムコストであるとの認識

　21世紀は原理原則の時代であり、遵法は企業存立の最小条件（ミニマムコスト）であることは万人の認めるところと考えられる。しかし、企業不祥事が後を絶たないのはどういうことであろうか。

　それは、一つには企業不祥事が発見されずに何とか隠蔽したまま終わることが可能ではないかという錯覚があり、また他方では雪だるま式に膨れていく不祥事にブレーキがかからなくなる危険性もある。これらの企業不祥事に対する認識の甘さが様々な不幸を呼び、企業崩壊にまで至らしめる結果を招くことになる。

　企業不祥事に対しては次のような認識を持つ必要がある。

　第一に、不祥事の芽は、早く摘み取らないと膨大化するおそれがある。

　第二に、漏れないはずが内部告発等で発覚する。自分の心の中にあるもの以外は必ず明るみに出る可能性があるとの認識を持つ必要がある。

　第三に、発覚すれば会社の崩壊につながるか、そうでなくても自分の社会的生命を絶たれ、従業員や得意先に迷惑をかけることになりかねない。

　従って、企業不祥事には、厳しく対応していく経営姿勢が必要なのである。

　こうした意味を考えれば、たとえ若干の費用が掛かっても遵法こそが最小のコストであることを経営者や監査役は心底から自覚しなければならない。

内部統制の充実と
リスク管理体制

　会社はリスクの塊であり，人間こそがリスクそのものであるとも言われている。

　リスク管理は，リスクが発生しないような仕組み作りを行う以外に，リスクが発生した時に大きくならないうちに芽を摘み取る体制を作ることが肝要である。

　しかし会社の諸資源は限られているところから，リスクの分析を行い，会社の屋台骨を揺るがしかねない大きなリスクを認識し，これらの潜在リスクが顕在化しないように，経営資源（人，物，金）を重点的に配分することが大事なことと考えられるのである。

　内部統制はこのような観点に重きを置いて構築・運用されるべきである。

　平成26年の会社法の改正では，特に子会社を含む企業集団としての内部統制を強化する規定が多く設けられている。その目指すところは前述した大きなリスクの防止にあると考えられるのである。

トップが不祥事を指示した時の対応

　近時の企業不祥事にトップ自らの指示によるケースが多くみられることは非常に嘆かわしいことである。従来から言い尽くされたことではあるがトップの不祥事の指示は内部統制を無効にしてしまう。

　このような場合，監査役としてはどう対応したらよいか，普段から心構えを決めておく必要がある。そのためには他社の不祥事の事例に学ぶことができ，極めて有効と思われる。

　基本的には万難を排して阻止に立ち向かわなければならない。そのような時こそ，三様監査（監査役，会計監査人，内部監査部門）の連携が必要であろう。一方，高額賠償判決が恒常化されつつある昨今，株主代表訴訟の対象になり得ることを考えても，全力を挙げて阻止に向かうことの重要さが理解されようというものである。

海外からの批判にどう応えるか

　我が国の監査役制度は世界の目からすれば，ローカルといわれ日本固有の制度と言われている。監査役制度は長年の歳月を経てそれなりに充実しており慣れ親しんだわが国では問題はあまりないように見受けられる。
　しかし相も変わらず企業不祥事が後を絶たないところから，海外とりわけ海外の投資家から実効性が薄い，あるいは生ぬるいといった批判が相次いでいる。ともすれば監査役が議決権を持たないところに原因の帰結を求める投資家が多いと聞き及んでいる。監査役の制度が今後も持続するためには，こうした海外からの批判をどのようになくしていくのか，先ず第一に解決していかなければならないと考えられる。平成26年の会社法の改正で新設された監査等委員会設置会社の制度はこうした海外からの批判を一応はクリアした制度といわれているので，是非一度は研究して頂きたい。

　（参考）　拙著：「監査等委員会設置会社の実務とＱ＆Ａ」（同文舘出版28．1）

X 最近の商法・会社法改正の主な推移

金庫株解禁の商法改正の影響
(平成13年10月1日施行)

(1) 額面株式の廃止と自己株式の取得自由

① 額面株式の廃止

商法166条により従来の額面株式が廃止となった。したがって同条6項に規定した会社設立の際の定款記載事項である発行株式総数と額面無額面の別および数が発行株式総数のみに改められた。同時に発行時の額面金額は5万円を下ってはならないとする規定も廃止された。また旧商法202条の額面株式の金額は均一であること，額面株式の発行価額は券面額を下ることを得ずとの規定も廃止となった。

つまり今まで馴染みのほとんどなかった無額面株式の考え方となり，コペルニクス的転換を行ったのである。

② 自己株式取得は原則自由等

自己株式取得は自由となり，また従来の自己株式はすみやかに処分する原則から保有期限が無制限になった。これらは対敵的株式買占めや合併・企業分割等で新株発行の代替とすることや株式の需給調整，とくに持合株式の解消売りに対応する等，会社の柔軟な対応を可能にする目的を持っている。その反面，買付方法や取得財源等に規制が設けられている。したがって監査役はこれらの

規制が守られているかをチェックしておく必要がある。以下，主な規制を掲げることとする。

1) 自己株式の取得には定時総会の普通決議を要す（商210①）。
2) 特定の者からの取得には定時総会の特別決議を要す（商210⑤）。
3) 取得財源は配当可能利益（商210③），法定準備金減少額（商289②），資本減少額（商375①）。ただし期末に配当可能利益のないおそれがある場合には自己株式の買受けはできない（商210ノ2）。
4) 買受方法は原則として市場取引または公開買付けによる（商210⑧）。ただし相対売買の場合には定時総会の特別決議を要する。
5) 子会社からの自己株式の買受けは取締役会の決議で可能（商210ノ3）。ただし中間配当の配当可能限度額までとする（商210ノ3③）。
6) 自己株式に対する配当，利息の配当，中間配当はできない（商293，393ノ5⑥）。
7) 子会社は親会社の株式を所有できない（商211ノ2）。

(2) 自己株式の処分と消却

① 自己株式の処分

自己株式を処分するには取締役会の決議を要する（商211①）。

ここで注意をしなければならないことは自己株式の処分には新株発行に準じた手続を必要とする（商211③）。具体的には株式申込書や公告費用や有価証券通知書等を要することである。したがって期中において買取請求により取得する自己株式等は期末にまとめて売却する等の対応をしなければ実務的には対応しきれないといわれている。

② 自己株式の消却

自己株式の消却は取締役会の決議で可能となった（商212①）。

その他資本の減少による場合と定款の規定により株主に配当すべき利益による消却は従来どおり可能である（商213①）。

③ 自己株式の会計処理

自己株式を取得した場合には資本の部に自己株式の部を設けて控除する形式で記載し，または記録しなければならない（商規69④）。次に自己株式の売買差損益は資本剰余金の中のその他資本剰余金に自己株式処分差益等の適当な名称を付して記載または記録する（商規70）。

(3) 利益準備金の積立方式の変更

① 変更の趣旨

利益準備金や資本準備金は会社の純資産が資本金を下回る事態を防止する意味で積み立てられてきたが，時価発行等によって大きな資本準備金を持つ会社が増えてきた今日，むりに利益準備金を法で強制的に積み立てる意味があるのかが問われた。一方，中小の会社ではまだ積立てが不十分な会社のあることも加味して，従来より利益準備金の積立方式は緩和されることとなった。

② 新しい利益準備金の積立方式

法定準備金（資本準備金＋利益準備金）が資本金の4分の1に達するまで，毎期決算の社外流出（一般に配当金と役員賞与）の10分の1以上（中間決算では中間配当の10分の1ちょうど）を利益準備金として積み立てなければならないとした（商288）。

従来は法定準備金のところが利益準備金となっていた。そこで資本準備金のたくさんある会社は新商法の適用と同時に利益準備金の積立てが必要ではなくなった。

③ 株主総会の決議で法定準備金減少が可能

従来法定準備金は資本の欠損補塡あるいは資本組入れ以外には取り崩すことはできないとされていたが，株主総会の決議で法定準備金の額より資本金の4分の1相当額を控除した額を限度に取崩しが可能となった（商289）。その上取り崩した法定準備金を配当原資に充当することも可能になったのである。

④ 法定準備金の取崩し順序の廃止

従来は利益準備金から取り崩してなお不足するときに資本準備金を取り崩すように規定されていた（旧商289②）が，同条文は廃止となった。したがって取崩しの順序は問われない。一般には利益準備金から取り崩すことが合理的と考えられるが，そのことはとくに問わないのである。

(4) 単元株制度の創設と単位株制度の廃止

① 単位株制度の廃止

昭和56年の商法改正の附則16条で5万円を1株の金額で除して得た数または定款で別に定める数を株式の1単位とする旨を定めた。これは株式の最小単位を5万円と定めたことにより，いずれ5万円に統一するための過渡的措置として単位株制度を定めたが，株式の額面制度廃止に伴い単位株制度は存立の意味がなくなり廃止となった。

② 単元株制度の創設

定款をもって一定の数の株式を1単元株とすることができるとするものである（商221）。そして1単元株につき1個の議決権を有するとした（商241）。また単元未満株には原則として株券を発行しないことができるともした（商221⑤）。では単元株制度をとり入れた理由はどこにあるのか。それはまず管理費用の節減にあるのと株式の分割や併合と同じことが低いコストでできることや市場の株式需給や株価形成に役立つと考えられていることにある。

③ 1単元株式の数に制限

1単元株式の数は1,000および発行済株式総数の200分の1を超えてはならないとした（商221①）。ここで1,000株としたのは単位株制度下では1単位株を大部分が1,000株以下にしているので，スムースに移行できると考えたこと，また200分の1としたのは株式会社の最低資本金が1,000万円であり，1株の5万円で割れば200株になるので比較的に移行しやすいように配慮したものである。

なおこれらの数を超えると株式の供給量が当然減ることにより一部の者に支配が集中するので，できるだけ株式の分散を意図したものと思われる。

④　1単元の数の減少等の決議

　1単元の数の減少または廃止の決議は取締役会で行うことできる。しかし1単元株の数を増加させる場合には株主総会の特別決議を必要とする（商221②）。1単元株の数の増加は少数の大株主に支配権が集中する可能性があるので特別決議とされた。

⑤　単元株制度と端株制度の選択適用

　定款により単元株制度を採用した場合には定款に端株制度を採用しない旨を定めたものとみなすとした（商221④）。

　なお重複して適用を認めると単元未満株（一種の端株）の下にさらに端株（従来の1株未満の株）を作ることになり，処理や法律関係が複雑になるため，両方の採用はできないことにした。

⑥　単元未満株主の買取請求権

　単元未満株式には定款で株券を発行しない旨を定めることができ，その他議決権がない等，株主にとって制約条件が多いので単元未満株主に株式買取請求権が認められた（商221⑥，220ノ6）。なお端株制度とした場合の1株未満の端株には金銭交付を原則とするが，端株原簿に記載しているときはその限りではないとしている（商220①）。

株式制度の見直し，IT化の商法改正の影響(平成14年4月1日施行)

(1) 新株発行規制等の見直し

① 譲渡制限会社の発行総数規制撤廃

会社設立の際の株式発行数は総数の4分の1を下回ってはならない（商166），また発行総数の増加は発行済総数の4倍以下とする（商347），にただし書きが付され閉鎖会社（株式譲渡に取締役会の承認を要する会社）においてはいずれの規制も不要となった。閉鎖会社といってもとくにベンチャー企業が制約を受けずに機動的な資金調達を可能とするように配慮したものである。

② 新株有利発行決議の有効期間

新株有利発行決議を行ったときその有効期間は従来6か月内とされていたものが1年内に伸びた（商280ノ2④）。なお有利発行決議は閉鎖会社においては株主は当然の権利として引き受ける権利を有するが，総会の特別決議があれば株主以外の者に割り当てることが可能になった（商280ノ5ノ2）。

(2) 種類株式の発行可能

① 議決権制限株式の発行可

従来は配当優先株式（同時に無議決権株式）の発行は可能であったが，改正に

より議決権株式の他に特定事項についてのみ議決権を与える議決権制限株式の発行が可能となった（商222）。そのバリエーションとして優先配当等の条件が守られないとき条件が満たされるまで議決権を復活させる等の議決権復活条項付株式なども考えられている。ただし議決権制限株式の発行は発行済株式総数の2分の1を超えることはできない（商222）。

② 種類株主総会の開催

株式会社が数種の株式を発行するときは，定款で株主総会または取締役会において決議すべき事項の全部または一部につき，その総会決議の他，ある種類の総会の決議を要する旨を定めることができるとしている（商222③）。たとえば特定営業Ａ部門につき特別の種類の株式を発行しているとき，Ａ部門を売却する決議を総会で行うことになったとしよう。この場合には一般の株主総会の決議の他，さらにＡ部門の株主総会を開いてその総会の承認を必要とするように取り決めるものである。それは種類株主の利益確保のためといわれている。

(3) 株式の転換

① 転換予約権付株式

従来の「転換株式」から「転換予約権付株式」へ用語を変更した（商222ノ3）。従来の転換株式とは優先株から普通株への転換のようなケースを指す。

転換予約権付株式の利益または利息の配当は営業年度または前営業年度の終わりに転換があったものとみなすと，定款に定めた場合のみ有効であったが，改正で取締役会の決議でも有効であるとした。さらに株主名簿の閉鎖期間中でも転換を可能とした。その場合には閉鎖期間満了のときに転換があったものとみなすとした（商222ノ6）。

② 強制転換条項付株式

定款の定める事由によりある種の株式から他の種の株式に転換する旨を定款に定めることが可能になった（商222ノ8）。資金調達の当初は配当優先株を発行

し，一定期間を経て普通株に強制転換する等の利用が考えられる。

(4) 新株予約権

① 新株予約権の定義

新株予約権者が行使したとき会社が新株を発行しまたは自己株式を移転する義務を負うものをいう（商280ノ19）。会社は取締役会または株主総会の決議により新株予約権を発行することができる。なお株主以外の者に新株予約権の発行を行う場合の規定と内容については(1)を参照されたい。

② 新株予約権の発行

定款による新株予約権者の請求あるときに限り新株予約権証券の発行を行う定め（商280ノ20①九）によるか，定めなきときは払込期日（無償の場合は発行日）の後遅滞なく新株予約権証券を発行しなければならない（商280ノ30）。また新株予約権の譲渡には新株予約権証券の交付が必要である（商280ノ34）。また新株予約権証券を発行したときには会社は本店所在地では2週間内，支店所在地では3週間内に登記することになっている（商280ノ32）。

(5) 新株予約権付社債

① 従来の転換社債

社債の発行価額と新株予約権行使時の払込額を同額とし，新株予約権行使とともに社債は償還される。

② 従来の新株引受権付社債（非分離型）

従来の非分離型新株引受権付社債を表題の名称に統一する。社債と新株予約権とを分離して譲渡することはできない。なお新株予約権付社債の割当てを受けた者は払込期日に社債および新株予約権の発行価額の全額を払い込むことになった（商341ノ7）。

ただし従来の分離型新株引受権付社債は会社が社債と新株予約権とを同時に

募集し割り当てるものと整理されるので，あえて規定を設けていない。

(6) 株式交換と株式移転の新株予約権

① 株式交換の場合（親会社が既存の場合）

完全子会社の発行する新株予約権に係る義務を完全親会社に継承させる（商352ノ2, 353）。

② 株式移転の場合（親会社が新設の場合）

株式交換の場合と同様とする（商364, 365）。

(7) 会社関係書類の電子化等

① 電磁的方法による書面の代替

株主，社債権者等は政令の定めに従い会社の承諾を得て，書面による請求等に代えて電磁的方法により情報を提供できる。この場合，当該株主等は書面による請求等をしたものとみなすとしている（商130, 204ノ2, 222ノ5, 259）。とくに株主総会の招集通知について電磁的方法による方法を会社が承諾した者であれば定時総会終結までは承諾を拒めない（商204ノ2）。電磁的方法をとった場合，法務省令で定める署名に代わる措置をとる必要のあることがあるので注意を要する（商33ノ2, 222ノ5）。一方，会社の方でも電磁的記録の作成をもって当該書面の作成に代えることができる。この場合，当該電磁的記録は当該書面とみなされる（商281, 33ノ2）。こうした当該電磁的記録を作成するとき，電磁的記録を本店等に備え置かなければならない場合があるのであわせて注意する必要がある（商239, 244, 263, 283）。

② 電磁的記録等の閲覧等

株主等は電磁的記録等の閲覧，謄本抄本の交付請求ができる。その中の代表的なものを次に例示しておく。

・計算書類，監査報告書（商283）

- 代理権行使書（商239）
- 合併契約書（商408ノ2）
- 会社分割書（商374ノ11）
- 社債権者集会議事録（商339）
- 取締役会議事録（商260ノ4）*

　　＊　閲覧等に裁判所の許可が必要

(8)　電磁的方法による議決権行使

　商法239条ノ2により会社は取締役会の決議をもって総会に出席しない株主が書面で議決権を行使できる旨を定めることができる。

　また商法239条ノ3では会社は取締役会の決議をもって総会に出席しない株主が電磁的方法により議決権を行使できる旨を定めることができるとしている。この場合，総会の2週間前に電磁的方法によることを承諾した株主に対し電磁的方法による書面通知の内容を提供することになる（商293ノ3③）。次に承諾していない株主より総会日の1週間前までに電磁的方法による提供の請求があるときは株主の承諾を得て総会の内容をただちに電磁的方法でその株主に提供することを要するとした（商293ノ3④）。なお議決権行使書面および電磁的方法による行使は株主総会の前日までに会社に提出または提供する（商293ノ3⑤）。

　このように電磁的方法による議決権の行使が多く行われるようになると考えられるが，しばらくは書面方式と電磁的方式とが併存することから事務が煩瑣になることと，故意または過失により両方式で同一人が重複の議決権行使を行う等の問題が発生する心配がある。

(9)　電磁的方法による計算書類の公開

　取締役会の決議により総会後遅滞なく貸借対照表またはその要旨の公告に代えて法務省令の定めに従った電磁的方法で，5年間不特定多数の者がその提供を受けられる状態に置く措置をとることができる。この場合，電磁的方法による開示は公告と位置づけないために定款の変更は必要ない。またこの方法によ

る場合には貸借対照表の要旨ではなく全部の開示が必要である。

企業統治関係の商法改正の影響
(平成14年5月1日施行)

(1) 監査役の権限強化

① 監査役の任期の伸長

監査役の任期が3年から4年に伸長された。これは監査役の監査に，より実効性を与えるために任期を伸ばしたものである。確かに最初の2年程度は監査全体を把握する期間であり，3年目にようやく監査らしいことができるようになる。したがって実効を求めるならば4年の任期伸長は適切であると考えられる（商273）。

② 監査役の取締役会出席義務・意見陳述義務

商法260条ノ3で監査役は取締役会に出席することを要す，また必要に応じて意見を述べることを要すと改められた。旧商法では「得」となっていたところが「要す」となった。従来「得」というのは権利か義務かといった議論が行われた時期があったが，現在では監査役は取締役会に出席しなければならないということで議論はなくなっていた。しかしこのたびの改正で義務であることがはっきりした。また意見についても必要があれば述べなければならなくなった。本質的には従来と大きくは変わらないと思われるが，精神的には監査役に相当なプレッシャーを与えているようである。一方では取締役会に出席できる

権利が明確化したとの考え方がある。なお小会社では商法特例法25条で監査役は取締役会に出席する権利がないので注意を要する。

③ 大会社の監査役の半数以上は社外監査役

商法特例法18条で監査役の半数以上は社外監査役とすることが定められた。ただし附則1条で施行後3年間の猶予期間が設けられている。なお中小会社では社外監査役の規定はまったく関係がない。

④ 大会社の監査役選任の同意権・提案権

商法特例法18条3項で監査役選任に関する議案を取締役が株主総会に提出するには監査役会の同意を必要とする。また監査役は監査役会の決議で監査役選任を株主総会の会議の目的とする請求が可能となり，同時に監査役選任の議案提出の請求も可能となった。なお中小会社には監査役会がなく，この項目は関係がない。

⑤ 辞任監査役の総会での意見陳述権

辞任した監査役は自らの意思で辞めたのかトップから辞めさせられたのか一般に分からない。そこで辞任監査役に直後の株主総会において辞任理由を述べる機会を与えたのである。会社はまた辞任した監査役に総会が開かれる旨の通知を行わなければならない。さらに他の監査役が本人に代わって辞任理由を総会で述べてもよいこととした（商275ノ3ノ2）。ここで中小会社の中には株主総会を開かずペーパー上の総会であるため，辞任監査役が意見を申し述べる場がないなどということはないか心配ではある。

(2) 取締役等の損害賠償額の軽減措置

① 悪意，重過失は無制限

悪意，重過失による損害賠償額は従来どおり無制限である。これはとくに規定があるのではないが，次の善意，軽過失の場合の軽減規定のみがあることか

ら反対解釈として成り立つ論理である。

② 善意，軽過失の場合の損害賠償軽減

善意，軽過失の場合の損害賠償額の軽減は概略代表取締役が年収の6年分まで，取締役が年収の4年分まで，社外取締役と監査役が2年分まで軽減するというものである。詳細は次の(3)で説明する。

③ 株主総会の決議または定款による免除

商法266条7項により②の限度まで株主総会の特別決議で損害賠償額を免除することができる。もう一つの方法は同条12項で定款に取締役会の決議で②の限度まで免除できる旨を定めることができると規定している。

ただ，同条15項で取締役会の決議で決められたとしても，総株主の議決権の3％以上を有する株主が反対すれば無効となる。なお上記の取締役の賠償軽減の総会提出議案，または定款に取締役会で決議する内容を入れる総会議案，または定款が承認された後取締役会に提出する賠償軽減議題のいずれも監査役全員の同意が必要となる（商266⑨，⑬）ことに注意を要する。

④ 社外取締役の賠償軽減を定款で定める

社外取締役の場合はあらかじめ定款に損害賠償額を定めることができる。この場合，取締役在職中の最高報酬額の2年分および退職慰労金等を在職期間で除し2を乗じた額の合計金額と定款に定めた金額を比較して高い方の額が賠償額となる(商266⑲)。なお社外取締役とは会社または子会社において業務執行を行っていない者をいう。

(3) 取締役等の損害賠償額の式

商法266条が定めた損害賠償に関する式は次のようになる。

賠償免除額＝賠償すべき金額－支払賠償額（a＋b＋c）*

$$* \begin{cases} a：当年度報酬と前年度までの最高報酬とを比較して高い方の額のn年分 \\ b：退職慰労金等と退職慰労金等÷在職期間×nを比較して低い方の額 \\ c：ストックオプションを行使したときの時価相当額および権利を売却した場合の売却益 \end{cases}$$

上記のn（年）に代表取締役は6，取締役は4，社外取締役および監査役は2を当てはめることになる。

ここで注意すべきことは，規定は賠償免除の最高額を定めているので上式の左辺が最高額となれば，右辺にある支払賠償額は最低になることが分かる。たとえば賠償すべき金額を5億円とし代表取締役の6年分の報酬を3億円とする。この場合，規定（商266）は6年分を限度として免除するとなっているので2億円（最高免除額）＝5億円（賠償すべき金額）－3億円（最低支払賠償額）となる。したがって理論上は免除額を減らせば（たとえば2億円を1.5億円に）1.5億円＝5億円－3.5億円となり，支払賠償額は3億円から3.5億円に増えることになる。ときに最高支払賠償額（賠償限度）と誤解されている向きがあるので注意を要するところである。思うにすぐ後に述べる和解が明文化されたので実際には和解が増加するようになると考えられる。

(4) 株主代表訴訟制度の充実

① 株主代表訴訟における監査役の考慮期間

従来は株主から監査役宛に提訴請求がなされてから30日間の考慮期間が監査役に与えられていたが，このたびの改正で60日間に改められた。そこで監査役としては十分な調査を行い，訴えるべきか否かの明確な結論を出さなければならない。従来のように30日では十分な調査はできないとはいえない。監査役の立場はある意味では重くなってきたといえるであろう（商267③）。

② 株主代表訴訟における和解の明文化

従来和解が明文化されていなかったために，和解がなされてもその有効性に疑問があった。商法266条5項では取締役の責任の免除は総株主の同意がなけれ

ばできないとされており，和解の入り込む余地はないと考えられていた。しかしこのたびの改正で和解が条文に明記され，この場合には商法266条5項は適用外となった。今後は株主代表訴訟においては和解による解決が増加するのではないかと思われる（商268）。

③ 株主代表訴訟における補助参加

従来から補助参加の規定はあった。しかし商法268条2項には「株主又ハ会社ハ前項ノ訴訟ニ参加スルコトヲ得……」とあり，会社が取締役側に補助参加するのか株主側に補助参加するのか，またいずれでもよいといっているのか明確ではなかった。一般論としては株主代表訴訟においては会社と会社に損害を与えた取締役とは対敵的関係にあるから，会社が取締役側につくのはおかしい，またはあってはならないといった風潮がみられた。しかしこのたびの改正で会社が取締役側につく場合を明文化したので，会社は必要とあれば堂々と取締役側に補助参加することができるようになった（商268⑧）。ただ，会社が取締役側に補助参加する申し出は客観的にみてノーマルな場合とは考え難いので，客観的立場にある監査役全員の同意を必要とすることにして会社の異常な行動には歯止めをかけたと思われる。しかし監査役の同意は必要条件であって最終的な補助参加の可否は裁判所が決定することになる。

④ 株主の提訴請求の仕方の多様化

株主が会社の承諾を得て電磁的方法で提訴請求を行う場合には監査役が会社を代表して承諾を行う（商275ノ4）。監査役としてはインターネット等に送信された提訴請求を見逃したりすることなく対応しなければならないので，パソコン等の取扱いによく馴れておく必要があろう。

株式制度・会社の機関等の商法改正の影響（平成15年4月1日施行）

(1) 会社設立時の財産価格証明の合理化

　会社設立のとき現物出資等による場合には，その内容調査のため裁判所に申し出て検査役を選任しなければならない。ただ，その額が低い特定の場合や不動産について弁護士の証明がある場合等，特殊な場合には検査役の選任は不要とされていた。しかし出資の現物につき弁護士，弁護士法人，公認会計士，監査法人，税理士，税理士法人のいずれかの証明があれば検査役の選任を要しないとした。検査役のみに頼ることなく上記の専門家等の証明でよいとして処理のスピード化と合理化をはかったものと考えられる（商173）。

(2) 端株等の買増制度

　定款をもって端株主が1株となるべき端株を会社に売り渡すよう請求ができることになった。この場合，自己株式があれば請求した株主に譲り渡すことを要すとした(商220ノ7)。また単元未満株についても同様に単元株にするよう請求できるとしている（商221ノ2）。

(3) 種類株主等の取締役等の選任解任

① 種類株主の取締役等の選任解任

閉鎖会社（株式の譲渡につき取締役会の承認を要する定めが定款にある会社）においては取締役，監査役の選任につき内容の異なる数種の株式を発行することができる（商222）。また種類株主の株主総会で選任された取締役，監査役はいつでも株主総会の決議により解任できる（商257ノ3，280）。

② 選任等の決議方法

選任の決議は特別決議（商343）によるが，総会出席者数は総議決権数の3分の1未満に下して行うことはできない（商257ノ2）。ただし取締役，監査役を選任できない旨を定めた種類の株式発行は発行済株式総数の2分の1を超えることはできないとしている（商222）。このような特殊の株式を発行する理由は，ベンチャー企業への投資について出資はするが取締役，監査役の一定数を確保し経営に関与していきたいという投資家の希望を反映させることを可能にするためといわれている。他方，企業側では資金は集めたいが経営にはあまり関与してほしくないという場合も考えられ，このような場合には取締役，監査役を極端に少なくするか，ときに選ばないことも考えられる。要はベンチャー企業と投資家の力関係で内容が決定されることになる。

(4) 所在不明株主の株式売却制度

① 所在不明株主の株式売却の条件

長く株主の所在が分からなくなってしまった場合には，取締役会の決議でその株式を売却してもよいことになった。長い間分からないといっても，具体的には次のいずれにも該当する場合をいう。

1) 株主への通知および催告が5年間到達していない。
2) その株式に質権者あるときその質権者にも通知および催告が5年間到達していない。

3）　株主またはその質権者が継続して5年間，法律に規定する住所において利益または利息を受領していない。

　ただし売却代金は従前の株主に支払わなければならない（商224ノ4）としている。どうしても住所の分からない相手に売却代金を支払うことなどできようはずがないのになぜこのような規定があるのか。それは配当の消滅時効は民法の一般債権の10年が適用されるため，時効までの期間にもしも株主が現れたときには支払うようにとの配慮から規定されたものである。

　　② 　所在不明株主の株式売却の手続
　所在不明株主の株式を競売または売却するときには利害関係人が異議を述べられるように3か月以上競売等行う旨の公告をしなければならない。その上で異議がなければ期間満了後に無効となる。さらに無効後その株式を競売するときには株券の再発行が必要となる（商224ノ5）。
　このようにかなり面倒な手続を経て競売等を会社が行うメリットは何なのか。それはなによりも事務管理コストがかかる点が挙げられ，実務界から強い要望があったようである。

(5)　株券失効制度

　株券を喪失した者は会社に株券喪失登録の申請ができることになった（商230）。ただし喪失株券の所持人は株券喪失登録後1年以内であれば喪失登録に異議を申し立てることができる。会社は株券喪失登録者にその旨を通知し，通知した日より2週間を経過した日に登録を抹消する（商230ノ4）。なお喪失株券の所持人が現れないときは，喪失登録の翌日から起算して1年経過後に無効となる。株券喪失登録者は無効成立の後でなければ株券の再発行を請求できない（商230ノ6）。
　従来は同じ商法230条で公示催告による無効の手続を裁判所に行い，除権判決を待ってその後に再発行の請求が可能であった。ところが除権判決に至るまでが大変な労力と時間がかかったので，今回の改正は処理のスピード化と合理

化に資するもので株主に有利な改正といえよう。

(6) 株主総会招集手続の簡素化

① 総会招集通知日の短縮

まず第一は株式譲渡制限会社（閉鎖会社）においては総会招集通知から会日までの期間を従来の2週間から1週間まで短縮できるとした（商232）。これはベンチャー企業に機動性を付与する目的と考えられる。

② 招集手続の省略

議決権の行使可能なすべての株主の同意があれば招集手続を経ずに株主総会を開くことができるとした(商236)。これも主としてベンチャー企業に機動性を与えるものと思われるが、持株会社の下に大きな100％子会社が存在するとき、簡単に株主総会が開催できることになったといわれている。

③ 書面決議による総会決議代替

書面決議により総会決議とみなされる場合がある。すなわち議決権の行使可能なすべての株主が書面または電磁的方法により総会決議案に同意したときは総会の決議があったものとみなす（商253）としたため、株主総会は実質的に開催せずに開催したものとみなされる場合が可能となった。しかしこれもベンチャー企業や100％子会社の場合に当てはまることであって一般会社には縁の薄い規定であるといえよう。

(7) 株主提案権の行使期限繰上

6か月前より引き続き総株主の議決権の100分の1以上または300個以上の議決権を有する株主は、取締役に対し会日より8週間前に書面をもって一定の事項を総会の議題とすることができる。いわゆる株主提案権であるが、従来は6週間前となっていたものが8週間前になった。これは外人株主が増加してきた昨今6週間前では翻訳したり諸準備に時間が足りないとする実務界の要望に従

い改正されたといわれている（商232ノ2）。

(8) 取締役の報酬規制

　従来の取締役の報酬は定款にその額を定めていないときは株主総会で決めるとした規定から，このたびはもっと詳細に定款または総会で決めることとなった。その内容とは，

① 報酬中額が確定したものはその額
② 報酬中額が確定していないものについては具体的算定方法
③ 報酬中金銭でないものについては具体的内容

　なお②，③に関する報酬の新議案を提出した取締役は株主総会においてその報酬を相当とする理由を開示しなければならない。

　ここで②の例としては業績連動型報酬等が入り，③の例としては社宅や車の無償貸付等が入るといわれている（商269）。ただ，個人別に決定しなくてもよいとされている。

(9) 株主総会等の特別決議内容の緩和

① 株主総会の特別決議の緩和

　商法342条（定款変更）の決議は総株主の議決権数の過半数または定款に定めた議決権数を有する株主が出席し，その議決権数の3分の2以上で決める（商343）となっているが，この中で「定款に定めた議決権数を有する株主」の箇所が緩和した部分である。ただ定款に定める場合でも出席を要する議決権数は全体の3分の1未満に下げてはならないとされている（商343②）。

　具体的には従来の特別決議では（1／2）×（2／3）＝1／3，最終決議要件は1／3超である。しかし緩和部分は（1／3）×（2／3）＝2／9，最終決議要件は2／9以上ということになる。したがって従来の要件である1／3＝3／9超と比較して緩和されていることが分かる。

② 社債権者集会の特別決議の緩和

株主総会の特別決議の緩和に合わせて社債権者集会の決議要件も同様に緩和されることとなった。商法324条によれば社債権者集会の決議は出席した社債権者の議決権の過半数で決議するのであるが，代表者解任等の特別な場合には特別決議（商343）によるとされている。しかしこのたびの改正で，従来の総社債権者の議決権の過半数を有する社債権者の出席を3分の1以上を有する社債権者の出席とし，その3分の2以上で決議することとした。したがって株主総会の特別決議と同様の緩和規定を新設した（商324）。

⑽ 資本等減少手続の具体化

① 資本減少手続の具体化

資本減少を行うにはその減少額と下記の事項につき総会の特別決議を要する。この場合下記の1）～3）の合計額は資本の減少額を超えてはならない（商375）。

1）株主への払戻金額（自己株式には払戻しは行わない）
2）株式消却の金額（種類，数，方法を含む）
3）資本欠損の補塡金額

なお資本減少の場合には債権者に対し資本減少の日より2週間内に異議申立の期間（1か月以上）とその金額および最終の貸借対照表につき法務省令で定めるものを官報に公告し，同時に分かっている債権者に通知しなければならない（商376）。

② 法定準備金減少手続の具体化

法定準備金を減少させるには株主総会の特別決議（商375）を要する。この場合，減少させる資本準備金および利益準備金の額と次の事項につき決議を行わなければならない。なお次の1）～2）の合計額は法定準備金（資本準備金および利益準備金）の減少額を超えてはならない（商289）。さらにこの場合，資本減少のときと同様に債権者を保護するため商法376条を準用する。

1）株主への払戻金額（自己株式には払戻しは行わない）

2） 資本欠損の補塡金額

(11) 計算規定の省令委任

① 株式会社の会計帳簿に記載または記録すべき財産については商法34条（資産評価の原則）の規定にかかわらず法務省令（商法施行規則）の規定に従いその価額を付すことを要す（商285）とあり，資産評価等に関する規定はそのほとんどが商法施行規則へ移された。

② 旧商法285条ノ2（流動資産の評価）
旧商法285条ノ4（金銭債権の評価）
旧商法285条ノ5（社債等の評価）
旧商法285条ノ6（株式等の評価）
旧商法285条ノ7（暖簾の評価）
以上は削除

③ 貸借対照表，損益計算書，営業報告書，附属明細書に記載または記録すべき事項およびその記載または記録の方法は法務省令（商法施行規則）に定める（商281⑤）。

④ 旧商法286条～287条ノ2（創立費，開業準備費等の繰延資産）および旧商法291条4項（建設利息）は削除

⑤ 商法中改正法律施行法旧第49条（株式会社ノ貸借対照表及公告スベキ要旨，損益計算書，営業報告書並ニ附属明細書ノ記載又ハ記録方法ハ法務省令ヲ以テ之ヲ定ム）は削除されたが商法281条5項（新設）へ移った。

⑥ 配当（または中間配当）可能限度額の規定の一部を削除
・旧商法290条1項4号～6号削除→法務省令へ（商290④）
・旧商法293条ノ5第3項3号および5号削除→法務省令へ（商293ノ5④）

上記の中でたんに削除とした項目がいくつかある。本来の趣旨が削除が目的ではなく計算に関するものは他の省令とあわせて商法施行規則に統合することであるから，いずれも商法施行規則へ移された。

委員会等設置会社等の商法特例法改正の影響(平成15年4月1日施行)

(1) 重要財産委員会制度

① 重要財産委員会の意義

　重要財産委員会とは従来の常務会に相当するものといわれている。従来の常務会で決議された事項は取締役会に付議して決議しなければ有効ではなかった。そこに時間的ロスがあって非効率であるとの意見があり，今回の重要財産委員会ができたといわれている。そこで重要財産委員会は取締役会から委任された事項につき決議等を行うと，その決議はそのままで有効となる。なお重要財産委員会が指名する重要財産委員は重要財産委員会の決議内容を遅滞なく取締役会へ報告しなければならないとしている（商特1の4）。

② 重要財産委員会設置可能の条件

重要財産委員会を設置するには次の条件が満たされる必要がある。
1） 大会社または「みなし大会社」
2） 取締役10名以上（うち1名以上の社外取締役を要す）の会社
3） 同委員会は3名以上の取締役で構成
4） 同委員は取締役会で選出
5） 同委員会の取締役会からの委任事項は商法260条2項1号（重要財産の処分，譲受け）および2号（多額の借財）

(注) みなし大会社とは商法特例法1条の2および2条2項に定める資本金1億円超の株式会社（商法特例法1条の2第1項を除く）で，定款をもって大会社の特例の適用を受ける会社をいう。

(2) 大会社の連結計算書類の作成

① 大会社の取締役は決算期における連結計算書類を作成しなければならない。ただし，みなし大会社は作成しなくてよい（商特19の2，1の2）。
② 当該連結計算書類は取締役会の承認を経て監査役および会計監査人の監査を受け定時総会に報告しなければならない（商特19の2）。
③ 監査役は連結計算書類に関し必要あるときには連結子会社に会計報告を求め，業務および財産の状況を調査できる。

(3) 委員会等設置会社

① 委員会等設置会社の意義

近時，会計等におけるグローバルスタンダードが叫ばれ米国流の基準が多く採用されてきた。監査においても監査役の強化をはかるべく商法改正（議員立法，平成14年5月施行）が行われたが，他方，法務省でも米国流の委員会等設置会社を含む商法改正の国会通過を果たした。

議員立法の方は監査役の任期を3年から4年に伸長し監査役を取り巻く諸条件の充実をはかったが，委員会等設置会社では監査役を廃止し取締役の中から監査委員を選出して監査にあたらせるもので任期は3年から1年に短縮された。監査委員の過半数は社外取締役になるので1年間の監査で実効性を追求するのは難しいとの意見も多い。ただ，従来型の監査役制度でいくか米国流の委員会型でいくかは会社の選択で決められることになっている。

② 委員会等設置会社となる条件

1) 大会社または「みなし大会社」（商特1の2）
2) 次の三つの委員会と執行役を設置（商特21の5）

- 指名委員会（3名以上の取締役，うち過半数が社外取締役）
- 報酬委員会（同上）
- 監査委員会（同上）
- 1名以上の執行役

3) 委員会等設置会社に監査役を置くことはできない（商特21の5）。

③ 取締役会，委員会の権限

1) 取締役会の権限

取締役会は経営の基本方針を定め，委員会の取締役を選任し，執行役および代表執行役の選任解任を行う。また総会提出議案等を決定し取締役および執行役の職務執行を監督する（商特21の7）。

2) 委員会の権限

指名委員会は総会に提出する取締役の選任および解任に関する議案を決定する（商特21の8）。次に報酬委員会は取締役および執行役の個人別報酬内容を決定する（商特21の8）。

次に監査委員会は取締役および執行役の職務執行を監査する（商特21の8）。

④ 執行役の権限

執行役は取締役会決議により委任を受けた事項を決定し，委員会等設置会社の業務を執行する（商特21の12）。

⑤ その他特記事項

1) 取締役は執行役を兼務できる（商特21の13）。
2) 取締役および執行役の任期は1年（商特21の6，21の13）。

⑥ 監査報告書

1) 会計監査人は計算書類を受領した日から4週間以内に監査報告書を監

査委員会および執行役に提出しなければならない（商特21の28）。
2） 監査委員会は会計監査人の監査報告書を受領してから1週間以内に監査報告書を作成し執行役に提出し，その謄本を会計監査人に提出しなければならない（商特21の29）。

⑦ 計算書類の定時総会における報告

1） 貸借対照表，損益計算書，利益処分案（または損失処理案）について会計監査人の適正意見があり監査委員会の付記がない場合には定時総会の承認を得たものとみなされ，報告事項となる（商特21の31）。
2） 委員会等設置会社においては利益処分案の中に取締役および執行役に対する賞与を入れることはできない（商特21の31②）。

自己株式取得方法見直し等の商法および商法施行規則改正の影響
(平成15年9月25日施行)

(1) 取締役会決議による自己株式取得

① 定款に基づく取締役会決議による自己株式取得

従来自己株式を取得するには別段の定めがある場合を除き，定時総会において次の定時総会の時までに取得できる株式の種類，取得価額の総額を決議しなければならないとされていた（商210②）。これでは緊急の組織再編や株価の急落等に機敏に対処できない。そこで定款に「取締役会の決議で自己株式を買い受けることができる」旨を定めれば，いつでも取締役会の決議で自己株式を取得できることとなった（商211ノ3）。

② 取得方法，取得財源の制限

定款授権による自己株式の取得は，市場取引または公開買付の方法によらなければならないとされており（商210⑨），上記①の場合も同様とした（商211ノ3①二）。また取得財源は中間配当財源を限度としている（商211ノ3③）。

(2) 次期定時総会にて報告

① 次期定時総会にて報告

定款授権による取締役会決議で自己株式を取得した場合には，取得後最初の定時総会で自己株式買付の理由，株式の種類，数，総額を報告しなければなら

ない（商211ノ3④）。なお委員会等設置会社の取扱いも同様の改正としている（商特21の7③）。

② 自己株式の営業報告書記載事項

定款授権による取締役会決議で自己株式を取得した場合には，取得後最初の定時総会で自己株式買付の理由，株式の種類，数，総額を報告することとなったので，その内容を営業報告書に記載することとした（商規103①）。

(3) 中間配当限度額の計算方法見直し

① 中間配当限度額の計算方法

最終の決算期後に資本または法定準備金の減少を行った場合には，減少した資本または法定準備金に相当する額（減少手続で株主に払戻した額等を除く）は純資産額からの控除額には含めないこととした（商293ノ5③）。

② 取締役会決議の自己株式取得枠

定款授権による取締役会決議で自己株式の取得枠を設定した場合は定時総会で決定した自己株式の取得枠と同様に中間配当限度額から控除することとした（商293ノ5③）。

③ 中間配当限度額の省令委任

商法293条ノ5第3項4号および7号により省令委任された中間配当限度計算上の純資産額からの控除，加算につき改定を行った（商規125）。

　A　純資産から控除（4号）
　　1）　繰延資産が法定準備金を超える額
　　2）　新株式払込金または新株式申込証拠金
　　3）　資産の時価評価により増加した純資産額
　　4）　決算期後の取締役会決議による自己株式取得額　等
　B　純資産に加算（7号）

1） 決算期後資本，法定準備金の使用，減少等で欠損を塡補した額
2） 分割設立により生じた資本準備金としない額から増加した利益準備金を控除した額
3） 合併により生じた資本準備金としない額から増加した利益準備金を控除した額

(4) 新株予約権に関する営業報告書記載

　子会社の取締役等についての個別開示を簡素化し，同時に新株予約権の付与対象者の類型ごとの開示を義務付けた（商規103②）。

電子公告制度の商法および商法特例法改正の影響
(平成16年6月9日公布, 1年以内施行)

(1) インターネットによる電子公告制度の導入

① 電子公告による株式会社の公告簡素化

株式会社の公告は官報または時事に関する事項を記載する日刊新聞紙に限定されているが(商166⑤),インターネットを利用した簡便な電子公告による方法も認めることにした(商166⑥)。なお電子公告すべき期間については次のように定めた(商166ノ2①)。

1) 異議申立,株券等提出の場合は公告に定めた期間を経過する日
2) 株式買取請求権の行使については公告開始後2週間を経過する日
3) 一定の日の2または3週間前に公告する必要がある場合はその一定の日
4) 決算公告については定時総会承認の後5年を経過する日
5) 株式交換で完全子会社となる会社の株券等提供の公告は交換日の前日
6) その他の公告については公告開始後1か月を経過する日

② 調査機関による調査

電子公告が適法に実施されているか否かを明らかにするために,電子公告を行う会社は決算公告を除き法務大臣の登録を受けた調査機関に調査を行うことを求めなければならないとされた(商457)。決算公告については電磁的公示の

制度がすでに認められていることから（商283），電子公告を行う場合に調査機関の調査を受けることを要しないとした。

(2) 公告中断の場合の措置

① 公告中断を無効としない措置

サーバーの故障，定期点検，ハッカーによる内容改変等で公告が中断される場合，次のいずれにも該当すれば中断が公告に影響を及ぼさない（商166ノ2②）。

1) 会社が善意で重過失がないかまたは正当な事由がある。
2) 中断時間が公告全体の時間の10分の1を超えない。
3) 中断後速やかに公告中断の事実を当初の公告に付加して公告する。

② 定款による応急措置

サーバーの復旧等に長時間を要し電子公告が不可能となる場合に備えて定款に前もって定めておけば，定款に定めた官報または日刊新聞紙に公告できる措置も加えられている（商166ノ2④）。なお電子公告を行うには定款にその旨を定め登記するが，定款には電子公告を公告方法とする旨の記載または記録だけで足りるとされている（商166ノ2③）。

(3) 債権者保護手続の簡素化

株式会社の債権者保護手続については官報公告のほか知れている債権者に対する個別催告が要求されているが，莫大な費用と手間がかかるといわれている。そこで新設分割（商374）や吸収分割（商374ノ17）等における債権者保護手続については官報公告に加えて日刊新聞紙または電子公告を行った場合には，不法行為債権者を除き個別催告を要しないこととした（商374ノ4①，商374ノ20①等）。

(4) 商法特例法の主な改正

商法特例法16条では，改正前は電子公告制度がなかったため決算公告は同条2項で全部または要旨のいずれかの選択によるとしていたが，改正後は電子公

告による場合も新聞等による場合も全部を公告することとした（同条②，⑥）。しかし官報または時事事項を掲載する日刊新聞に公告する場合は要旨の公告でもよいこととした（同条③）。

　また定款に電子公告を定めていない場合でも，商法特例法16条5項により5年間不特定多数の者に対し公示することで公告に代えることが可能であり，これは旧法の同条3項をそのまま残したものである。内容としては，定款に電子公告による定めを置き同条2項を適用して公告する場合と変わらないことに注意したい（⑴①4）参照）。

株式不発行制度の商法改正の影響 （平成16年10月1日施行）

(1) 定款による株式不発行

　会社はコストとリスクを軽減させるため定款をもって株券を発行しない旨を定めることができるとした（商227①，以下この会社を株券廃止会社という）。定款の変更には特別決議（商342,343）がいるが，さらに当該決議をした旨および一定の日に株券が無効となる旨をその一定の日の2週間前までに公告し，かつ株主および登録質権者に個別に通知しなければならないとしている（商351①）。

(2) 名義書換が第三者への対抗要件

① 株券廃止会社の第三者への対抗要件

　株券不発行とした場合，振替制度であれば口座振替が可能であるが，振替制度をとっていない譲渡制限会社のような場合は株主名簿の書換えが第三者への対抗要件となる（商206ノ2①,207ノ2①）。この場合，名義書換ができるのは(a)名義株主と取得者が共同して名義書換の請求をした場合，(b)取得者が株主であると会社が判断して問題のない場合に限られる（商206ノ2②,207ノ2②）。

② 新株予約権証券の扱い

　株券廃止会社は新株予約権証券を発行することができない。この場合，新株予約権が振替新株予約権であれば口座振替で行われることになるが，そうでな

いときは新株予約権原簿に新株予約権者の氏名等を記載しなければならない（商280ノ31②三）。この名義書換が会社のほか第三者への対抗要件になるとされている（商280ノ35①、③）。

(3) 譲渡制限会社の特例

譲渡制限会社の場合は株券廃止会社の定款の定めがなくても株主が発券の請求をしない限り株券を発行する必要はないとした（商266①但し書）。ただし譲渡制限会社の株式を譲渡するには株券の発行を受けて相手に交付しなければならない（商205①）。

(4) 種々の公告の要請

① 株式の併合や消却の公告

株券廃止会社が株式の併合や消却を行う場合、株券回収の余地がないので、その旨を効力発生の日の2週間前に効力発生日等を公告することを要するとした（商213、215ノ2）。

② 強制転換条項付株式の取扱

株券廃止会社が強制転換条項付株式につき取締役会で転換の決議を行った場合には、その旨および会社の定める一定の日において転換の効力が生ずる旨および転換される強制転換条項付株式をその日の2週間前に公告することを要するとした（商22ノ9⑤）。

③ 公告に代える個別通知

各種の公告に代えて個々の株主、端株主、株主名簿に記載のある質権者、新株予約権者または新株引受権者に個別通知することができる（商228ノ2）。

(5) 株主名簿閉鎖期間の廃止

株主名簿の閉鎖期間制度を廃止して基準日制度に一本化した。つまり議決権

行使や配当受領権等を行使することができる者を確定するために一定の日に株主名簿に記載された株主または質権者を確定者とみなす制度に一本化した（商224ノ3）。なお会社は基準日を2週間前に公告する必要がある。ただし定款で基準日を指定してある場合はこの限りではないとしている（商224ノ3③）。

(6) 株主となる時期

払込または現物出資の給付を行った新株引受人は払込期日より株主となる（商280ノ9）。旧法では払込期日の翌日より株主となるとなっていた。

(7) 公開会社の株券廃止会社への一斉移行

株式等決済合理化法の公布日（16.6.9）から5年以内の政令で定める日より新たな振替制度の施行（運用）が開始される。その時点で保振制度利用会社（公開会社）は一斉に株券廃止会社へ移行することとなり（同法付則6①）、公開会社の既発行株券は一斉に無効となる。以降公開会社では株券は発行されなくなる。なお一斉移行日における公開会社が新振替制度の利用会社であり公開会社であるためには、一斉移行日の1か月前の日までに会社の株式を新振替制度の利用対象株式とすることにつき振替機関に対して同意をしなければならない（同法付則7①）。この同意があれば現行の保振制度の内容がすべて新たな振替制度に移行される（同法付則7〜9）。

会社法のポイント25
（平成18年5月1日施行）

1. 会社区分のものさし（2条）
   ① 公開会社（上場会社とは限らず）
   ② 大会社（中小の概念なし）
2. 株式会社に絶対必要な機関
   ① 取締役（326条）
   ② 株主総会（296条）
3. 親子会社の定義（2条）
   ① 議決権基準（議決権の過半数所有）
   ② 支配力基準（議決権の40％以上所有かつ）
      （ⅰ） 自己と自己の意思と同一者の所有議決権数が50％超
      （ⅱ） 他の会社の過半数の役員を自己の役員等が占めている。
      （ⅲ） 他の会社の重要な財務，事業を支配する契約がある。
      （ⅳ） 他の会社の負債（B／S）の50％超を融資している。等
4. 株主総会は本店所在地でなくとも開催可能（旧法削除）
5. 株主全員の書面または電磁的記録による同意で総会決議省略が可能（319条）
6. 特別取締役（重要財産委員会に代わり）が設置可能（373条）
7. 取締役の責任は無過失責任から過失責任に変わった（423条）。
8. 取締役の退任・解任は普通決議，監査役は特別決議（339, 309, 341条）
9. 取締役の報酬規定の中に賞与が入った（361条）。

10. 監査役の選任議案に監査役または監査役会の同意必要（343条）
11. 大会社（有価証券報告書提出会社）の決算公告は必要がなくなる（440条）。
12. 資本金の最低額は1円になる（445条）。
13. 会計監査人設置会社で監査役会設置会社かつ取締役の任期が1年の場合には剰余金の配当は定款に定めることにより取締役会で行うことができる（459条）。
14. 計算書類の定義が変わり，臨時計算書類が加わった。

　　計算書類：貸借対照表，損益計算書，株主資本等変動計算書，注記表（435条）

　　（注）利益処分案は廃止された。営業報告書は事業報告となり計算書類からは外された。

　　臨時計算書類：臨時貸借対照表，臨時損益計算書（441条）
15. 端株制度廃止となり単元株制度の内容が旧端株制度と類似（189条）
16. 内部統制構築が取締役会の専決事項となり大会社では義務となった（362条）。
17. 会計参与（374条）や合同会社（575条）が創設された。
18. 取締役の任期は原則2年以内であるが非公開会社（委員会設置会社を除く）の場合は定款の定めより10年まで伸長できる（332条）。
19. 監査役の任期は原則4年であるが非公開会社の場合は定款の定めより10年まで伸長できる（336条）。
20. 会計監査人は株主代表訴訟の対象になる（423条）。
21. 剰余金の配当は何時でもできる（453条）。
22. 会計監査人の報酬決定には監査役（又は監査役会）の同意が必要である（399条）。
23. 役員の欠員に備えて補欠役員を選任できる（329条）。
24. 略式組織再編が創設された（784条，796条）。
25. 監査報告に署名押印の規定はなくなった。

会社法施行規則，会社計算規則の主な改正（平成21年4月1日施行）

(1) 会社法施行規則

① 種類株式の内容追加（施規20①4，9）

会社法108条により，種類株式の全部または一部につき法務省令で定める事項に限り初発行までに株主総会または取締役会の決議で定める旨を定款で定めることができるとされているが，所定事項以外は定款に要綱を定めればよいとされている（会108③）。しかしよくみられるケースとして，1）譲渡制限株式を発行するときに会社の承認を要する場合，2）役員選任権付種類株式を発行するときに当該種類株主総会において取締役または監査役を選任する場合（人数も明記）に該当すれば定款に定めるよう追加した。

② 自己株式取得可能な場合の追加（施規27⑧）

権利の実行にあたり目的達成のために自己株式の取得が必要不可欠な場合を新設した。債務者が自己株式以外にみるべき財産がない場合や強制執行または代物弁済として自己株式を受け取る場合等が考えられる。

③ 単元株式数の追加（施規34）

従来会社法188条2項に規定する法務省令で定める1単元株式数は千として

あったが，少数株主の保護を十分にするために「発行株式総数の二百分の一に当たる数」を追加した。

④ 単元未満株式についての権利追加（施規35①4，ホ，ヘ）

従来の会社法189条の規定の他に単元未満株主が株主名簿記載事項等を単独で請求できる権利及び譲渡制限株式取得の承認請求を単独でできる権利を追加した。

⑤ 株主総会への提出議案への記載（施規73①2）

取締役による議案（株主の議案は除く）については提案した理由，目的，趣旨等を記載する実務の現状から「提案の理由」を書くよう追認したものである。

⑥ 取締役，監査役の選任議案（施規74，76）

取締役，監査役の選任議案には従来他の法人の代表者である場合に記載を求められたが，改正では重要な兼職の場合に記載が求められる。また社外取締役，社外監査役の候補者が特定関係事業者の業務執行者の配偶者または三親等以内の親族等である場合従来の全て記載から重要な場合だけ記載することに限定した。

⑦ 責任免除の役員等に退職慰労金等支給する議案（施規84の2）

責任免除等を受けた役員等に対する退職慰労金等の支給議案を株主総会に提出する場合には，議案に責任免除等による財産上の利益の総額を記載することとした。これは会社法425条4項（426⑥，427⑤）による株主総会の承認を確保するためのものである。

⑧ 会社役員，会計監査人の解任または辞任（施規121①6，126①9）

会社役員，会計監査人の解任または辞任に関しては旧規則では当該事業年度中に該当するものとしていたが，当該事業年度中がとれ単に辞任または解任と

した。当該事業年度終了から株主総会までの間に辞任，解任に該当する場合が含まれることになる。ただし株主総会決議で解任された者は除くとされ，また前年事業年度の事業報告記載の内容は除くとし開示の重複を避けた。

⑨　会社役員の兼職の状況（施規121①7，124①1，2，128）

会社役員（会計参与は除く）の重要な兼職の状況は開示するものとし，従来の他の法人等の代表者か否かは問わないこととした。また社外役員の場合には重要な兼職の場合に開示が求められ，同時に会社と当該他の法人等との関係の開示が求められている。

⑩　株式に関する事項（施規122①一）

旧規則では発行済株式総数の10％以上所有の大株主が開示の対象であったが，改正では所有株式上位10名の株主を開示の対象とし氏名（又は名称），株式数，割合（ただし発行済株式数から自己株式数を控除して割合算出の分母とする）を開示することとした。

> （注）　旧施行規則127条は削除された。
>   　　　旧規則127条（企業支配に関する基本方針）は削除され118条に統合された。その上で「～取組の具体的な内容（旧施規127①2）」を「～取組の具体的な内容の概要（施規118①3ロ）」とした。

(2)　会社計算規則

①　のれん（計規11，12，88②）

旧規則が定めた細部にわたる条文を廃止し「適正な額ののれんを資産または負債として計上できる」（吸収合併等は計規11，吸収分割等は計規12）との原則規定に止めた。ここでASBJ（企業会計基準委員会）が公表（平成20年12月26日）した企業結合会計基準によれば，「のれん」は無形固定資産にまた当期償却額は販売費及び一般管理費に区分表示され，負の「のれん」は特別利益として区分表示

される。したがって計規11，12にいう適正な負の「のれん」の額とは常に0（零）であることに注意。これは国際会計基準が負の「のれん」を認めないことと平仄を合わせたことによる。なお企業結合会計基準は平成22年4月以降強制適用となるが，国際会計基準が全面的に採用となる時（平成24年頃）には「のれん」の償却は認められなくなる予定である。

② 組織再編における持分プーリング法（簿価）の廃止

国際会計基準がパーチェス法（時価）のみを認めている関係を考慮して原則として吸収合併や事業の譲受け等における資産・負債の評価はパーチェス法（時価）によるが，共通支配下等（計規2③32）の場合には簿価処理がみとめられている（計規14，35，37，39，43～52，簿価処理36，38等）。

③ 満期保有目的の債券の定義（計規2③27）

旧規則で債券の取得時に満期保有目的の意図を有する場合に限定していた定義を債券取得時の意思に限らないとした。これは債券取得後に満期保有目的へ変更が許容される場合でも時価評価をすることができない場合（計規56⑥二かっこ書）があることを明確化したものとの解説がある。

④ 利益準備金等の資本組入れ許容（計規25，29）

旧規則では資本準備金またはその他資本剰余金からの資本組入れのみが認められていたが，新規則では利益準備金またはその他利益剰余金からの資本組入れも認められることとした。

⑤ 少数株主損益調整前当期純損益の表示の改正（計規93，94）

内閣府令第5号（平成21年3月24日公布）による連結財務諸表規則65条2項において連結損益計算書に少数株主損益調整前当期純損益の表示が義務付けられたことに伴い計算規則93条1項3号が追加された。

⑥ 注記表の開示事項追加（内閣府令5号，50号に対応）
1） 連結計算書類作成のための基本となる重要事項に関する注記として開示対象特別目的会社（施規4参照）がある場合には当該会社の概要，取引内容等の開示を追加した（計規102①1ホ）。
2） 金融商品（計規2③58参照）に関する注記は対象を有価証券およびデリバティブ取引から金融商品全般へ拡大するもので時価等に関する情報の開示が要求される。ただし連結注記表作成会社は個別注記表への注記を要しない（計規109）。
3） 賃貸等不動産（計規2③59参照）に関する注記は事業投資と考えられるものでも時価情報の開示が有意義であり，国際会計基準の意向にも沿うものであるところから追加された。ただし連結注記表作成会社は個別注記表への注記を要しない（計規110）。
4） 持分法損益等に関する注記は関連会社がある場合にその投資金額等，また開示対象特別目的会社がある場合当該会社の概要，当該会社との取引の概要等を開示する。ただし連結注記表作成会社は個別注記表への注記を要しない（計規111）。

⑦ 負債の区分項目の追加（計規75）
1） 資産除去債務（計規2③56参照）のうち1年内に履行されると認められるものは流動負債に区分掲記する（計規75②1ヌ）。
2） 資産除去債務のうち1）以外のものは固定負債に区分掲記する（計規75②二ト）。

⑧ 棚卸資産及び工事損失引当金の表示の追加（計規77）
同一の工事契約（計規2③57参照）に係る棚卸資産及び工事損失引当金がある場合には両者を相殺した差額を棚卸資産又は工事損失引当金として流動資産又は流動負債に表示できることが追加された。

⑨ 付則第6条

　施行日前にその末日が到来した事業年度のうち最終のものに係る事業報告及びその附属明細書についてはなお従前の例による。

⑩ 付則第8条

1) 下記は平成22年4月1日前開始事業年度に係る計算関係書類には適用しない。ただし施行日以後作成されるものに適用してもよい。

　　・計規2③56，計規75②1ヌ，75②2ト，計規93①3

2) 下記は平成21年4月1日前開始事業年度に係る計算関係書類には適用しない。ただし施行日以後作成されるものに適用してもよい。

　　・計規2③57，計規77

3) 下記は平成22年3月31日前に終了する事業年度に係る計算関係書類には適用しない。ただし施行日以後作成されるものに適用してもよい。

　　・計規2③58，2③59，計規98①8，98①9，計規109，計規110

4) 下記は平成21年4月1日前開始事業年度に係る計算関係書類には適用しない。

　　・計規98①10，98①1ホ，計規111

5) 平成22年4月1日前開始事業年度に係る連結計算関係書類のうち連結計算書類の作成のための基本となる重要な事項に関する注記については連結子会社の資産及び負債の評価に関する事項を含む。

会社法施行規則, 会社計算規則の主な改正 (平成21年4月～平成23年3月)

(1) 平成21年4月20日施行 (会社計算規則)

① 継続企業の前提に関する注記の変更 (計規100)

従来「継続企業の前提」に重要な疑義を抱かせる事象または状況が存在する場合に注記を必要としたが, このたびの改正では重要な疑義を抱かせる事象または状況が存在し, かつ疑義を解消すべく改善等の対応をしても, なお重要な不確実性が認められる場合に限り注記することとなった。

ⅰ) 当該事象または状況が存在する旨および内容
ⅱ) 当該事象または状況を解消し, または改善する対応策
ⅲ) 当該重要な不確実性が認められる旨および内容
ⅳ) 当該重要な疑義の影響の連結計算書類へ反映しているか否かの別

(2) 平成22年9月30日施行 (会社計算規則)

① 旧, 損益計算書の包括利益表示可能の条文削除 (計規95)

平成22年6月30日に企業会計基準委員会が公表した包括利益表示会計基準では, 連結損益計算書を2計算書方式または1計算書方式のいずれかの方式によること (平成23年3月期より, 180頁参照) としたが, 当会計基準では当期純損益を表示するものが損益計算書であり, その他の包括利益を表示する包括利益計

算書とは区別することとした。したがって計規95は損益計算書に包括利益計算書が含まれることと矛盾するため削除された。

② その他の包括利益累計額の新設（計規76）

損益計算書関連の包括利益に関する条文はさらに検討される必要があるため，現在は存在しないが，貸借対照表における従来の「評価・換算差額等」の他に「その他の包括利益累計額」を新設し，これらのいずれかで表示しなければならないとした。なお実務上は，金融商品取引法における有価証券報告書に包括利益計算書が適用されることとなった（平成23年3月31日終了事業年度より）ことに伴い，会社法の事業報告書における連結貸借対照表の純資産の部で従来「評価・換算差額等」とされた表示を「その他の包括利益累計額」とし整合性をとることとしている。

(3) 平成23年3月31日施行（会社計算規則）

① 過年度遡及会計基準関係の改正

平成21年12月4日に企業会計基準委員会が公表した「会計上の変更及び誤謬の訂正に関する会計基準」（企業会計基準第24号）が，平成23年4月1日以降開始事業年度の期首以後に行われる会計上の変更および過去の誤謬の訂正から適用されることに対応するための改正である。

ⅰ) 用語の定義新設等（計規2③58～64）

遡及会計に必要な「会計方針」「遡及適用」「誤謬」等の用語の定義を追加した。

ⅱ) 株主資本等変動計算書の規定の整備（計規96）

株主資本等変動計算書における「前期末残高」を「当期首残高」等に改めた。

ⅲ) 注記の規定整備（計規98, 101～102の5）

会計方針の変更に関する注記，表示方法の変更に関する注記等の新設およびこれに伴う改正を行った。

② 「満期保有目的の債券」の定義改正 （計規2③27）

従来の「満期まで保有する意図を持って保有する債券」に（満期まで所有する意図を持って取得したものに限る）の括弧書きが加えられた。

③ 1株当たり情報に関する注記の改正 （計規113）

当該事業年度または当該事業年度の末日後に株式の併合または分割を行った場合，期首に併合または分割をしたとして1株当たりの純資産額および当期純利益金額を算定したときはその旨を注記することが加えられた。

改正会社法・同施行規則のポイント（平成27年5月1日施行）

1. 企業集団における内部統制が明記された（会362④6，348③4）。
2. 内部統制の子会社に関する例示規定が追加された（施規100，98）。
3. 内部統制システムの運用状況を事業報告に記載する（施規118①2）。
4. 監査役会設置会社（大会社かつ公開会社）で期末に社外取締役を置かない場合，その理由を株主総会で説明する（会327の2）。
5. 監査役会設置会社（大会社かつ公開会社）で期末に社外取締役を置かない場合，その理由を事業報告に記載する（施規124②，③）。
6. 特定監査役会設置会社（施規74の2②）であり社外取締役を置いていない場合，選任議案の中に社外取締役がない時，社外取締役を置かない理由を株主参考書類に記載する（施規74の2）。
7. 責任限定契約の対象範囲が緩和された（会427）。
8. 監査役（または監査役会）設置会社において株主総会に提出する会計監査人の選任・解任・不再任に関する議案は監査役（または監査役会）が決定する（会344①，③）。
9. 会計監査人の報酬決定に当たり監査役（または監査役会，監査等委員会，指名委員会等設置会社の監査委員会）が同意した理由を事業報告に記載する（施規126①）。
10. 多重代表訴訟が新設された（会847の3③，④）。

11. 事業年度末において多重代表訴訟の要件を満たす子会社（特定完全子会社）がある場合には所定の情報を開示する（施規118①4）。
12. 株式交換等を行った場合，株式交換等の効力が発生する前に訴訟原因がある場合，訴訟の対象とすることができる（会847の2①，②）。
13. 特別支配株主（総株主の90％以上の議決権所有）は他の株主の所有する株式及び新株予約権の全部を売り渡すよう請求できる（会179①，②）。
14. 親会社等との取引がある場合，会社の利益を害さないよう留意した事項等を事業報告に記載する（施規118①5）。
15. 会社役員と会社間に責任限定契約を締結しているときその概要を事業報告に記載する（施規121①3）。
16. 社外取締役，社外監査役の要件が厳格化された（会2①15，16）。
17. 新たな支配株主を生ずる第三者割当増資には一定の場合，株主総会の決議が必要となる（会206の2）。
18. 会社の機関設計の選択肢として監査等委員会設置会社が創設された（会2①11の2，会331③，⑥，会399の2等）。
19. 常勤の監査等委員の有無及び理由を事業報告に開示する（施規121①10）。
20. 会計監査限定の監査役設置会社は，定款の定めにより監査を会計に限定する旨の登記を必要とする（会911③11）。

索　引

〔あ行〕

委員会等設置会社 …………………412
意見陳述権 …………………………16
1株当たり当期純利益金額 ………133
委任 ………………………………2, 9
違法行為差止請求権 …………16, 20
違法性監査 …………………………20
違法配当 ……………………………7
売上総利益金額 ……………135, 138
往査実施要領 ……………………108
ＥＤＩＮＥＴ ……………147, 199, 371

〔か行〕

買掛金，未払金，未払費用 ………36
会計監査権 …………12, 15, 19～21, 330
会計監査人設置会社 ………………19
会計監査人選任・解任 ……………4, 9
開示対象特別目的会社 …………430
会社計算規則 ………………………33
会社法施行規則 ……………………33
外部監査 ……………………………24
貸倒引当金 …………………………35
貸付金未返済 ………………………7
過失責任 ……………6, 7, 29, 45, 360
過年度遡及会計 ……………140, 141
株式譲渡制限会社 …………………18
株主資本等変動計算書 …53, 119, 125
株主総会 ……………………………4
株主総会議事録 ……………………11
株主総会出席義務 …………10, 343
株主総会タイムスケジュール …119
株主代表訴訟 ………………10, 24, 296
関係会社 …………………………141
監査等委員会設置会社 ……379, 436
監査報告 …………………272, 273, 338

監査方針，計画，業務分担 ……22, 103
監査役会 ………………………9, 17, 56
監査役会運営要領 …………………99
監査役監査基準 ……………………69
監査役会規則 …………………56, 58
監査役会付議事項 ………………102
監査役監査全体図 …………………51
監査役人事権・報酬権 ……………26
監査役設置会社 …………………339
監査役選任・辞任 …………4, 9, 254
監査役(会)同意 …………12, 45, 352
監査役任期 ………………………346
監査役報酬（・退職慰労金）協議
　…………………………4, 336, 355
監査要領・監査調書 ……128～268
関連当事者 ………………………158
企業改革法 ………………………222
企業買収防衛策 …………………216
基準資本金 …………37, 143, 149, 194
協議事項 ……………………24, 116, 336
競業取引 ……………………42, 228, 229
強制低価法 …………………………35
業績連動型報酬 …………………253
業務監査権 ……………12, 15, 19～21
虚偽記載（監査報告） …………277
金融商品 …………………………430
偶発事象 …………………………273
繰延資産 ………………………35, 139
繰延税金資産・負債 ………140, 157
経営判断の原則 ………………7, 306
計算書類 …………………4, 53, 119
形式監査 …………………………137
継続企業の前提 …………………156
継続性の変更 ……………131, 132
契約書監査 ………………………214
欠格事由 …………………………349

減価償却累計額…………………38, 186
原価法……………………………………34
原告適格 ………………………………365
検査役選任 ………………………………4
限定承認 ………………………………298
公開会社…………………………………18
公告（計算書類）…………………55, 370
工事契約 ………………………………430
工事進行基準 …………………………373
後発事象 ……………………131, 203, 366
子会社調査権 …………………………16
国際会計基準（ＩＦＲＳ）……………372
固定性配列法 ……………………………34
個別注記表 ………………53, 119, 125
ＣＯＳＯの内部統制 ……………………320

〔さ行〕

サーベンズオクスレー法
（企業改革法）………………8, 222, 320
最低責任限度額 …………………………45
先物取引 ………………………………312
三角合併 ………………………………367
三様監査…………………………………25
サンプリング（試査）…………………23
時価会計 ……………………………34, 39
時価法 ……………………………………34
事業報告 ……………………53, 215〜220
自己株式取得 ……………………232, 234
資産除去債務 ………………132, 140, 430
悉皆調査…………………………………23
実質監査………………………………126
支配力基準 ………………………………33
四半期報告書 …………………………174
資本準備金 ………………………………37
資本取引 ………………………………363
資本の減少 ………………………………4
社外監査役 …………………17, 45, 276
重点監査…………………………………22
重要財産処分・譲受け …………………41

取得原価主義 ……………………………34
純資産の部……………………135〜137
常勤監査役 …………………………17, 276
証券取引法 ………………………………24
少数株主持分 …………………………137
賞与（報酬）……………………………29
剰余金 …………………………………143
剰余金の配当 ……………………254, 364
署名・押印 ……………………………276
人事権……………………………………26
推定規定 ………………………………7, 8
税効果会計 ……………………39, 132, 157
整備法 ……………………………………33
責任限定契約 …………………………220
善意軽過失 ………………………………45
善管注意義務 ……………………………2
相当意見 …………………………21, 85, 341
損益計算書 ………………………………30
損益取引 ………………………………363
損害賠償責任免除 ………………………45

〔た行〕

大会社等…………………………………17
対価の柔軟化 …………………………368
貸借対照表 ………………………………30
退職慰労金 ……………………253, 355
退職給付引当金 …………………39, 132
対第三者損害賠償責任 …………………46
代表取締役選定 …………………………41
多重代表訴訟 ……………………378, 435
多額の借財 ………………………………41
妥当性監査 …………………………19, 330
担保提供命令 …………………………298
忠実義務 …………………………………2
賃貸等不動産 …………………………430
追記情報 …………………………273, 277
定額法・定率法 …………………………39
低価法 ……………………………………34
定款変更 …………………………………4

定常的監査業務計画	106, 107, 117	附属明細書	53
摘発監査	22	普通決議	4
適法性（違法性）監査	19, 330	不法行為責任	41
デリバティブ（金融派生商品）	312	粉飾決算	311
電子公告規則	33	分配可能額	150, 151
電磁的記録	53	包括利益計算書	374
登記事項	351	報告義務	27, 43
特殊決議	5	報告事項（計算書類）	275
特定関係事業者	219	報酬権	26
特定監査役	120, 240, 277	報酬・賞与	29
特定取締役	120, 240, 362	法令・定款違反	7
独任制	10, 275, 332, 359	補助参加	299
特別取締役	57, 362		
特別決議	4	〔ま行〕	
特別損益	38	マネージメントアプローチ	373
特例有限会社	371	満期保有目的の債券	429
取締役会議事録監査	213	見做規定	7, 8
取締役会出席権	16, 44	未払金・未払費用	36
取締役基本的機能	5	無過失責任	7, 360
取締役選任・解任	4	無限定適正意見	55, 275
取締役報酬・賞与・退職慰労金	4, 253	無償の利益供与	230, 233
取立不能見込額	132, 186		
		〔や行〕	
〔な行〕		役員賞与	29, 254
内部監査	22, 24, 25	有限会社法	32
内部統制構築・整備	6, 8, 23, 222～227	有償特約	3
任意低価法	35	予備監査役	348
のれん	428	予防監査	22
〔は行〕		〔ら行〕	
非公開会社	18, 19, 21	利益供与	7
非支配株主持分	137, 186, 194	利益準備金	37
非大会社	17	利益相反取引	7, 42, 228
非通例的取引	231, 234	流動性配列法	34
ファイナンスリース	157	稟議書監査	214
パーチェス法	429	累積投票	5
プーリング法	429	連結株主資本等変動計算書	192, 280
付記（監査報告）	102, 273, 275	連結キャッシュフロー計算書	179
負債性引当金	36, 186	連結計算書類	280

439

連結貸借対照表・連結損益
　計算書 ……………………186, 190
連結注記表 ……………………153, 201
連結配当規制適用会社 …………151, 159

〔わ行〕

和解……………………………45, 298
ワンイヤールール……………………34

著者紹介

重泉　良徳（しげいずみ・よしのり）

昭和33年3月	横浜国立大学経済学部卒業
4月	日清製油株式会社入社
	総務部長，財務部長，取締役財務部長，常勤監査役を経て，
	元松本大学総合経営学部教授
	元シダックス株式会社　常勤監査役
	元公認会計士第三次試験試験委員
	元財団法人産業経理協会　監査業務研究会コーディネーター
	元みずほ総合研究所株式会社　監査役研究会コーディネーター
	財団法人企業財務制度研究会　元監事
主な著書	『倒産の兆候をみぬく決算書分析とその対策』中央経済社
	平成8年，平成10年再版
	『企業不祥事の防ぎ方』東洋経済新報社　平成10年
	『中小会社の監査役業務とQ＆A』
	税務経理協会　平成14年，平成21年5訂版
	『取締役・監査役のための会社法Q＆A』
	税務経理協会　平成17年
	『監査役のための内部統制の実務』
	税務経理協会　平成19年
	『中小会社の監査役監査基本モデル』　税務経理協会　平成20年
	『監査等委員会設置会社の実務とQ＆A』同文舘出版　平成28年

著者との契約により検印省略

平成12年8月15日　初　版　発　行	**監査役監査のすすめ方**
平成28年6月15日　11訂版　発　行	〔11訂版〕

著　　者	重　泉　良　徳
発行者	大　坪　嘉　春
印刷所	税経印刷株式会社
製本所	牧製本印刷株式会社

発行所　東京都新宿区下落合2丁目5番13号　株式会社　**税務経理協会**

郵便番号 161-0033　振替 00190-2-187408　電話(03)3953-3301(編集部)
FAX (03)3565-3391　　　　　　　　(03)3953-3325(営業部)
URL http://www.zeikei.co.jp/
乱丁・落丁の場合はお取替えいたします。

© 重泉良徳 2016　　　　　　　　　　　　　　　Printed in Japan

本書の無断複写は著作権法上での例外を除き禁じられています。複写される場合は，そのつど事前に，(社)出版者著作権管理機構（電話 03-3513-6969，FAX 03-3513-6979, e-mail : info@jcopy.or.jp）の許諾を得てください。

JCOPY ＜(社)出版者著作権管理機構 委託出版物＞

ISBN978-4-419-06368-9　C3063